차근차근 알기 쉽게 써 놓은 발달장애아동을 위한 ABA 치료 실용서

아동발달을 위한 ABA 프로그램

허은정 저

ABA Program
for Early Childhood Development

학지사

머리말

나는 나와 내 가족의 행복을 아주 중요하게 생각한다. 그것만큼이나 원하는 것이 있다면, 내가 만나고 치료하는 모든 아이와 그 아이들의 가족까지 행복한 것이다. 많은 사람이 복권을 사면서 당첨되었을 때 무엇을 할까 상상하며 행복을 느낀다고 하는데, 나 역시 하나님께서 특별히 나에게 한 가지 선물을 주신다고 한다면 뭐라고 할지 상상하면서 행복을 느끼곤 한다. 만약 그런 일이 있다면 나는 주저 없이 '치료의 은사'를 선택하고 싶다. 성경에는 예수님께서 '베데스다 연못'에서 38년 된 병자를 고쳐 주신 이야기가 나온다. 그는 38년간 걷지 못하다가 나음을 받아 스스로 걸어 나갔다. 그런 기적을 행하는 치료의 능력이 있으면 얼마나 좋을까 하는 허황한 상상을 하는 것이다. 그러나 현실에서는 이탈리아 장인이 한 땀 한 땀 옷을 만들듯이 아이들이 한 발 한 발 앞으로 나아가는 것을 도와주는 치료사일 뿐이다.

또 가끔 나는 내가 치료하는 아이들이 서로 모여서 이야기꽃을 피우는 상상을 하기도 한다. "있잖아, 나는 내 옷에 무엇인가 묻는 것을 참을 수가 없어. 온몸에 무언가 기어 다니고 꿈틀거리는 것 같아서 옷을 갈아입어야 괜찮거든. 그런데 엄마가 괜찮다고 옷을 못 벗게 하는 거야. 그래서 옷을 벗으려고 엄마랑 실랑이하다가 결국 바닥에서 뒹굴고 울었어. 왜 옷을 못 벗게 하는지 이유를 알 수가 없어. 모두가 나에게 그건 괜찮은 것이라고 말하는데 나는 정말 죽을 맛이야."

옆에 있는 아이가 말한다. "힘들었겠다. 나는 핸드폰으로 유튜브 보는 것이 너무 좋은데 엄마가 핸드폰을 주시지 않아서 너무 슬펐어. 그래서 난 울면서 소리를 질렀어. 눈앞에 핸드폰이 있는데 볼 수 없다는 것이 이해되질 않아. 왜 엄마는 핸드폰을 주시지 않았을까? 그래도 내가 크게 소리를 지르면서 우니까 엄마가 다시 핸드폰을 주시긴 했어. 크게 울지 않아서 주시지 않았던 걸까?"

"나만 힘든 게 아니라 너희들도 힘들게 사는구나. 나는 어린이집의 조용한 구석에서 내가 좋아하는 책을 보는 게 제일 행복해. 책 속에는 알록달록 색깔들이 많아서 너무 맘에 들거든. 그런데 선생님들이 자꾸 나를 다른 아이들이 있는 곳으로 억지로 끌고 가. 나는 다른 아이들이 노는 것이 너무 재미없어 보여. 아이들이 하는 말도 이해할 수 없어. 나는 책 속의 그림들이 훨씬 좋은데 나를 왜 혼자 두지 않는지 모르겠어. 그래도 가끔 그 아이들이 블록을 쌓았다가 넘어뜨리는 놀이를 할 때면 그것은 재미있어 보여. 블록이 차곡차곡 올라갔다가 한꺼번에 쓰러지는 것이 정말 멋있어 보이거든."

ASD(Autism Spectrum Disorder: 자폐스펙트럼장애) 아이들이 하는 행동의 형태들은 우리가 받아들일 수 있는 일반적인 모습이 아니지만 그래도 그 행동은 수많은 의미와 말을 포함하고 있다. 아이가 초콜릿이 먹고 싶어 엄마에게 달라고 말하지만, 엄마는 이가 썩는다고 초콜릿을 주지 않으면 아이는 화가 나서 엄마가 보란 듯이 물건을 던진다. 전형적인 발달의 단계를 거치는 아동들은 그런 상황에서 엄마에게 호된 꾸지람이나 야단을 맞고 나면 다음에는 다른 방법을 선택할 것이다. 물건을 던지는 대신 자기가 화났다는 것을 표시하기 위해 방에 들어가 방문을 닫고 나오지 않는다든지, 달라고 애교를 부린다든지, 혹은 엄마에게 협상을 제안한다. "엄마, 초콜릿 먹고 바로 이 닦을게요. 하나만 주세요."

그러나 우리 아이들은 협상하거나 자신의 화를 세련되게 표현하는 방법을 아직 모르기 때문에 자신들이 가장 손쉽게 할 수 있거나 혹은 가장 좋은 결과를 얻었던 방법을 사용할 뿐이다. 그러므로 우리는 아이들에게 물건을 던지는 대신 다른 효과적인 방법을 가르쳐 주면 될 일이다.

우리는 ASD 아이들을 말할 때 느린 아이들이라고 표현한다. 그것은 우리의 속도와 비교했을 때 느리다는 것일 뿐, 그 아이들은 자신들의 속도로 성장하고 자신만의 속도로 인생을 느끼며 살아가고 있다. 정해진 목표를 향해 달려갈 때는 아이들의 속도가 답답하고 조급함을 느끼게 된다. '이 시기에는 이것까지는 할 수 있어야 하고, 이 나이에는 이걸 알아야 해.'라고 생각하면 그것을 아직 못하는 아이가 안타까우면서도 불안함을 느끼게 된다. 아마도 이 여정을 부모가 끝까지 함께 달려 주지 못할 것을 알기에 더 그럴 것이다. 내 아이가 기뻐서 손을 펄럭이며

팔짝팔짝 뛰는 것을, 내 아이가 불편해서 귀를 막거나 소리를 지르는 것을 다른 이들은 무척 이상한 행동으로 볼 것이 마음 쓰이기 때문이다. 그래서 억지로 뛰는 행동을 못 하게 하고 소리를 지를 때 소리를 지르지 말라고 하면서 아이의 행복한 순간을 제지하고 아이의 불안한 마음을 눌러 버리는 것이다.

우리는 혼자 살아갈 수 없고 함께 살아간다. 그래서 다른 사람의 삶의 안정과 행복도 인정하고 보장해 주어야 한다. 아이들의 행동이 다른 사람의 일상을 현저하게 방해하고 더 나아가 그들의 안전에 해를 가한다면 그것을 다른 행동으로 바꾸어 주어야 할 것이나 만약 그렇지 않다면 아이들의 표현 방법을 받아들여 주어도 좋을 것이다.

이 책에서는 아이들의 성장과 발달을 돕는 프로그램과 아이들의 행동을 이해하고 그 행동들을 보다 적절하게 표현하도록 지도하는 방법을 제시하였다. 모쪼록 치료에 첫발을 딛는 치료사와 부모님들에게 좋은 지침서가 될 수 있기를 소망한다.

마지막으로, 병마와 싸우면서도 막내딸을 챙겨 주신 아빠 허일욱 님, 엄마 임현숙 님과 늘 나의 심리적인 보호막이 되어 준 가족에게 사랑 담긴 인사를 드린다.

항상 배려와 격려를 아끼지 않으신 은사 홍준표 교수님과 김은경 교수님께 감사의 인사를 드리며, 그동안 나를 거쳐 가며 치료사로서의 성장을 도와준 많은 아이와 지금도 함께 모든 것을 나누는 아이들에게 한마디 전하려고 한다.

"너의 행동이 특별해도 괜찮아. 너의 특별하고 행복한 순간을 표현해도 좋아. 왜냐하면 우리는 모두 특별한 사람들이고 자기만의 특별한 순간을 맞이하고 있기 때문이야. 엄마와 아빠, 그리고 선생님의 특별한 순간에 네가 있단다. 너의 행복을 응원해."

2020년 5월

허은정

이 책의 구성

이 책은 과제 체크리스트와 과제설명, 치료사 점검표, 완료과제 목록, 선호물 검사지, 기록지로 구성되어 있다.

1. 과제 체크리스트

과제 체크리스트는 총 3회 시도를 해서 각 반응을 체크하게 되어 있다. 정반응인 경우 ✓를 한다. 만약 3회 모두 정반응이라면 아동은 그 과제를 이미 습득했다고 보아도 된다. 그러므로 회기를 구성할 때에는 ✓가 1~2개 있는 과제, 즉 조금만 훈련하면 습득할 수 있는 과제를 먼저 선택하는 것이 좋다.

2. 과제설명

이 책에서는 주의 집중과 모방, 인지 영역을 중점적으로 다루었고 언어와 놀이 영역은 따로 구성하지 않았다. 소근육 모방과 대근육 모방에서 쓰인 과제목록은 지시 따르기 과제에서 사용할 수 있는 과제들로 구성되었다. 예를 들어, 모방과제에서 주먹 쥐기 따라 하기 과제가 있었다면 그것을 지시 따르기에서 "주먹 쥐어."라는 과제로 사용할 수 있다.

3. 치료사 점검표

치료를 준비하는 단계와 치료환경, 강화물과 관련된 점검표는 치료사가 자신의 치료 전반을 체크하고 개선하는 데 꼭 필요한 것이므로 가능한 한 점검표를 자주 체크하여 보다 질 좋은 치료를 제공할 수 있도록 해야 한다.

4. 완료과제 목록

아동이 하나의 기술을 습득하는 것도 중요하지만 습득한 기술이 유지되는지에 대한 관심도 필요하다. 완료과제 목록은 아동이 과제를 습득한 날과 유지를 기록하는 부분이 있다. 유지는 과제 완료 후 4~6주 지난 시점에서 시도해 보도록 한다. 유지를 시도한 날을 기록하고, 만약 습득한 과제의 유지가 되지 않는다면 다시 현재 아동의 수행과제 목록에 넣어야 할 것이다.

5. 선호물 검사지

치료실에서 간단하게 사용할 수 있는 선호물 검사지를 부록에 수록하였다. 이것을 사용하여 정확하게 아동의 강화물을 선정하는 것이 좋다. 아동의 수행이 전혀 진전이 없다면 이는 강화물이 효과가 없거나 과제 수준에 문제가 있는 경우일 수 있다. 그러므로 늘 강화물이 효과를 유지하는지, 새롭게 강화효과를 가진 것들이 등장했는지 자주 점검할 필요가 있다.

6. 기록지

부록에 수록된 기록지는 주영역에 포함된 하위영역에 있는 과제들을 선정해서 성취기준을 설명하고 아동의 수행을 기록하도록 되어 있다. 자세한 기록 방법은 기록지와 기록지 예시에 있으니 참고하면 된다. 객관적이고 정확한 기록은 ABA에 있어서 필수적인 것이므로 아동의 수행과 수행률을 기록하여 진전사항을 모니터링함으로써 아동의 발달을 도울 수 있어야 한다.

차례

제3부 | 치료 프로그램

부록

제 1 부

아동발달을 위한 ABA

제1장

ABA는 무엇인가

이 책의 프로그램은 응용행동분석(Applied Behavior Analysis: 이하 ABA)의 원리를 적용하고 있다. ABA는 1987년 UCLA의 Ivar Lovaas 박사가 자폐스펙트럼장애(ASD) 아동들을 대상으로 2년간 주 40시간씩 ABA 프로그램을 집중적으로 적용한 결과 절반에 해당하는 아동들이 정상범주의 지능지수에 도달하였으며, 일반학급에서 독립적인 학교생활을 할 수 있게 되었다는 보고가 있고나서부터 미국에서 관심이 증폭되었다.

국내에서는 2007년 남서울대학교 아동행동치료대학원에 응용행동분석과정이 처음으로 개설되고 행동분석 전문가가 배출되었으며, 현재 석사과정으로 공주대학교 특수교육대학원, 백석대학교, 부산대학교, 학사과정으로 대구사이버대학교 행동치료학과, 비학위과정으로 연세대학교 미래교육원에 개설되어 ABA 치료를 전문적으로 제공하고 있다.

그렇다면 ABA는 어떤 치료일까? Lovaas 박사의 보고처럼 내 아이도 주 40시간씩 ABA 치료를 받으면 정상범주까지 발달할 수 있을까?

ABA는 학습원리와 행동원리에 기반을 둔 근거기반실제(evidence-based practice)이다. 아이가 왜 이런 행동을 하는지, 이 행동은 환경에 어떻게 영향을 받았으며 또 환경에 어떤 영향을 주고 있는가에 대한 물음의 해답을 찾기 위해 과학적으로 접근하는 학문이다. 인간의 행동에 주목을 하고 그 행동의 원인을 밝혀내어 변화시키는 것이 목적인 것이다. ABA는 행동원리와 학습원리를 적용하여 목표행동을 가르치거나 증가시키고, 개인의 학습을 방해하는 적절치 않는 행동을 감소시킨다. 이러한 행동에는 학습, 사회적 기술, 의사소통 및 일상생활 기술 등이 포함되며, 이러한 행동의 개선을 통해 개인의 독립성 또는 전반적인 삶의 질을 향상시키는 것을 목표로 한다.

ABA의 기본원리와 기법들을 잘 들여다보면 우리가 ABA라고 부르지 않았지만 이미 생활 속에 깊이 들어와 있는 교육 방법들이 보일 것이다. 예를 들어 보자.

> "숙제 하고 나서 친구들이랑 놀아."
> "방 청소하고 나서 컴퓨터 해."

앞에서 제시한 예는 프리맥 원리(Premack principle)로 설명할 수 있다. 프리맥 원리는 높은 빈도로 일어나는 행동을 낮은 빈도의 행동을 강화하는 데 사용하는 것이다. 이렇게 설명하면 어렵지만 하고 싶지 않은 일을 하고 나면 좋아하는 일이나 활동을 보상으로 주는 것이라고 하면 쉽게 이해할 수 있다.

프리맥 원리

낮은 빈도의 행동(좋아하지 않는 활동)	높은 빈도의 행동(좋아하는 활동)
 숙제 먼저 하고	 나가서 놀아
책 10페이지 읽고	게임 10분 해
채소 먼저 먹고	고기 먹어
옷장 정리하고	새 옷 사

ABA는 과학적 접근이므로 실존하는 현상을 설명하고 그것을 통해 예측하고 통제하는 과학의 특성을 그대로 반영하고 있다. 아이의 행동을 설명하고, 그 행동이 일어나는 환경을 예측하고 통제하는 것이 기본원리이다. 응용이라는 말이 붙은 것은 이 행동들이 사회적으로 중요한 행동들, 즉 실험실에 갇힌 이론적인 틀을 완성하기 위한 것들이 아니라 일상생활에서 아동과 그 가족들에게 중요한 의미가 있는 행동들을 개선해 나가는 데 목적이 있기 때문이다.

마트에 가면 엄마에게 새로운 장난감을 사 달라고 떼를 쓰고 울며 바닥을 구르는 아이를 종종 볼 수 있다. 사회적으로 의미 있는 행동(아이가 마트 바닥에서 구르면서 우는 행동)은 분석(우는 행동이 일어난 원인과 울고 나서의 결과)을 통해 아이의 행동을 수정할 수 있다. 우는 행동을 없애고 대신 다른 행동을 가르치는 것이다.

"그래서 ABA는 뭔데요?"라는 질문이 다시 머릿속에 떠오를 것이다. ABA를 한마디로 정의하기는 쉽지 않지만 오랜 임상경험을 통해 말하자면 ABA는 기술(skill)을 가르치고 환경을 변화시켜 인간의 행동을 변화시키는 것이다.

여기서 환경이란 아동의 엄마, 아빠, 가족, 친구, 선생님, 그리고 물리적인 환경 등을 포함한다.

마트에서 물건을 사 달라고 구르는 아동의 행동은 구르는 행동을 할 때마다 장난감을 사 준 부모의 행동에 의해 유지가 된다. 부끄러움을 무릅쓰고(무척 어려운 일이지만) 아이가 울 때 일으켜 세워서 마트를 떠나는 행동을 한두 번 반복하면 아이는 더 이상 장난감을 사 달라고 마트 바닥을 구르면서 우는 행동을 하지 않을 것이다. 그런 행동을 해서는 자기가 원하는 장난감을 얻을 수 없다는 것을 알았기 때문이다. 여기서 아동의 행동변화는 부모의 대처방식의 변화, 즉 부모의 행동변화가 가져온 것이다.

'무슨 정의가 이래?'라고 생각할 수 있겠지만 실제로 ABA는 인간의 행동을 다루는 과학이다. 즉, 먹고 마시고, 말하고 걷고, 던지고, 인사하고, 공부하고 울고 웃는 인간의 모든 행동을 다룬다. 적절하지 못한 행동(자신이나 다른 사람을 때리거나 해하는 행동, 규칙을 어기는 행동, 거짓말하는 행동 등)은 줄이거나 없애고, 적절한 행동(타인을 도와주는 행동, 공부하는 행동, 손을 씻거나 이를 닦는 행동, 교통신호를 지키는 행동 등)은 강화해서 더욱더 잘하도록 하거나, 아직 없는 행동(인사하는 행동, 앉아 있는 행동, 눈 맞추는 행동, 호명에 대답하는 행동, 학습기술)은 행동형성을 통해 행동을 만들어 주는 것이다. 즉, 좋지 않은 행동은 감소시키고 좋은 행동은 더 하도록 강화하고 아직 없는 기술들을 만들어 인간의 삶의 질을 향상시키는 것이다. 이렇게 하기 위해 여러 가지 행동원리와 기법들을 적용하는 것이다. ABA 치료 프로그램은 주의력, 집중력, 사회적 기술, 학습기술, 언어 및 의사소통 기술과 문제행동감소에 좋은 효과를 보이지만 그 외에도 여러 가지 영역에서 활용할 수 있다. ABAI(Association for Behavior Analysis International, 국제행동분석협회) 홈페이지에 들어가 보면 다양한 분야를 확인할 수 있다. 범죄, 노인, 로봇, 의학, 교육, 조직행동, 군사, 성적행동, 소아수유, 도박 등 인간행동 전반을 아우르는 분야를 다루고 있다.

주 40시간씩 2년 동안 ABA를 받으면 내 아이도 자폐증이 치료되나

치료현장에서는 ABA를 증거기반실제(Evidence-Based Practices: EBP)라고 부른다. 이는 연구를 통해 효율성이 입증된 전략, 효과가 인정되는 실제적인 치료방법론을 말하는 것이다. 즉, 우리 아이들에게 가장 효과적인 교수전략을 적용하려고 할 때 선택의 근거로 과학적 증거를 최우선으로 고려한다는 뜻이다.

이와 같은 특수교육현장에서의 의미를 떠나서 일반적인 뜻으로 practice는 연습의 의미도 포함하고 있다. 인간의 행동은 언어행동이든 운동이 포함된 행동이든 어떤 것이든 연습을 통해 기술을 습득한다. 언어도 자꾸 사용하면 능숙하고 유창해지며, 걷기, 뛰기, 던지기 등 모든 행동은 수십만 번의 연습을 통해 습득되고 유지되고 세련되어지는 것이다. 오랜 시간을 투자한, 그것도 신뢰할 만한 기법으로 치료를 하면 분명 효과를 기대할 수 있다. 다만 불행히도 모든 자폐스펙트럼장애 아동이 정상범주로 성장하는 것은 아니다. 예를 들어, 100m를 달리기를 훈련한다고 할 때 이미 달리는 기능을 습득한 아동은 1년 후 목표가 20초 안에 주파하는 것이지만, 아직 걷는 것도 미숙한 아동의 경우라면 1년 후의 목표는 5분 안에 걸어서 주파하기가 될 수 있다. 모든 아동이 같은 기능수준에서 출발하는 것이 아니기 때문에 목표가 동일할 수 없고 성취 속도도 같을 수 없다.

자폐증을 질병이라 하지 않고 증상(syndrome)이라고 부르는 것도 자폐의 특성을 가졌다고는 하나 아동의 특성이 백이면 백 모두 다 다르기 때문이다. 초반에 아동이 자폐스펙트럼장애(Autism Spectrum Disorder: ASD)로 진단받으면 부모들의 최대 관심사는 우리 아이가 정상이 되느냐 정상이 될 수 없느냐, 또 치료를 어느 정도 받으면 정상이 되느냐이다. 그렇게 '정상'에 집착하는 것은 부모나 다른 사람의 도움 없이 스스로의 생활을 영위할 수 있기를 소망하기 때문이다. '정상'의 정의와 기준은 부모마다 다르겠지만, 자기 연령대와 함께 일반적 환경에서 일반 교육을 받으면서 큰 문제 없이 타인과 상호작용하면서 사는 것이라고 생각한다. 치료를 통해 성장하고 발달이 계속되어도 자폐스펙트럼에 속하는 증상은 남아 있을 수 있다. 예를 들면, 숫자에 심하게 집착하여 수업시간에 교과서의 페이지 표시를 보느라 집중을 못할 수도 있고, 지하철 노선도에 빠져 지하철 역사에 오래 머무를 수도 있고, 감각이 예민해 누군가 큰 소리를 지르면 귀를 막고 몸을 웅크리는 행동을 할 수도 있다. 다만 이런 행동들이 일상을 심각하게 방해하거나 타인에게 피해를 주는 것이 아니라면 우리가 일반적으로 생각하는 '정상'이 아니라고 하더라도, 조금 특별한 아이로 여겨질 수는 있지만 얼마든지 사회적인 환경에서 생활할 수 있다. 그러므로 정상 여부에 관심을 갖기보다는 지금 아이에게 할 수 있는 치료를 통해 아이와 아이를 둘러싼 환경의 사람들이 조금 더 행복할 수 있도록 하는 것이 더 중요한 것이 아닐까 생각한다. 우리가 『토끼와 거북이』 우화에서 일반적으로 얻을 수 있는 교훈은 '빠르다고 자만하고 게으름을 피우면, 느리지만 꾸준한 이를 이길 수 없다.'라는 것이다. 그러나 잠시 이 우화를 뒤집어 생각해 보면 결승점에 누가 먼저 들어오는지, 누가 1등이고 2등인지를 서열화하는 사회의 전반적인 인식이 내재되어 있다. 우리 아이들도 치료를 시작하게 되면 어떤 아이는 치료에 빨리 반응하고 모든 영역에서 빠르게 성장하지만 어느 순간에 토끼가 나무 밑에서 잠을 자듯 한동안 침체기를 겪기도 하고, 또 어떤 아동들은 무척 더디게 하나하나 목표를 이루어 나가기도 한다. **성장과 발달은 우열을 가리거나 등수를 매길 수 없는 개별적인 삶의 여정이다. 다른 아이들의 성장 속도나 발달과 비교하지 말고 아이의 성장을 기쁘고 소중하게 즐기길 바란다.** 한마디도 못하던 아이가 엄마를 보며 "엄마!"라고 불렀던 그때의 감동을 간직하고, "왜 빨리 좋아지지 않지?" "왜 이런 것이 안 될까?"라고 안타까워하기보다는 지금 할 수 있는 것에 의미를 두고 그 자체를 격려하는 것이 어떨까 싶다.

제2장

ABA를 형성하는 이론

응용행동분석의 근간을 이루는 여러 이론이 있지만, 그중 손다이크(E. L. Thorndike)의 효과의 법칙과 파블로프(I. P. Pavlov)의 고전적 조건형성, 스키너(B. F. Skinner)의 조작적 조건형성에 대해 소개해 보겠다.

손다이크의 효과의 법칙

손다이크의 효과의 법칙이란 어떤 행동을 한 후 그 행동의 결과가 자신에게 이득이 되면 이후에 그 행동을 계속할 것이고, 반대로 그 행동이 자신에게 좋지 않은 결과를 가져오면 그 행동을 하지 않을 가능성이 있다고 보는 것이다. 마트에서 장난감을 사 달라고 악을 쓰면서 바닥을 구르며 우는 아이를 살펴보면, 아이의 입장에서 그것은 아이의 생존 방법이다. 물론 그 표현 방법이 사회에서 용인될 수 있는 적절한 방법은 아니지만 무엇인가를 갖고 싶다는 동기나 마음은 자연스러운 것이다. 이렇게 힘들게 울면서 바닥을 구르는 행동을 통해 자신이 원하는 장난감을 얻었다면 이 행동은 앞으로 또다시 일어날 가능성이 있다(부모의 입장에서는 사람들의 이목이 집중되는 것이 부담스러워 사 주었지만 결과적으로 아동의 행동을 유지시키는 역할을 한 것이다). 반대로 아이가 아무리 울고 떼를 써도 아이를 그 자리에 놓고 가 버린다던지 아이를 데리고 즉시 그곳을 나왔다면 아이로서는 악을 쓰고 울면서 바닥을 구른 힘든 행동이 아무런 성과도 없이 허무하게 끝나 버린 셈이다. 그렇다면 이 아이가 앞으로 할 수 있는 행동은 두 가지로 예측할 수 있다. '혹시 내 행동이 엄마에게 충분히 전달되지 않았나? 그럼 다음에는 더 세게 울고 더 많이 굴러 볼까?'라는 것과 또 하나는 '이 방법은 너무 힘들고, 힘든 것에 비해 아무것도 얻을 수 없어. 다음에는 이 방법을 쓰면 안 되겠어.'라는 생각을 하게 될 것이다.

전자는 소거 과정에서 일어나는 소거 저항으로 만약 아이가 더 크고 강력하게 울 때 부모가 항복하고 장난감을 사 준다면 문제행동은 강화될 것이고, 후자는 아이의 우는 행동이 장난감을 얻는 데 실패했으므로 더는 그 행동을 하지 않게 되어 소거되었다고 보는 것이다. 후자의 경우 아이는 울고 떼쓰는 행동 대신 엄마와 협상을 시도하거나, 애교를 부리는 등의 다른 방법들을 생각해 내거나, 혹은 갖고 싶은 것이 있다고 바로 울면서 떼쓰는 행동은 하지 않을 것이다. 앞의 예에서 보듯이 우리가 강화, 소거라고 하는 이 모든 것이 일상생활에서 익숙하게 일어나는 것들이다.

마트에서 장난감을 사 달라고 울고 떼씀	엄마가 무시함 엄마가 거절함 (계속 사 주지 않음)	다음에는 사 줄 때까지 더 크게 울 가능성이 있음(이때 사 주면 크게 우는 행동을 강화하는 것이 됨)
		다음에는 우는 행동 대신 다른 행동을 함/사 주지 않는다고 우는 행동을 하지 않음(소거)

파블로프의 고전적 조건형성

파블로프의 고전적 조건형성은 우리가 익히 아는 종소리와 개 실험으로 알려져 있는 이론이다. 이 실험 때문에 ABA 치료를 찾아오신 부모님들 중에는 "종을 치면 먹이를 주는 그런 것 아닌가요? 저는 그런 동물실험 같은 부류는 참을 수 없어요. 우리 아이한테 그런 것 하지 마세요."라며 강하게 거부감을 나타내기도 한다.

실험의 핵심은 종을 치고 개에게 먹을 것을 주는 것이 아니라, 개가 직접적인 음식(고기)의 제공 없이도 종소리만 듣고도 침을 흘리도록 고기와 종이라는 자극을 연합시켜 고기가 가진 무조건 자극의 효과를 종소리가 획득한 것에 있다. 인간을 포함한 동물들은 계통적으로 새겨진 생존프로그램에 의해 음식을 보면, 특히 배고플 때면 더욱 침을 흘리게 된다. 이는 음식의 소화를 위해 일어나는 무조건적인 반사행동이다. 이런 무조건 반사행동을 인위적으로 만들어 낸 것이 파블로프의 실험이다. 즉, 무조건적으로 침을 흘리는 반응을 일으키는 음식(고기)을 종소리와 연결시킨 것이다. 종소리는 개에게는 아무런 반응을 일으키지 못하는 무용지물의 자극이다. 이런 종소리를 음식과 결합시킨 것이다. 종을 친 후 음식을 주는 것을 반복적으로 시행하다 보면 어느 순간 개는 종소리가 들리면 이는 곧 고기를 먹을 수 있다는 신호로 받아들여 종소리만 들어도 침을 흘리게 되는 것이다.

종소리는 처음에 개에게는 아무런 의미가 없는 좋아하지도 싫어하지도 않는 중립(중성) 자극이다.

반면, 고기는 개가 아주 좋아하고, 보면 무조건 침을 흘리도록 만드는 무조건 자극이다.

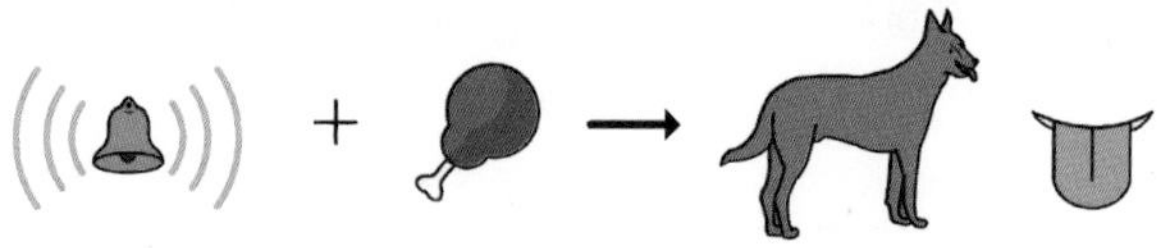

종소리(중립자극)와 고기(무조건 자극)를 함께 제공하면 개는 고기로 인해 침을 흘린다.
이 과정을 지속적으로 반복하다 보면…….

종소리만 들어도 개는 고기를 연상하면서 자동적으로 침을 흘리게 된다. 이때 종소리는 이미 고기(무조건 자극)의 효과를 얻었으므로 조건자극이 된다.

이렇듯, 아무런 영향력을 가지지 못한 중립자극이 무조건 자극(무조건 반응을 일으키는 자극)과 반복적으로 짝지어지면 나중에는 무조건 자극과 동일한 영향력을 갖게 되는 것이 파블로프의 고전적 조건형성의 핵심이다.

우리 일상생활에도 이런 고전적 조건형성의 예시가 무수히 많다. 예를 들면, 학대를 당한 아동들의 행동을 들 수 있다. 인간은 폭력적인 행동에 공포반응을 일으킨다. 즉, 폭력적 행동에 심장이 뛰거나, 땀을 흘리거나, 근육이 뻣뻣해지는 무조건적인 반응을 보인다. 어떤 아동이 지속적으로 특정 상표의 슬리퍼로 구타를 당했다면 이 아동은 그 특정 상표의 슬리퍼를 보기만 해도 가슴이 뛰고 땀을 흘리거나 몸이 굳어지는 모습을 보일 것이다. 특정 상표의 슬리퍼는 처음에는 아동에게 불쾌나 유쾌를 유발하는 자극이 아닌 중립적인 자극이었다. 그러나 이 슬리퍼가 아동을 때릴 때 계속 사용되었다면, 이 슬리퍼는 곧 구타와 연합이 되어 직접적인 구타 없이 슬리퍼만으로도 공포반응을 일으킬 수 있게 된다.

물론 반대의 경우도 있다. 인간은 좋아하는 대상을 보면 가슴이 두근거리는 무조건적인 반응이 일어난다. 만약 어떤 여학생이 특정 선생님을 좋아한다고 할 때, 그 선생님을 보면 가슴이 두근거리는 무조건적인 반응이 일어난다. 그 선생님이 복도를 걸어서 교실로 들어올 때까지 항상 휘파람을 분다고 가정하면 이 여학생은 선생님을 보기도 전에 선생님의 휘파람 소리만 들어도 가슴이 두근거리게 된다. 휘파람과 좋아하는 무조건 자극인 선생님이 연합하여 휘파람이 조건 자극이 된 것이다.

광고도 이런 조건형성의 한 예이다. 대중이 선호하는 모델과 상업적인 상품을 연합시켜 지속적으로 노출하게 되면, 사람들은 자신이 좋아하는 모델(연예인 혹은 스포츠스타)에게 가진 호감을 상품에도 가지게 되어 그 상품을 구매하게 된다.

그렇다면 한번 형성된 연합관계는 영원히 지속될까? 아니다. 파블로프의 실험에서 개에게 계속 종소리만 들려주고 고기를 주지 않는다면 개는 처음 몇 번은 종소리만 듣고도 침을 흘리겠지만 시간이 지나 종소리가 들려도 고기를 먹을 수 없다는 것을 알게 되면 더 이상 종소리에 침을 흘리지 않는다. 즉, 페어링(pairing)이 깨지게 되는 것이다. 무조건 자극과 중립자극을 페어링시킬 때 중요한 것은 무조건 자극의 제시이다. 일단 페어링이 되었다고 하더라도 간헐적으로 무조건 자극을 제공해야 한다.

그러면 이런 고전적 조건형성과 ABA는 어떤 관계가 있을까? 가장 손쉬운 예로 치료사를 조건자극으로 만드는 것을 들 수 있다. 치료 초기에는 치료실도 낯설고 치료도 낯설어 치료를 거부하거나 치료실 입실을 거부하고 엄마와의 분리를 힘들어하는 아동들이 많다. 차가 치료실 방향으로 향하기만 해도 차 안에서 발버둥을 치거나 우는 행동을 하게 된다. 이럴 때 아동이 좋아하는 장난감이나 과자(무조건 자극), 또는 몸놀이를 치료사가 제공하면서 페어링시킨다. 치료사와 아동이 좋아하는 것을 페어링시켜 아동에게 치료사는 자신에게 좋은 것을 제공하는 사람이라는 인식을 심어 준다. 이렇게 하면 치료의 과정도 쉬워지고, 회기 진행이 훨씬 자연스럽고 즐거워질 수 있다. 치료실도 마찬가지로 아동이 좋아하는 장난감이나 교구를 많이 준비해 치료실과 좋은 선호물의 페어링을 통해 치료실에 대한 거부감을 줄일 수 있다.

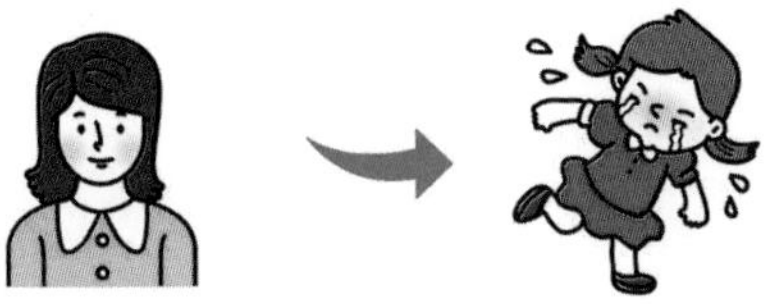

선생님을 보면 울면서 도망감

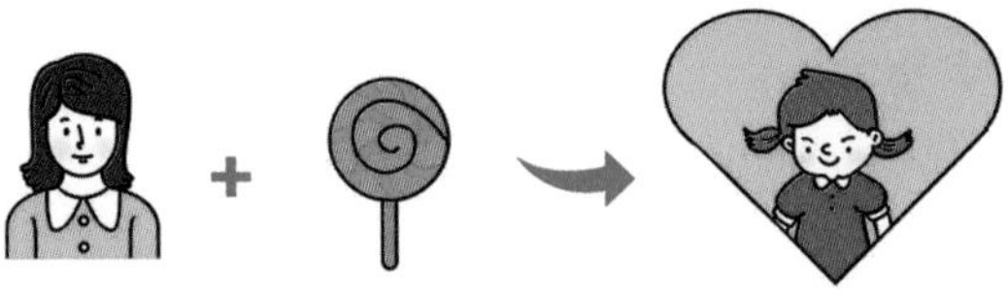

선생님이 아동이 좋아하는 사탕(선호자극)을 줌 → 선생님이 사탕이라는 선호자극과 짝지어져서 선생님 자체가 선호자극이 됨

선생님(선호자극)을 보면 좋아하며 손을 잡고 치료실로 들어감

이와 마찬가지로 아동이 가족 구성원 중 특히 무서워하거나 거부감을 가지는 사람이 있다면 그 당사자가 직접 아동이 좋아하는 것을 해 주는 것이 좋다. 아빠를 무서워하는 아동이라면 아빠가 아동이 좋아하는 몸놀이를 매일 해 주거나 혹은 아동이 좋아하는 장난감이나 간식을 아빠가 계속해서 주게 되면 아동이 아빠와 좋은 선호자극과의 페어링을 통해 아빠에 대한 무서움이 없어지고 아빠를 좋아하게 될 것이다.

스키너의 조작적 조건형성

스키너의 조작적 조건형성은 앞에서 말한 손다이크의 효과의 법칙을 이용한 이론이라고 할 수 있다. 아동이 어떤 행동을 했을 때 그 행동이 적절하고 좋은 행동이면 그 행동의 결과로 좋은 것을 얻거나 어렵고 힘든 상황이 없어져서 앞으로 계속 그 행동을 하도록 한다. 반대로 아동의 행동이 좋지 않은 행동일 때 그 행동의 결과로 자신에게 힘든 상황이 생기거나 자신이 좋아하는 것을 뺏기게 됨으로써 그 행동을 다시는 하지 않도록 하는 것이다. 즉, 좋은 행동은 계속 할 수 있도록 강화를 해 주고, 좋지 않은 행동은 다시 하지 않도록 소거를 하는 것이다.

장난감 자동차를 가지고 놀다가 고장 났을 때

아동이 장난감 자동차를 가지고 놀다가 고장이 나서 조작이 잘 되지 않을 때 아동은 장난감 자동차를 던져 버리고 울면서 소리를 지른다. 이때 엄마는 아동이 던진 장난감 자동차를 줍게 하거나(힘든 상황) 던진 장난감 자동차를 치우고 잠시 동안 장난감 자동차를 가지고 놀 수 없게 한다. 반대로 아동이 엄마에게 도움을 바라면서 장난감 자동차를 가져오면 이런 행동을 칭찬하고 장난감 자동차를 고쳐 준다. 이 상황에서 아동의 문제행동(장난감 자동차를 던지는 행동)의 결과, 노력이 들어가야 하는 일을 해야 하거나 자신이 좋아하는 것을 회수당하게 되면 아동의 던지는 행동은 줄어들 것이다. 왜냐하면 던지는 행동으로 아동은 아무런 이익도 얻을 수 없었을 뿐 아니라 신체적 노력이 들어간 일을 해야 했기 때문이다. 아동의 적절한 행동(장난감 자동차를 던지지 않고 가져온 행동)은 엄마에게 칭찬을 받고 장난감 자동차를 고쳐서 받을 수 있는 결과를 가져왔다. 따라서 아동은 앞으로 어떻게 하면 자신에게 좋은 결과를 가져오는지 알게 되고 계속 그 행동을 하게 될 것이다.

일상생활에서 자주 경험하는 앞과 같은 사례들을 ABA의 이론에 넣어 보면 다음과 같다.

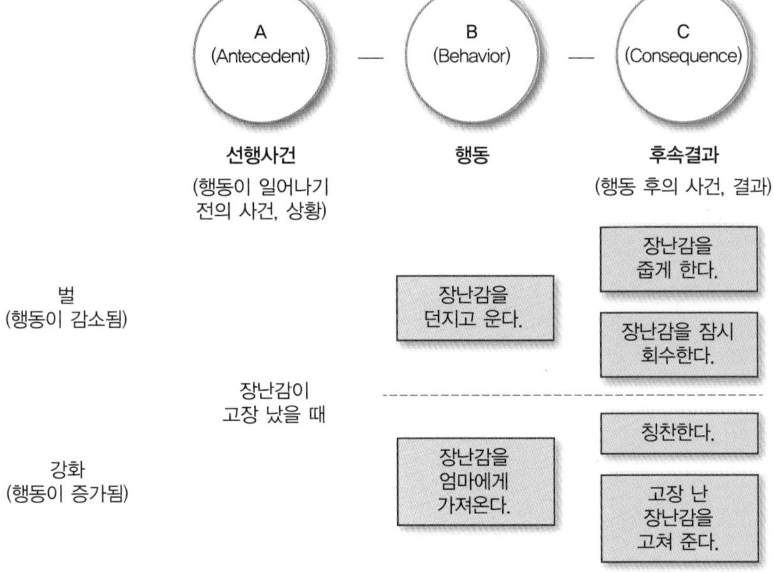

ABA에서는 행동의 증감에 따라 벌과 강화로 분류한다. 벌의 개념은 우리가 흔히 아는 벌의 개념이 아니다. 나쁜 행동이든 좋은 행동이든 행동 후에 주어지는 후속결과에 의해 미래에 행동의 발생이 줄어들면 그 행동은 벌에 의해 감소되었다고 본다. 앞의 그림에서 아동의 던지는 행동에 대한 결과로 장난감을 줍게 하거나 장난감을 회수하게 되면 미래에는 장난감이 고장 났을 때 장난감을 던지는 행동이 줄어들 가능성이 있다. 또 장난감을 엄마에게 가져가서 엄마에게 칭찬을 받거나 고장 난 장난감을 고쳐 받을 수 있는 결과를 가져오므로 미래에 장난감이 고장 나면 던지는 대신 엄마에게 가져올 가능성이 증가할 것이다.

아동의 입장에서도 혹은 치료사나 부모의 입장에서도 벌을 받아 행동이 감소되는 것보다는 좋은 행동으로 강화받는 것이 훨씬 좋다. 그러므로 문제행동이 일어나기 전에 미리 예방하거나, 그 문제행동을 대신할 수 있는 대체행동을 가르치거나, 적절한 행동을 전폭적으로 열렬하게 칭찬해서 강화해 주는 것이 바람직하다고 볼 수 있다.

제3장

행동의 기능

행동의 목적(기능)은 크게 두 가지로 나뉜다. 무엇인가를 얻으려고 하는 행동과 무엇인가를 피하려고 하는 행동으로 나눌 수 있다. 조금 슬픈 이야기지만 인간에게는 무엇인가를 피하기 위해 하는 행동이 더 많다고 본다.

이 예시에서 쓰레기를 버리는 남편의 행동은 아내의 잔소리를 피하기 위해서 유지되고 있다. 이는 잔소리로부터의 해방이고, 행동을 함으로써 기분 나쁜 자극이 없어지므로(−) 쓰레기를 버리는 행동이 증가한다. 행동의 결과가 싫은 자극상태로부터 벗어나게 하므로 행동이 증가함으로써 부적강화(negative reinforcement) 되었다고 한다. 이럴 경우 부적이란 것은 부정적이라는 의미가 아니라 자극이 없어졌다는 의미이다. 그러나 반대로 생각해 보면 쓰레기를 버림으로써 평화로운 상태를 얻었으므로 좋은 자극이 더해졌다고 보면 정적강화(positive reinforcement)로 볼 수 있다. 이처럼 우리 생활에는 부적강화인지 정적강화인지 변별하기 어려운 상황들이 많다. 방안이 더워서 에어컨을 켤 경우, 에어컨을 켜는 행동으로 더위를 피할 수 있어서 부적강화일 수도 있으나, 에어컨을 켬으로써 시원함을 얻을 수 있으므로 정적강화라고도 할 수 있다. 많은 경우에 동전의 양면처럼 정적강화인지 부적강화인지를 나누는 것 자체가 무의미할 수 있다. 강화는 행동이 증가할 경우를 말하므로 강화요인이 무엇인지를 파악하는 것이 더 중요하다는 것을 기억하길 바란다.

장난감을 던지는 예시에서 아동이 장난감을 던지면 엄마로부터 꾸지람도 듣고, 장난감을 주워야 하는 수고도 해야 하고, 또 좋아하는 장난감을 잠시 회수당하는 좋지 않은 일을 겪는다. 그러므로 이 아동은 이런 상황을 또 겪지 않기 위해 던지는 행동은 덜 하게 될 것이다.

앞의 두 가지 기능을 조금 더 세분화해 보면 행동의 기능은 관심 얻기(attention), 하기 싫은 일 회피하기(escape), 갖고 싶은 것 또는 하고 싶은 활동하기 위해(tangible), 그리고 감각추구를 위한 자기자극행동(sensory) 등으로 나눌 수 있다. 이 외에도 정확하게 그 기능을 판별할 수 없는 행동들이 있다. 다음의 예는 어떤 기능을 가진 행동일까?

"우리 애는 자기가 먹고 싶을 때 원하는 만큼 과자를 주지 않으면 줄 때까지 울어요."라고 말씀하시는 부모님이 있다. 이 경우에 우는 행동은 과자를 얻으려고 하는 목적, 즉 좋아하는 것을 얻으려는 기능을 한다고 할 수 있다. 아이의 우는 행동은 엄마가 끝까지 단호하게 버티지 못하고 결국은 과자를 줌으로써 유지되고 있다.

화가 난다고 엄마를 때려서 엄마에게 혼날 때 아이가 엄마에게 매달리려 하면서 우는 것은 "엄마, 나 이렇게 울고 있어요. 그만 혼내세요. 저를 안아 주세요. 혼나기 싫어요."라고 말하는 것과 마찬가지이다. 울음으로 혼나는 상황을 벗어나거나 그 상황을 종료시키려고 하는 행동이다. 물건을 정리하라고 시킬 때 아이가 우는 것은 "엄마, 나 정리하기 싫어요. 엄마가 해요."라고 말하는 것이다. 이와 같은 상황에서 우는 행동은 모두 회피의 기능을 하고 있다. 아이가 울면 대부분의 부모는 아이를 안쓰러워 하거나, 자신이 너무 심했다고 생각해서 혼내다가 아이를 안아 주거나 대신 정리를 해 주게 된다. 그 결과 아이들은 자기가 싫어하는 상황으로부터 빠져나오거나 하기 싫은 일을 하지 않아도 되는 것이다.

또 유치원에서 활동 시간에 자기의 머리를 때리는 아이가 있다. 머리를 때리면 친구들이 쳐다보면서 하지 말라고 말리거나 선생님들이 달려와 아이의 손을 잡으면서 안 된다고 꾸지람을 한다. 꾸지람이 긍정적 형태의 관심은 아니지만 어쨌든 아이는 자기의 머리를 때리면 친구들과 선생님이 자기에게 관심을 준다는 것을 알게 된다. 즉, 아이의 머리를 때리는 행동은 관심 기능을 하고 있다고 말할 수 있다.

이와 같이 아이가 머리를 때리는 행동을 할지라도 전혀 다른 기능을 할 때도 있다. 머리를 때리는 행동이 그 자체로 만들어 내는 감각자극 때문에 유지되는 경우이다. 이럴 때는 감각 추구를 위한 행동이므로 가능한 한 제지를 하거나 다른 활동으로 전환해 주는 것이 좋다.

그렇다면 아동들의 이런 행동을 강화시키는 요인은 무엇일까? 그것은 바로 울 때 과자를 주거나, 울 때 혼내는 것을 멈추거나, 울 때 시켰던 것을 철회하는 어른들의 행동이다.

과자를 줄 때까지 우는 아동에게는 아무리 울어도 과자를 얻을 수 없다는 것을 알려 주어야 한다. 우는 행동 대신 적절한 행동(말이나 제스처)으로 과자를 얻도록 가르쳐야 할 것이다. 만약 아동이 많은 양의 과자를 요구한다면 엄마는 아동에게 경계를 정해 주어야 한다. 즉, "오늘은 3개만 먹자."라든가 과자통에 미리 먹을 만큼 넣어 두고 그 과자를 다 먹으면 더 이상 먹을 수 없음을 상기시켜 주어야 한다. 무엇인가 시켰을 때 하기 싫어서 우는 행동을 하면 울어도 그 행동을 끝까지 하게 해서 우는 행동으로는 그 상황을 종결시킬 수 없음을 알게 해야 한다. 그리고 아동이 우는 행동 대신 "싫어." 혹은 "도와줘."라고 말하게 하고 그렇게 말했을 때 정리하는 일에서 제외시켜 주도록 한다. 서두에도 말했듯이 아동들이 하는 행동이 문제행동이라고 할지라도 그것은 나름대로 아동의 필요나 요구에 의한 것들이고 그 요구나 필요가 부적절한 것은 아니다. 표현하는 형태가 적절치 못할 뿐이지 아동들이 그런 요구를 가진 것 자체가 부적절한 것이 절대 아니다. 아동이 과자를 먹고 싶어 하는 것은 너무나 당연한 욕구이며 많으면 많을수록 좋아하는 것도 당연한 이치이다. 그렇지만 부모의 입장에서는 과자나 사탕류가 건강에 해로우므로 섭취하는 양을 조절시키고 싶어 한다. 단순히 먹지 말라고 하거나 혼을 내거나 하는 것은 아동의 행동을 당장에는 제지시킬 수 있지만 먹고 싶어 하는 욕구는 없앨 수가 없다. 즉, 행동의 동기(사탕을 먹고 싶어 하는)는 아동의 마음속에 넘실넘실 넘치는데 우는 행동을 제지시키면 그 행동은 하지 않지만 동기는 남아 있어 다른 형태의 문제행동(자신 얼굴을 긁거나 엄마를 때리는)으로 나타나게 된다. 마치 부풀어 오른 풍선의 한쪽을 누르면 반대 방향으로 부풀어 오르듯이 행동의 동기가 있으면 어떤 방법을 사용하든 그것을 해소해야 하는 것이다. 그러므로 아동이 문제행동을 할 때 벌로 그 행동을 중지시키는 것보다는 근본적으로 아동의 동기를 충족시킬 수 있는 방법을 찾아 주는 것이 문제행동 예방에 도움이 된다.

행동의 기능

관심	다른 사람의 관심이나 주의를 끌기 위해(관심에 의해 유지됨)
	예: 물건을 던지거나 떼를 쓰며 울면서 엄마나 치료사의 눈치를 본다.
	대처하기: 문제행동을 할 때에는 관심을 보이지 말아야 한다. 문제행동을 하고 있지 않을 때, 잠깐 멈추었을 때 관심을 보이고 칭찬한다.
회피	하기 싫은 과제나 활동을 피하기 위해(과제철회에 의해 유지됨)
	예: 과제가 어렵거나 하기 싫을 때 울음을 터뜨리거나 엎드린다. 놀다가 과제시간이 되면 바닥에 눕거나 눈을 감는다.
	대처하기: 문제행동을 해도 끝까지 과제를 하도록 한다. 적절한 방법으로 과제하기 싫음을 표현하도록 대체행동을 가르친다.
요구	원하는 것을 얻기 위해(원하는 것의 획득에 의해 유지됨)
	예: 좋아하는 활동이나 놀이를 그만하도록 할 때 치료사를 할퀸다. 원하는 것을 주지 않거나 빨리 주지 않을 때 큰 소리로 운다.
	대처하기: 문제행동을 하면 원하는 것을 하지 못하도록 한다. 적절한 방법으로 요구하기를 가르친다.
자기자극	감각자극을 얻기 위해(자기자극에 의해 유지됨)
	예: 혼자 있거나 다른 사람이 있는 것에 상관없이 소리를 낸다. 딱딱한 바닥이 있는 곳에서 물건을 던지거나 떨어뜨려서 그 소리를 듣는다.
	대처하기: 감각 차단, 다른 활동으로 전환한다. 적절한 방법으로 감각을 충족하도록 대체행동을 찾는다. 놀이를 가르친다.
기타	기타 질병, 특정 자극 및 알 수 없는 원인
	예: 갑자기 웃다가 이유 없이 큰 소리로 서럽게 운다. 상황과 상관없이 갑자기 분노를 표출한다.
	대처하기: 불편한 곳이 있는지 살핀 후 조치한다. 아동의 흥분이나 분노를 가라앉힐 수 있는 방법들을 미리 찾아 둔다.

제4장

환경

ABA는 사회적으로 중요한 행동을 다루는 과학이다. 문제행동은 강화해 주지 않아 소거하거나 감소시키고, 적절한 행동은 강화해서 많이 하도록 하는 것이다. 여기서 주목해야 하는 것은 '사회적'이라는 말인데, 이는 고립된 상태의 개인으로서의 행동이 아니라 타인과의 관계에서 중요하고 실용적인 행동이라는 것이다. 아동의 행동은 타인과의 관계 또는 환경과의 상호작용의 산물이다. 환경은 아동을 제외한 모든 것을 말하며, 가족, 친구, 지역사회, 물리적 환경, 날씨, 계절 등이 포함된다. 그러므로 아동의 문제행동을 수정하는 것은 아동을 둘러싼 환경을 바꿔 주거나 아동의 행동을 대하는 주변 사람들의 행동을 바꾸는 것이라고 보면 된다.

간단한 환경변화가 아동의 행동을 변화시킬 수 있다

계절이나 온도에 민감한 아동이 있다. 이 아동은 실내가 건조하면 온몸을 긁어대고, 짜증을 내고, 과제를 제시하면 긁는 행동만 계속하고 있다. 이렇게 온몸을 긁고 있는 아동에 대해 과제하기 싫어 회피한다고 생각하여 짜증 내는 행동을 무시하고 계속 회기를 진행하다 보면 아동의 짜증은 더 심해지고 과제수행률은 현저히 낮아진다. 그러나 이 아동에게 로션을 발라 주거나 치료실에 가습기를 틀어준다면 건조함에서 벗어날 수 있고 긁는 행동도 크게 감소하여 무리 없이 회기를 진행할 수 있다.

ASD 아동들뿐 아니라 일반아동들에게도 모두 한두 가지씩은 집착하거나 강한 선호를 보이는 물건이 있다. 예를 들어, 물고기가 있는 어항이나 전단지, 각종 스티커(전자제품이나 상품에 붙어 있는 스티커 포함), 자동문 등 나열하기 힘들 정도로 많다. 어떤 아동은 어항을 너무 좋아해서 마트에 가면 어항이 있는 곳을 꼭 들러야 하고, 나중에는 그 어항에 손을 넣어 물고기를 만지거나 꺼내서 바닥에 던지는 행동을 하기도 한다. 이럴 때는 가정에서 어항에 가짜 물고기를 넣어 두고 물고기를 던지지 않고 그냥 보기만 할 때 칭찬하거나 강화해 주는 방법도 있지만 더 간단하고 쉬운 방법은 마트에 갈 경우에 어항이 있는 쪽을 피해서 가는 것이다. 한동안 집착하는 자극으로부터 멀어지면 자연스럽게 잊는 경우도 있기 때문이다. 어렵게 행동수정계획을 구상하고 중재를 실시하는 것보다는 현재 할 수 있는 방법 중에서 가장 간단한 단계부터 시행해 보는 것이다.

또한 밤 늦게 잠을 자거나 자다가 새벽에 깨서 노는 아동들이 많다. 수면의 질이 좋지 않으면 아동의 성장과 발달에도 영향을 미치지만 부모의 생활에도 부정적인 영향을 미친다. 이런 아동들의 경우에는 방에 암막커튼을 설치하면 중간에 깨는 일 없이 충분한 수면을 취할 수 있다.

아동의 가장 가까운 환경–엄마

"아이가 치료실 안에서는 선생님 지시도 잘 수행하고 소리도 지르지 않는데, 저한테는…… 제 말도 듣지 않고 맘대로 되지 않으면 막 소리를 질러요. 일반화가 되지 않았나 봐요."

치료실에서 부모님과 상담하다 보면 자주 듣는 이야기 중 하나이다. 왜 그럴까?

엄마의 말을 잘 듣지 않고 엄마가 제지하는 것을 받아들이지 못하는 아동들의 공통점은 엄마가 아동의 고집이나 떼를 끝까지 꺾지 못하고 결국에는 아동의 뜻대로 들어주는 경우가 많다는 것이다. 치료실에서 치료사가 부를 때는 바로 쳐다보면서 대답을 하거나 지시할 때 거부 없이 순응하며 잘 수행한다. 이는 치료실 안에서의 권위자가 치료사라는 것을 아동이 암묵적으로 인정하고 있기 때문이다. 앞에서 언급한 고전적 조건형성에서 치료사와 아동이 좋아하는 것들과 페어링이 되면 치료사도 아동에게는 좋은 그 무엇으로 조건화(conditioning)가 되는 것이다. 좋은 것과 연합이 되면서도 변함없이 권위를 지키는 것이 중요한 관건이다. 무조건 좋은 것으로만 연합이 되는 것뿐만 아니라 자신의 불응이나 문제행동으로 치료사로부터의 관심과 호의를 잃어버리면 안 된다는 것을 지속적인 행동과 후속결과의 이행으로 알게 되었기 때문이다.

엄마는 아동에게 최고의 안식처이고 보물창고 같은 존재이다. 말하면 무엇이든 얻을 수 있고 말하면 무엇이든 해 주는 사람이다. 세상에 엄마 같은 사람은 없다. 그러나 엄마의 존재가 여기에만 머무른다면 아동은 성장하고 커 갈수록 더 많은 요구와 허용을 엄마에게 요구하게 될 것이다. 마르지 않는 샘처럼 엄마에게서는 무엇이든 펑펑 나와야 하고 알라딘 램프의 요정 지니처럼 뭐든지 척척 해내야 하는데 그렇지 못할 경우에는 폭발하는 분노를 감당할 길이 없다. 아동에게 아낌없는 사랑을 주는 것도 엄마의 몫이지만 아동에게 권위를 보여 주는 것도 엄마의 할 일이다. 엄마는 80의 사랑과 20의 권위를 가져야 한다. 최소한 엄마가 "안 돼." 혹은 "그만."이라고 할 때는 하던 행동을 멈출 수 있어야 한다. 아동이 '우리 엄마는 뭐든 들어주시지만 "안 돼."라고 말하면 그때는 어쩔 수 없어.'라고 생각하도록 해야 한다. 아동에게 부정적인 말을 들려주는 것은 좋지 않고 아동의 자존감이 낮아질 수 있으므로 가능한 한 "안 돼."라는 말은 안 하려고 한다는 부모님들이 있다. '안 돼.'는 부모의 허용범위와 아동의 행동한계를 가르치는 규칙어와 같다. 이 말을 사용하지 않고 자녀를 키우다가는 제멋대로의 통제 불능 아이로 성장시킬 수 있다. 그리고 앞서 언급했던 경계를 아이 스스로 깨닫게 하고 Go 할 때와 Stop 할 때를 알려 주는 역할을 해야 한다. 또한 "안 돼."라고 말하는 것은 급박한 일이나 상황에서 부모가 아동을 제지시킬 수 있는 수단이 되어야 하지 평소에 아동을 규제하는 수단이 되어서는 안 된다.

"안 돼." "그만." 연습은 집에서부터

밖에서 아이가 떼쓸 때 갑자기 "안 돼." 이렇게 이야기해도 소용이 없다. '우리 엄마 갑자기 왜 이래? 오늘은 이 정도 떼를 썼는데도 안 들어주시네? 그럼 더 심하게 울어 봐야지.'라고 생각하고 떼씀의 강도가 더 심해지기만 한다. 집에서와는 달리 나가면 엄마가 강하게 행동하지 못하는 것을 아동들도 잘 알고 있기 때문에 공공장소나 사람들이 많은 곳에서 아동의 떼씀은 더 심할 수 있다. 만약 아동의 행동을 적절히 통제하거나 아동을 제지하는 것이 힘든 부모라면 집에서 간단한 것부터 연습을 시작하는 것이 좋다. 한번 부모가 "안 돼, 그만."이라고 말한 상황이라면 끝까지 부모의 통제하에서 그 상황을 마쳐야 한다. 아동의 거부나 저항이 심하다고 마지막에 포기하게 된다면 그것은 아동의 행동을 더 강화하는 계기가 되므로 들어줘야 하는 요구는 처음부터 들어주고 그렇지 않은 경우에는 끝까지 아동의 행동을 통제해야 한다. 이러한 상황이 여러 번 반복되면 아동은 부모가 "안 돼." 혹은 "그만."이라고 할 때 자신의 행동을 멈출 수 있게 된다. 부모와의 갈등이 가장 심한 것 중 하나가 핸드폰의 사용이다. 장시간 영상매체에 노출될 경우 여러 가지 문제가 생길 수 있으므로 부모들은 핸드폰의 사용시간을 제한하거나 가능한 한 핸드폰을 사용하지 않도록 해야 한다. 그러나 이미 재미있는 여가활동의 하나가 되어 버린 핸드폰을 못하게 하기는 쉽지 않다. 핸드폰을 치우고 안 보여 줄 수도 있지만, 부모가 핸드폰을 꺼낼 때마다 달라고 울 것이다. 완전사용금지가 불가능하다면 제한 시간을 정해 놓는 것이 좋다. 핸드폰에 10분 알람을 설정하고 핸드폰이 울리면 핸드폰을 끄도록 하는 것이다. 핸드폰을 아동에게 주기 전에 미리 알람소리가 나면 되돌려주기로 약속을 한다. 알람소리가 울리면 "이제 그만하자."라고 말하면서 핸드폰을 회수한다. 아동이 울거나 떼를 써도 "핸드폰 그만이야, 안 돼."라고 말한 후 핸드폰을 치운다. 아동이 울고 떼를 써도 더 이상 핸드폰을 제공해서는 안 된다. 처음 알람을 설정할 때는 평소 아동이 핸드폰을 사용했던 시간을 고려해서 정해야 한다. 평소 한 시간씩 핸드폰을 사용하던 아동에게 처음 알람을 10분으로 정해 주면 아동이 느끼는 박탈감과 분노는 무척 클 것이다. 한 시간씩 사용했던 아동이라면 45~50분으로 알람을 설정한 후 시작하고, 점차로 설정시간을 줄여 가면 된다. 또 핸드폰을 가져간 후 아동에게 대신 제공할 대체활동이나 장난감 선호물을 준비해야 한다. 아동의 주의를 돌릴 만한 다른 장난감을 주고, 울음을 그치거나 떼쓰기가 멈춘다면 울지 않고 떼쓰지 않음에 대해 아동을 칭찬해야 한다. 어려운 일이지만 아동의 떼쓰기나 울음을 끝까지 못 본 척하고 핸드폰을 주지 않는 것이 좋다. 부모님들 중에는 "아이가 떼를 너무 심하게 쓰고 울다가 경기를 일으켜서 안 줄 수가 없어요."라고 말하는 경우도 있는데, 그럴 때는 아이의 앞에서 핸드폰을 보여 주지 않아야 한다.

제5장

강화

강화(reinforcement)는 ABA에서 가장 핵심적인 요소 중 하나이며, ABA의 꽃이라고 할 수 있다. 강화는 행동의 증가를 수반한다. 이는 사회적으로 의미 있고 유용한 행동을 강화해서 더 많이 하도록 하는 것인데 단순히 아동이 행동하면 강화물을 제공하는 것으로 생각하는 사람들이 많다. 강화는 누구나 할 수 있지만, 누구나 잘하는 것은 아니다. 처음에 ABA를 접한 사람들은 “아, 이름을 불러서 쳐다보면 과자를 주면 되는구나. 그게 강화구나!”라고 생각하거나 “아이들이 잘했을 때 과자를 주는 건 어느 치료나 다 마찬가지인데 ABA랑 차이가 뭐야?”라고 한다. 그 차이는 바로 ABA의 강화는 구체적이라는 것이다. 치료 회기가 끝나고 “오늘 잘했어!”라고 칭찬하면서 젤리를 주는 것이 아니라 구체적으로 선생님이 불렀을 때 눈을 잘 맞춘 것, 따라 하라고 지시할 때 따라 하는 것 등 아주 구체적인 행동 하나하나에 강화하는 것이다. 예를 들어, “○○야.”라고 이름을 불렀을 때 아동이 쳐다봤다면 “와! 선생님 쳐다봤구나.”라고 구체적인 행동을 언급하면서 칭찬하고 강화물을 준다. 이렇게 해야 아동은 자신이 무엇 때문에 칭찬받는지 알 수 있기 때문이다.

행동을 만들어야 하는 초기에는 매번 아동이 행동을 할 때마다 강화물을 제공해서 그 행동을 강화한다. 치료실 환경에서 지시 따르기에 대한 동기가 없는 아동에게 아무리 지시를 한다고 해도 아동은 치료사의 지시를 듣지 않는다. 지시를 따름으로써 자신에게 생기는 이익이 없기 때문이다. 그렇기 때문에 초반에 아동의 행동의 동기가 없을 경우 외부적으로 동기를 제공하는 것이 강화물이다. 아동이 행동을 하는 동기는 그 강화물을 얻기 위함이다. 그러나 궁극적인 목적은 아동이 외부에서 주어지는 강화 없이 스스로의 동기나 즐거움으로, 아니면 자연스럽게 그 행동을 하는 것이므로 초반에 매번 주던 강화를 체계적으로 줄여 가는 과정이 필요하다. 이것을 강화계획이라고 하는데 초반에 매번 강화를 제공하다가 간헐강화로, 마지막에는 아동의 환경에서 받을 수 있는 자연적 강화로 변경한다. 예를 들어, 친구를 보고도 인사하지 않는 아동에게 친구에게 인사하는 행동을 형성하기 위해서는 친구에게 인사할 기회를 많이 만들고 매번 강화해야 한다. 자연적인 상태에서 친구를 만나서 인사할 기회는 하루에 그다지 많지 않다. 그러므로 치료실 안에서 연습할 때는 친구들의 얼굴을 인쇄해서 친구 얼굴을 보면 바로 "안녕."이라고 하거나 손을 흔드는 행동을 하도록 한다. 아동에게 사진을 보여주고 아동이 인사하면 바로 칭찬하고 강화물을 준다. 이렇게 집중적으로 연습하다가 아동의 인사행동이 증가하면 그때부터는 사진을 보고 인사한다고 매번 강화물을 주지 않고 세 번에 한 번, 다섯 번에 한 번 정도의 간헐강화를 한다. 점차로 강화물 주는 횟수를 줄여 이 행동이 습관처럼 나오면 자연적 환경에서 일반화하여 실제로 친구를 보면 인사할 수 있도록 강화하고, 점차로 친구에게 인사하면 친구가 반갑게 인사를 받아 주는 자연 강화로 넘어가게 된다.

강화를 보다 효과적으로 적용하려면 다음 네 가지 법칙을 기억해야 한다. 수반성, 즉각성, 크기, 박탈의 원리이다.

수반성이라는 것은 내가 강화하고자 하는 그 행동 뒤에 강화를 해야 한다는 것이다. 즉, 아이가 스스로 컵을 들어서 마시는 행동을 강화하고자 하면 스스로 컵을 들어서 마시는 행동을 강화하면 된다. 아이가 물을 흘리거나 쏟는 것은 신경쓰지 말고 우선은 스스로 컵을 들어서 마시면 바로 칭찬하고 격려해야 한다. 아이가 스스로 물 마시는 것을 원하면서 처음부터 흘린다고 야단을 치면 아이는 스스로 물을 먹으려고 시도하지 않을 것이다.

즉각성은 행동을 하자마자 바로 강화물을 제공한다는 의미이다. 강화를 즉각적으로 제공하지 않으면 아동에게 문제행동을 일으킬 여지도 줄 수 있지만 더 큰 문제는 행동과 강화제공 사이에 시간지연이 생길 경우 그 시간 동안 다른 행동(원하지 않은 행동)이 나오고 바로 그 행동이 강화받을 수 있기 때문이다. 예를 들어, 기다리기 연습을 하는 아동에게 "○○야, 예쁜 손."이라고 지시하고 아동이 손을 가지런히 모으고 기다리는데 치료사가 교구 준비를 하느라 바로 강화물을 주지 않았을 경우, 아동은 빨리 강화물을 주지 않아 "앙~." 하고 울고 있는데 치료사는 "잘했어."라고 강화물을 준다. 이 경우 강화받은 행동은 기다리는 행동이 아니라 우는 행동이 될 수도 있다.

크기는 행동의 노력에 비례하는 강화물의 크기를 말한다. 아동이 쉽게 잘하는 행동은 강화물을 따로 제공하지 않거나 제공하더라도 적은 양을 간헐적으로 주게 된다. 대신 아동이 하기 어려워하는 행동이나 처음 도전하는 행동의 경우는 그만큼의 노력에 비례해 강화물의 크기나 양이 달라져야 한다. 블록 쌓기를 잘 하지만, 동그라미 따라 그리기를 잘 수행하지 못하는 아동에게 블록 쌓기에 대한 강화로 젤리 한 조각을 주고, 동그라미 따라 그리기를 할 때에도 젤리 한 조각을 준다고 하면 아동은 당연히 블록 쌓기는 잘 하겠지만 동그라미 그리기는 하려고 하지 않을 것이다. 이럴 경우에는 블록 쌓기를 한 후에는 강화물을 제공하지 않거나, 동그라미 따라 그리기를 한 후에는 더 큰 조각의 젤리를 주어야 한다.

박탈의 원리는 강화물의 효과성을 유지시키기 위해 강화물에 쉽게 접근하지 못하도록 인위적으로 통제를 하는 것이다. 즉, 강화물에 대한 동기가 높아지도록 치료실에서 사용하는 강화물은 평소에 아동이 쉽게 가지거나 먹을 수 없도록 제한하는 것이다. 만약 아동이 특정 사운드북을 좋아한다고 하면 이 사운드북은 치료실 안에서만 사용해야 한다. 이 아동이 치료실 안에서 정반응을 할 때마다 강화물로 사운드북을 받아 잠깐 만질 수 있게 한다. 그런데 이 사운드북을 치료가 끝난 후에 집에 가면 맘껏 충분히 들을 수 있다고 하면 이 사운드북은 강화물로서의 효과를 유지할 수 있을까? 아동이 아주 잠깐 사운드북을 만지기 위해 치료실 안에서 수행을 잘하게 될까? 절대 그렇지 않다. 그러므로 강화물에 대한 지극한 애정과 절실함을 유지하기 위해 치료시간에 사용하는 강화물은 제한하는 것이 좋다.

제 **2** 부

치료

제6장

치료단계

회기의 기본은 비연속 개별시행 교수(Discrete Trial Teaching: 이하 DTT)를 사용하며 여러 다양한 기법을 병합하여 운영할 수 있다. DTT는 ASD 아동에게 특정 기술을 가르치는 데 가장 효과적인 접근인 것으로 알려져 있는 ABA에서 사용되는 방법으로, 실제로 교육 및 치료 현장에서 광범위하게 가장 많이 사용되고 있다. DTT는 특정 행동이나 기술을 습득시키거나 문제행동을 감소시키기 위해서 복잡한 목표기술을 작은 하위기술로 나누어 각각의 하위기술에 대한 반복적이고 집중적인 연습을 하는 방법이다. 따라서 언어기술, 신체 움직임, 모방 및 놀이 기술, 사회적 상호작용, 정서적 표현, 학업 기술을 포함한 다양한 기술을 새롭게 습득하도록 교수할 때 효과적으로 사용할 수 있다.

DTT는 변별 자극-학습자 반응-후속결과의 행동발생 3단계(3-term contingency)에 기초한 것으로 여기에는 몇 가지 중요한 절차가 필요하다. 첫째는 아동의 주의를 집중시키고, 둘째는 아동이 변별 자극(지시)에 정확하게 반응할 수 있도록 촉구와 모델링을 제공하는 것이다. 마지막으로 반응 후에 즉각적인 강화를 제공하여 아동의 올바른 반응의 비율을 높이고 학습동기를 유지하도록 하는 것이 중요하다. DTT에서는 아동의 주의 집중과 교수통제를 위해 학습에 필요한 자극 이외의 불필요한 자극은 제거하고 단순화하는 학습 환경의 구조화가 필요하다.

조기에 아동들에게 가르쳐야 할 개별적 기술이 많이 존재한다고 해도 결국에는 몇 가지 기본적 영역으로 분류된다. 이 책에서는 기본적으로 주의 집중과 모방, 인지를 중점적으로 다루었고, 놀이와 언어 영역은 따로 구성하지 않았다.

치료 초기

아동이 치료에 익숙해짐에 따라 회기 구성도 변화가 필요하나 치료 초기에는 치료사와의 친밀감이 매우 중요하다. 이는 치료실 내에서 아동이 치료사를 신뢰하고 그의 교수통제하에 있을 수 있게 만드는 중요한 요소이기 때문이다. 치료실은 즐겁고 흥미롭고 따뜻하다는 것을 아동이 인식할 수 있도록 노력을 기울여야 한다. 많은 칭찬과 강화의 제공으로 인해 치료실은 좋은 곳이고 즐거운 곳으로 페어링되고 치료사는 아동에게 좋은 것을 제공해 주는 사람으로 인식됨으로써 치료시간 동안 치료사로부터 도망가거나 공격행동 등의 부정적인 정서반응을 덜 보이게 된다. 이는 매번 치료사와 강화물이 페어링됨으로써 치료사도 잠재적인 강화물로서의 효과를 얻을 수 있기 때문이다. 이 기간에는 아동의 강점, 최대한의 학습 지속시간, 잠재적 강화물 선정 및 효과적 강화물 등을 점검할 수 있는 시기이기도 하다. 아동이 치료사의 지시에 반응하고 순응할 때 강화물을 제공함으로써 자신의 행동에 따라 강화물을 획득할 수 있다는 것을 배우는 시간이 된다. 지시에 따라 앉기, 치료사를 쳐다보기, 다음 지시까지 기다리기, 간단한 지시에 반응하기 등 기초적인 기술 학습이 포함된다.

치료 중기

초기 단계가 지나면 아동의 개별적 기술 습득에 목표를 맞추게 된다. 치료사는 아동의 집중시간을 조금씩 늘려 갈 수 있도록 회기 구성을 조정해야 한다. 만약 아동의 초기 집중시간이 3분이었다면 점차로 5분, 7분, 10분으로 늘려 간다. 타이머를 맞추고 타이머가 울리면 아동에게 쉬는 시간임을 알려 주고, 타이머가 다시 울리면 자리로 돌아올 것을 알려 준다. 치료 초기 단계에서는 아동의 학습 시간이 3분이었다면 쉬는 시간도 동일하게 3분을 주는 것이 좋다. 그러나 초기 단계 후에는 점차 이 비율을 바꾸어 5분 학습에 쉬는 시간 3분, 7분 학습에 쉬는 시간 4분으로 조정한다.

치료의 내용을 부모와 공유하고 치료시간에 완전히 습득한 기술은 다른 장소에서 일반화되는지 점검해 보는 것이 좋다. 적어도 세 달에 한 번은 아동의 진전사항을 부모와 공유할 수 있도록 진전보고서를 부모에게 제공하고, 습득한 기술이 일반화되고 유지되고 있는지에 대한 점검을 부모나 양육자의 협조하에 실시한다.

제7장

강화물

강화물 선정

개인마다 기호와 요구, 선호가 다르듯이 강화물도 일률적이고 고정적인 것은 아니므로 칭찬과 젤리만을 아동들의 유일한 강화제로 사용해서는 안 된다. 따라서 아동의 회기 구성 시 반드시 해야 할 것은 선호물 검사이다. 부모나 양육자가 제공하는 정보를 바탕으로 치료사가 직접적으로 치료실 내에서 아동이 가장 많이 접근하거나 접촉하는 것이 무엇인지 조사해야 한다. 치료 초기에 아동이 치료실에서 만져 보거나 자주 접근하는 것과 과거에 좋아했다고 부모나 주 양육자가 보고하는 것을 잠재적 강화물 리스트에 기록한 후 잠재적 강화물 리스트에 있는 아이템들을 대상으로 선호도 검사를 실시하여 강화물 순위를 정한다(부록2의 선호도 검사지 참조).

아동의 선호를 파악할 때는 아동 스스로 선택하도록 했는지 또는 치료실 안의 물건을 섣부르게 다 치우진 않았는지 점검해 봐야 한다. 이는 아동의 행동반경 안에 두었으면 선호물이 될지도 모르는 물건을 미리 치웠을 수도 있기 때문이다. 또 아동이 흥미를 보이는 장난감이나 물건을 가지고 있을 때 옆에서 치료사가 그것을 만지거나 끼어들거나 질문, 요구하는 일은 없어야 한다. 종종 아동들은 치료사와 충분한 라포가 형성되기 전에 치료사가 다가오면 흥미 있어 하는 물건도 포기하고 치료사부터 멀어지는 일이 있기 때문이다.

강화물을 찾아내고 선정하는 것은 치료사가 끊임없이 노력해야 하는 것 중의 하나이다. 치료 효과나 진전이 없는 경우는 대체로 아동에게 적절한 강화물을 찾지 못했을 때이므로 아동이 좋아하지 않을 것 같은 장난감이나 자극, 칭찬 등을 포기하지 말고 아동에게 시도해 보고 장난감 가게에 자주 가서 새로운 장난감을 준비하거나 여러 가지 스낵 등도 시도해 보아야 한다.

정해진 선호물이 거의 없는 경우, 예를 들면 아동이 하루는 자동차를 가지고 놀다가 그다음 날은 전혀 가지고 놀지 않거나, 아동이 놀고 있을 때 치료사가 같이 참여하려고 하면 다른 곳으로 가거나 그 물건을 포기하고 다른 것을 가지고 놀 때에는 정확한 선호도 검사를 실시해야 한다.

강화의 효과를 유지하기 위해서는 한 회기 내에서 한 가지 강화물만 사용하는 것보다는 두세 가지의 강화물을 사용하는 것이 좋다. 또한 선호도 검사를 가능한 한 정기적으로 실시하여 현재 사용하고 있는 강화물이 적절한 강화 효과를 유지하고 있는지 점검해 보는 것이 매우 중요하다. 확실하고 강력한 강화물이 있다는 것은 치료의 성공을 절반 정도 담보한다고 볼 수 있다. 그만큼 강화물의 중요함은 여러 번 강조해도 지나침이 없을 만큼 중요하므로 강화물 선정과 제공에 특히 신경을 써야 한다. 또 하나 중요한 점은 강화물의 적절한 통제이다. 강화를 효과적으로 적용하기 위해서는 박탈 상태가 유지되어야 하는데, 치료실이나 치료환경에서 사용되는 강화물이 언제 어디서든 쉽게 접근하거나 가질 수 있는 것이라면 그것은 강화물로서의 가치를 잃어버리기 때문이다. 예를 들어, 아동이 좋아하는 사운드북을 치료실에서 강화물로 사용하는데, 만약 아동이 이 사운드북을 집에서 실컷 가지고 놀 수 있다면 치료실에서 그 사운드북을 받으려고 열심히 과제를 하거나 지시를 따르지 않을 것이기 때문이다.

강화물 선정을 위한 선호도 검사

선호도 검사는 아동에게 잠재적으로 강화물이 될 수 있는 자극이나 장난감, 먹는 종류 등을 사전에 주 양육자나 아동을 가까이서 보는 사람들의 보고와 치료실에서 자주 접근하는 아이템을 선정해서 실시한다. 선정 방법은 여러 가지가 있으며, 그중에 7~8개의 아이템을 선정하여 2개씩 짝지어서 제공한 뒤 먼저 선택하는 것을 기록하는 짝 자극 제시 방법과 여러 가지 아이템을 제공하고 그중 먼저 집거나 오랫동안 가지고 노는 것을 기록하는 자유선택 방법이 있다. 짝 자극 제시법과 자유선택 선호도 검사는 치료실이나 가정에서 비교적 쉽게 할 수 있는 방법이다. 선호도 검사 방법과 기록은 부록에 있으니 참고하면 된다.

강화 제공

강화의 효과는 반응 직후 즉각적으로 제공되어야 하나, 강화물에 대한 포화현상을 예방하기 위해서는 간헐강화나 토큰시스템과 함께 사용하는 것이 긍정적이다. 특히 기술을 습득해야 하는 초기에는 매번 강화가 효과적이나 이미 습득한 기술의 유지에는 간헐강화가 더 적절하고 효과적이다.

아동이 적절한 행동이나 올바른 반응을 했을 때 거기에 구체적으로 칭찬을 하고 강화물을 주는 것은 아동에게 어떤 행동이나 반응이 강화물을 얻을 수 있는 것인지 알게 해 준다. 예를 들어, 색 변별 과제 시에 아동이 빨간 공을 건네주었다면 "맞아, 빨간 공이야. 잘했어."라고 칭찬하고 강화물을 준다.

강화물을 제공할 때는 반드시 강화물을 받을 만한 목표행동을 했을 때 제공해야 한다. 치료사들이 흔히 하는 실수 중 하나로 "빨간색 줘."라고 지시한 후 아동이 빨간색을 건네주면 "잘했어. '주세요.' 해 봐."라며 다른 것을 지시한 후 강화물을 주는 경우가 있다. 이는 아동이 정확히 "빨간색 줘."라는 변별 자극에 정반응을 해서 강화물을 제공한 것이 아니라 "주세요."라고 요구하기를 시키고 강화물을 준 셈이다. 목표행동과 강화물의 정확한 유관관계를 지켜서 강화물을 제공해야 한다.

변별 자극(Discriminative Stimulus: SD)

변별 자극이란 쉽게 말하면 강화를 받을 수 있는 신호와 같은 것이다. 이 자극이 있을 때 행동을 하면 이 행동은 강화를 받는다. 한 가정의 예를 들면, 아빠는 아동이 밥 먹기 전에 아이스크림을 달라고 조르면 아이스크림을 준다. 그러나 엄마는 밥 먹기 전에 아이스크림은 안 된다면서 주지 않는다. 그렇다면 아이스크림을 달라고 조르는 행동이 강화받을 수 있는 조건(자극)은 누구일까? 바로 아빠이다. 그렇기에 아동은 밥 먹기 전에 아이스크림이 먹고 싶으면 아빠에게 달라고 조르고, 그 결과 아이스크림을 얻게 된다. 밥 먹기 전에 아이스크림을 달라고 조르는 행동을 하는 것은 아빠라는 변별 자극이 있는 상황에서만 강화를 받으므로 이 아동은 매번 아빠가 있을 때 조를 가능성이 아주 높다.

신호등의 예를 하나 더 보겠다. 우리는 초록신호등에 길을 건넌다. 왜 그럴까? 바로 초록신호등에 건너면 사고가 나지 않고 안전하게 건널 것을 알기 때문이다. 여기서 초록신호등은 길을 건너는 행동이 강화받을 수 있음(사고가 나지 않고 안전하게)을 알려 주는 변별 자극이다. 그래서 우리는 마음 놓고 길을 건너는 것이다.

치료실에서의 예를 들면, 치료사가 "공 주세요."라고 지시했을 때 공을 건네주면 강화를 받는다. 공을 주는 행동이 강화받는 것은 "공 주세요."라는 변별 자극이 있을 때이다. "컵 주세요."라는 지시에 공을 주었다면 이 행동은 강화받지 못한다. 공을 주는 행동은 "공 주세요."라는 지시가 있을 때만 강화받을 수 있다. 그러므로 치료실에서의 변별 자극은 각 과제에 대한 지시라고 보면 이해하기 쉽다.

<table>
<tr>
<td>저녁 식사 전</td>
<td>

저녁 식사 전 도넛을 달라고 하자 엄마는 거절하고, 아빠는 도넛을 준다. 이런 일이 반복되면 아빠는 아동에게 도넛을 달라고 요구하는 행동을 늘 일관적으로 강화해 주는(도넛을 주는) 자극이 된다.</td>
</tr>
<tr>
<td>저녁 식사 전</td>
<td>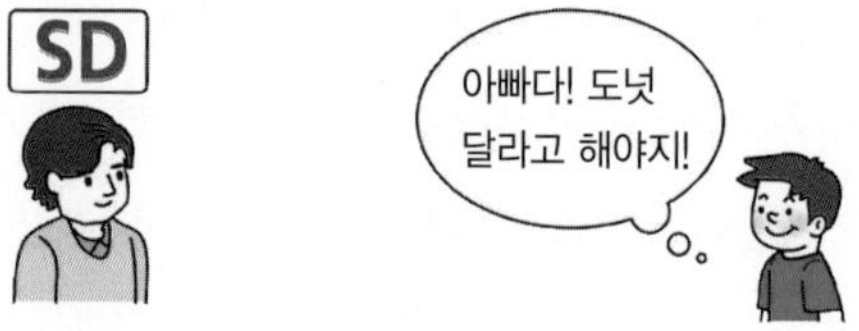

아빠는 저녁 식사 전에 도넛을 달라고 하는 행동을 강화해 주는 변별 자극이 되어서 아동은 아빠가 나타나면 도넛을 받을 수 있다고 생각하여 도넛을 달라고 요구하게 된다.</td>
</tr>
</table>

또 하나는 아동이 문제행동을 일으키거나 반응이 없을 때 강화물을 협상물로 제시하는 경우이다. "울지 않으면 자동차를 줄 거야."라고 달래거나 위협을 하는 것은 아동이 자신이 해야 할 적절한 행동을 배우거나 할 기회를 박탈하는 것과 마찬가지이다. 자신이 적절한 행동을 해서 강화물을 받는 것이 아니라 눈앞의 보상물로 인해 자신의 문제행동을 잠시 멈추는 것뿐이기 때문이다. 예외의 경우도 있는데 아동이 젤리 때문에 울거나 장난감 자동차를 갖고 싶어서 울 때, 이 경우에는 아동에게 적절한 행동하기를 요구할 수 있다. "울지 않고 '자동차 주세요.' 하세요."라고 말한 후 아동이 잠시 눈물을 멈추면 "와, 울음을 그쳤구나. 잘했어."라고 말하며 아동의 손을 빨리 벌리게 한 후 장난감 자동차를 제공해 아동이 다시 울 시간을 주지 않는 것이다.

토큰 사용

앞서 말했듯이 아동이 무엇인가를 새로 배워야 할 때는 매번 강화를 주어야 하지만, 이미 어느 정도 습득한 과제의 수행에 대해서는 간헐강화를 해야 한다.

왜 그럴까?

매번 강화를 주는 것은 아동에게 강화의존성(강화물을 주지 않으면 수행을 하지 않으려 한다거나 무슨 행동을 하고 나서 강화물을 요구하는 행동)을 길러 주기도 하고, 포화를 일으켜 더 이상 강화물이 그 효과를 내지 못하게 된다.

간헐강화는 치료사가 계획적으로 아동의 정반응 세 번에 한 번, 혹은 네 번에 한 번 강화물을 제공하는 것이다. 매번 수행을 할 때마다 계속강화를 받던 아동들은 이렇게 간헐강화로 바뀌면 문제행동을 일으키기도 한다. 그러므로 계속강화에서 간헐강화로 넘어갈 때에는 점진적으로 천천히 강화간격을 늘려 가야 한다. 매번 정반응할 때마다 강화물을 주었다면 점차로 정반응을 두 번 할 때마다 강화물을 주다가 세네 번에 한 번 주도록 한다.

또 하나의 방법은 토큰의 사용이다. 아동이 행동을 한 뒤 즉각적으로 강화물을 주지 않는 강화의 지연이 있을 때는 그 사이를 메꿔 주는 매개물이 필요하다. 그런 매개물이 토큰이다. 토큰은 행동 뒤에 바로 주어지고 일정 정도 모이면 강화물과 교환할 수 있으므로 아동에게 시각적으로 강화물이 언제 주어질지 예상할 수 있게 만들어 준다. 토큰판을 만들 때 미리 과제수행을 몇 번 해야 할지 정한 후 토큰판을 만들면 좋다. 초기에는 토큰 2개를 붙여서 강화물과 교환할 수 있도록 하고 점차로 모아야 하는 토큰 수를 늘려 간다. 교환을 알려 주기 위해 아동이 잘하는 수행(예: 컵에 블록 넣기 등)을 하도록 하고 빨리 토큰을 붙여 준다. 이렇게 다 붙인 토큰판을 들어 치료사에게 주도록 하고 그 토큰판과 강화물을 교환한다. 이 과정을 반복하면 아동은 토큰판에 토큰을 다 붙이면 자신이 좋아하는 강화물과 바꿀 수 있음을 알게 된다. 숫자를 좋아하는 아동의 경우는 숫자를 순차적으로 붙여도 되고, 버스를 좋아하는 아동은 버스를 토큰으로 붙여도 되고, 토큰판의 마지막 칸에 미리 아동이 받을 강화물의 사진을 붙여 두고 시작하여도 좋다.

	토큰판 예 1: 아동이 좋아하는 그림을 하나씩 붙이도록 하고 3칸을 다 채웠으면 교환하도록 한다.
	토큰판 예 2: 숫자를 좋아하는 아동의 경우 숫자를 순차적으로 붙이도록 한다.
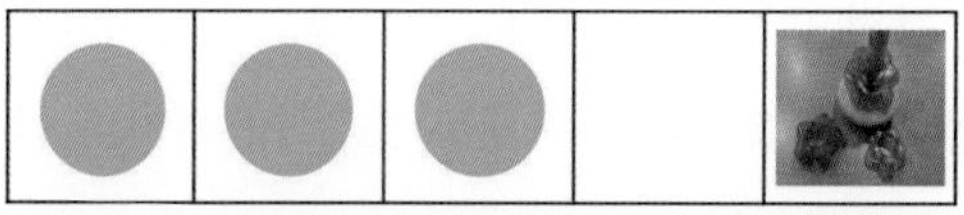	토큰판 예 3: 아동이 받을 강화물을 미리 토큰판 마지막 칸에 붙여 두고 토큰 4개를 다 붙이고 나서 강화물 사진을 떼어서 주면 강화물과 교환한다.
 	토큰판 예 4: 강화물을 사진으로 찍어 여러 조각으로 나눈 뒤 아동이 정반응할 때마다 한 조각씩 제공하고 퍼즐을 다 완성하면 강화물로 교환한다.
	강화물 선택판: 토큰을 다 모으면 아동이 강화물 중에서 하나 선택하도록 한다.

또는 앞의 사진의 토크판 예 4처럼 미리 강화물을 사진으로 찍어 퍼즐처럼 붙여서 다 완성된 그림을 실제 강화물과 교환하는 방법도 있다. 또 아동이 토큰을 다 모으면 아동의 강화물을 치료사가 바로 주기도 하고, 앞의 사진처럼 강화물 선택판에 선호물 검사를 통해 선정된 것들을 붙여 놓아 아동이 선택하도록 할 수도 있다.

한 가지 주의해야 할 점은 강화의 간격이 너무 급격히 벌어지지 않도록 해야 한다는 것이다. 토큰 3개를 붙이고 강화물과 교환을 하다가 갑자기 토큰 10개를 붙여야 교환할 수 있다면 아동은 갑자기 늘어난 토큰의 양에 큰 분노나 좌절을 느끼게 되어 강화를 포기하고 과제를 하지 않을 수 있다. 이런 현상을 비율긴장(ratio strain)이라고 한다. 이럴 때는 다시 예전의 비율로 돌아가 3개씩 붙여 교환하도록 하고, 점진적으로 교환해야 하는 토큰의 양을 늘려 가도록 한다.

제8장

치료환경 구성

아동을 빠른 페이스로 끌고 가기

지시는 가능한 한 빠르게 진행하고, 주의 집중이 어려운 아동이나 빨리 산만해지는 아동, 현재 과제에 어려움을 느끼는 아동에게는 한 과제를 너무 오래 하지 않는 것이 좋다.

예를 들어, 색변별 과제에 어려움을 느끼는 아동의 경우, "빨간색 줘."라는 지시를 한 번에 열 번 이상 하지 않고, 가능하면 빠르게 지시하고, 열 번의 시도가 끝났다면 다른 과제로 넘어갔다가 다시 색변별 과제로 되돌아오도록 한다.

과제는 가능한 한 정반응으로 마무리하기

아동이 과제수행 과정에서 문제행동을 한다면 과제를 중단하지 않고 한 번 더 시도한 후 지시를 종료한다. 예를 들어, "빨간색 줘."라고 지시했을 때 아동이 블록을 던져 버린다면 과제를 중단하고, 블록을 집으러 가지 않고 다른 블록으로 대체해서 놓은 후 동일한 지시를 내린다. 아동이 다시 블록을 던지려고 하면 재빨리 반응 가로막기(response blocking)를 사용하여 아동의 손을 잡아 블록을 던지지 못하도록 하고, 아동에게 기다리라고 지시한 후 2~3초 후에 다시 동일한 지시를 한다. 이때 아동이 정반응을 하면 칭찬과 함께 강화물을 제공하고 과제를 종료한다. 아동이 정반응을 하지 못할 경우 치료사가 아동의 손을 잡고 과제를 수행한 후 다시 한 번 지시하여 아동이 정반응을 하면 칭찬과 강화물을 제공하고 과제를 종료한다.

풍부한 강화물 준비

선호도 검사를 통해 아동이 좋아하는, 잠재적 강화효과가 있는 강화물들을 여러 가지 준비하여 한 가지 강화물에 포화가 일어나지 않도록 두세 가지를 바꾸어 가며 제공한다. 과제 초반에는 습득을 위해 매번 강화해야 하지만 과제수행률이 증가하면 두세 번의 정반응 후에 강화물을 제공하는 간헐강화로 바꾸어야 한다. 강화는 항상 칭찬과 강화물을 함께 제공하여 점차로 칭찬만으로 강화할 수 있도록 한다.

학습 시 제공되는 자극은 다양하게

학습 시 동일한 샘플이나 자극으로 진행하다 보면 ASD 아동은 통으로 외우는 경향이 있기 때문에 변별해야 하는 개념이 아니라 그 사물 자체를 개념과 동일시하는 경향이 있다. 예를 들어, 여러 가지 색의 컵을 놓고 "파란색 줘."라고 지시하는 경우, 아동은 파란색 컵을 건네주고 강화받게 된다. 이것이 동일하게 반복되는 경우 아동은 '파란색 컵'을 '파란색'이라고 인식하게 되고, 다른 물건을 놓고 파란색을 고르게 할 때에는 전혀 고르지 못할 경우가 많다. 일반적으로 개념을 학습할 때에는 '자극일반화'와 '자극변별'의 과정이 모두 작용하게 된다. 처음에 '강아지'라는 개념을 배울 때 강아지의 일반적인 특징인 '털이 많고 네 발 달린 것'이라는 것을 인식한다. 자극일반화가 일어나면 '털이 있고 네발로 기어 다니는 것'들은 모두 '강아지'라고 인식하게 된다. 그렇지만 고양이를 보면서 '강아지'라고 말하면 어른들이나 주변인들에게 강화받지 못하므로 점차로 이 행동은 소거되고 정확히 '강아지'만을 보면서 '강아지'라고 하는 자극변별을 할 수 있게 된다. 수많은 시행착오 'Try & Error'를 거쳐 '강아지'를 학습하게 되는 것이다.

반대로, 빨간색을 학습했다면 흐린 빨간색, 진한 빨간색, 다홍색 등 여러 가지 붉은 계열의 색을 보고도 빨간색이라고 변별할 수 있는 자극일반화가 되어야 한다. 자극변별과 자극일반화를 위해 치료실에서는 가능한 한 다양한 샘플을 제시하여 학습을 도와야 한다.

방해자극 제거

DTT가 이뤄지는 책상에는 가능한 한 학습에 필요한 사물 이외에는 모두 치우도록 한다. 기록파일, 볼펜 등 아동의 주의를 흐트러트리는 사물들은 책상 아래나 치료사 바구니에 따로 넣고 책상 위에는 과제에 필요한 교구나 사물만 올려놓는다. 또 치료 시 필요한 교구들도 아동에게 미리 보여 주지 않고 아동이 치료사의 허락 없이 만지거나 가져가는 일이 없도록 가능한 한 치료사의 통제하에 있을 수 있도록 해야 한다.

놀이공간과 학습공간을 구분하기

DTT가 이뤄지는 책상과 장난감이 있는 놀이공간을 물리적으로 분리하여 아동이 학습과 놀이 시간을 변별할 수 있도록 한다. 놀이공간에는 매트를 깔아서 아동이 쉽게 변별할 수 있도록 한다. 치료 초기에는 놀이시간이 DTT 시간보다 더 길도록 배치하고, 점차로 이 둘의 비율을 조정해 학습공간에서 보내는 시간이 더 많도록 하는 것이 좋다. 갑자기 치료시간이나 치료실을 거부할 경우 아동과 놀이하는 시간을 잠시 늘리거나 아동이 좋아하는 활동을 통해 아동에게 치료실이 좋은 곳이라는 것을 다시 인식하도록 한다.

가정에서 실시할 경우에는 거실이나 안방 등 가족들이 드나들거나 아동의 주의가 쉽게 흐트러질 수 있는 공간은 가능한 한 피하도록 하는 것이 좋다. 아동의 방에서 할 때는 장난감이 있는 공간과 물리적으로 구분(책상을 벽에 붙이고 놀이공간은 매트로 구분할 것)하도록 하고, 아동이 좋아하거나 집착하는 사물은 눈에 띄지 않게 치우거나 강화물로 사용하도록 한다.

선택제공

과제, 강화물 등을 아동이 선택할 수 있는 기회를 가능한 한 많이 제공하도록 한다. 아동이 좋아하는 선호물을 학습 프로그램에 넣어서 사용해도 된다. 예를 들어, 뽀로로를 좋아하는 아동의 경우 선긋기 과제에 선의 시작점과 끝점에 뽀로로 캐릭터를 삽입하여 아동이 과제에 집중할 수 있도록 돕는다. 과제에 사용하는 교구를 사진으로 찍어 카드를 만든 후 아동이 하고 싶은 과제를 선택하도록 하고 중간에 치료사가 선택한 과제를 끼워 넣는 방법도 있다.

과제 난이도 점검

현재 하고 있는 과제의 수준을 확인해 보고, 현재 과제를 수행하기 위해 필요한 선수기술을 보유하고 있는지 과제가 아동에게 너무 어려운 것이 아닌지 평가해 보아야 한다. 예를 들어, 대근육 모방 영역에서 아동에게 "손을 흔들어 봐."라고 지시했을 때 아동의 반응이 없거나 수많은 시도와 촉진에도 불구하고 아동이 수행을 하지 못한다면 아동에게 어려운 모방일 수 있다. 이럴 경우에는 과제분석을 통해 단계를 더 나누어 아동이 손을 가슴 높이까지 들어 올리는 행동으로 과제를 변경해 주는 것이 좋다.

오류의 최소화

과제는 가능한 한 작은 단위로 세분화하여 아주 간단한 것부터 시작하여 오류를 최소화하는 것이 좋다. 아동이 연속적으로 오반응을 해서 강화의 부재가 지속되지 않도록 오반응이 일어나면 오류수정 절차를 실시하고 무오류학습(errorless learning)을 위해 촉구를 사용하도록 한다. 과제의 목표는 아동이 정반응을 할 수 있도록 하는 것이지만, 결국은 아동이 풍부한 강화환경에 놓이도록 하고 아동이 좌절이나 실패를 덜 경험하도록 하는 것이다.

> 촉구
>
> 촉구(prompting)는 아동이 스스로 정반응을 하지 못할 때 도움을 주어서 아동이 정반응을 하도록 하는 것이다. 촉구는 과제를 막 시작한 학습 초기에 사용하여 아동의 정반응을 돕고 강화를 받을 수 있도록 하지만 촉구의존성이 생길 수 있으므로 가능한 한 체계적으로 제거하는 것이 좋다. fading(촉구를 서서히 줄여

가는 것)을 할 때는 지시를 하고 바로 촉구를 제공하지 않고 아동의 반응을 기다렸다가 촉구를 사용한다. 변별학습 초기에는 아동에게 "빨간색 줘."라고 지시한 후 바로 신체적 촉구나 제스처를 사용했다면 후반에는 지시를 한 후 아동의 반응을 기다렸다가 아동이 반응하지 못했을 때 촉구를 제공하는 것이다. 이는 촉구에 의존하는 것을 예방하기도 하고 아동 스스로 생각할 기회를 주는 것이기도 하다.

촉구의 종류

촉구에는 반응촉구와 자극촉구가 있는데, 반응촉구는 아동이 반응을 할 수 있도록 도와주는 언어적 촉구, 신체적 촉구, 모델링, 제스처 촉구 등이 있으며, 자극촉구는 아동의 정반응을 위하여 제공되는 자극을 변화시키는 것을 말한다.

예를 들어, "공 가져와."라고 지시한 후 아동이 공을 찾지 못하면 "상자 안에 있어(언어적 촉구).", 또는 손가락으로 가리켜 주는 것(제스처 촉구), 같이 가서 아동의 손을 잡고 공을 꺼내서 가져오는 신체적 촉구 등이 있다.

또는 빨간색 변별 과제 수행 시 빨간색과 노란색 중 아동이 선택해야 할 빨간색을 아동 앞에 더 가까이 놓는다든지(위치촉구), 빨간색 종이를 노란색 종이보다 훨씬 크게 잘라서 제공하는 등의 자극촉구를 사용한다.

치료는 즐겁게

아동은 치료사에게 많은 영향을 받는다. 모든 치료시간에는 가능한 한 즐겁고 활기차게 아동을 대하고, 문제행동 시에는 침착하고 단호하게 대처하도록 한다. 회기 중간 적절히 동요를 부르거나, 율동을 하거나, 재미있는 의태어나 의성어를 사용하는 등 아동이 지루해하지 않도록 노력해야 한다.

제9장

치료실 내의 문제행동 대처

문제행동에는 대부분의 경우 기능이 있다. 즉, 문제행동을 통해서 아동이 원하는 목적을 달성하고자 하는 것이다. 그러므로 문제행동이 일어났을 때는 아동이 지금 그 문제행동을 하는 원인을 빠르게 파악하고 거기에 맞게 대처해야 한다. 다음의 지침들은 치료실에서 용이하게 사용할 수 있는 전략들이다. 문제행동 대처에 앞서 생각해야 할 것은 기능을 파악했을 경우 문제행동 후에 어떤 조치를 취하는 것보다는 항상 문제행동이 일어나지 않도록 환경을 조성하고, 문제행동을 할 동기를 없애고, 그 동기를 충족시켜 줄 대체행동을 만들어서 문제행동을 예방하는 긍정적 행동지원(positive behavior support)이 중요하다는 것이다.

대체행동이란?

대체행동(alternative behavior)이란 문제행동을 대신할 행동을 말한다. 이 대체행동을 선정할 때는 다음과 같은 조건을 만족해야 한다.

1. 문제행동과 기능이 같아야 한다.

만약 아동이 지시를 따르기 싫어 물건을 던지고 운다면 대체행동("그만 할래요." 혹은 싫다는 사인이나 그림카드 들기) 또한 회피의 기능을 가지고 있어야 한다. 하기 싫어서, 과제를 회피하기 위해 문제행동을 했다면 대체행동을 함으로써 문제행동을 하려고 했던 목적을 달성할 수 있어야 한다. 즉, 쉬고 싶은 동기가 있었다면 적절하고 올바른 대체행동으로 쉴 수 있어야 대체행동을 할 것이다.

2. 대체행동은 문제행동보다 하기 쉽고 노력이 덜 들어간 것이어야 한다.

떼를 쓰며 엄마나 치료사에게 달려들거나, 자기 손등을 물어뜯거나, 물건을 던지고 바닥을 구르는 행동은 사실 힘이 많이 들고 에너지 소모도 크다. 만약 이렇게 힘든 방법보다 더 쉽게 자신의 목적을 달성할 수 있다면 아동들은 기꺼이 그 쉬운 방법을 택할 것이다. 대체행동을 사용하게 하려면 이 행동이 문제행동을 하는 것보다 훨씬 쉬워야 하고 노력도 덜 들어간 것이어야 한다. 엄마가 자기랑 놀아 주지 않을 때 목청껏 울고 물건을 던지는 것보다 엄마의 손등을 가볍게 치거나 엄마의 손을 잡는 것이 아동의 입장에서 편하고 쉬운 일이라면 이 대체행동을 자연스럽게 쓸 가능성이 높을 것이다.

3. 대체행동은 아동이 할 수 있는 행동목록에서 선택해야 한다.

하기 싫을 때 소리 지르지 말고 "싫어."라고 말하게 가르치는 것은 얼핏 보면 좋은 대체행동인 것 같으나 만약 이 아동이 말을 할 수 없거나 말을 하더라도 굉장히 많은 노력을 해야 하는 아동일 경우에는 적당한 대체행동이 될 수 없다. 대체행동은 하기 쉬운 것이어야 하는데, 말을 못하는 아동에게 "싫어."라고 말하게 하면 아동은 이 대체행동을 사용하지 않을 것이다. 어렵게 "싫어."라고 말하는 것보다 그냥 울어 버리면 더 편하기 때문이다. 그러므로 대체행동을 선정할 때는 아동이 이미 할 수 있는 행동목록에서 골라야 한다. 손을 가로젓는 것이 가능하다면 이 행동을 대체행동으로 가르치고, 이 행동을 할 때마다 "아 그래, 하기 싫구나. 그럼 잠깐 쉬자."라고 말하여 그 행동을 강화해 주도록 한다.

1. 과제가 하기 싫어 문제행동을 하는 경우(회피 기능)

울거나, 교구를 던지거나, 할퀴거나, 치료사를 약 올리는 등 행동의 형태는 다양하나 그 목적은 현재 과제가 하기 싫을 때 일어나는 행동이다. 이럴 경우에는 아동이 문제행동을 하기 전에 미리 쉬는 시간이나 노는 시간을 제공하는 방법을 사용할 수 있다. 과제에 할애하는 시간을 짧게 하고 휴식시간을 주거나 과제수행을 그만하고 싶다는 표현을 하도록 해서 문제행동 대신 적절한 표현을 하면 쉬게 해 주는 것이다. 언어적 표현이 가능한 아동은 "쉬어요." "쉬고 싶어요." "놀아요." 등을 말하면 바로 과제에서 쉬도록 해 주고, 언어표현이 제한적인 아동은 쉬는 시간을 요구하는 그림카드나 사인을 들도록 한다. 초반에는 아동이 언어적 요구나 비언어적 사인 등을 보일 때마다 쉬도록 해 주고, 문제행동 대신 이러한 적절한 행동이 자연스럽게 매번 나오게 되면 그때부터는 간헐강화를 한다. 즉, 아동이 대체행동을 몸에 익힐 때까지는 그 행동을 할 때마다 쉬도록 강화해 주지만, 그 이후에는 쉬고 싶다는 표현을 할 때 "한 번 더 하고 쉬자."라고 말함으로써 매번강화에서 간헐강화로 바꾸어 아동의 행동을 형성시킨다. 대신 문제행동(물건을 던지거나 우는 행동 등)을 할 때면 과제를 끝까지 수행하도록 해서 문제행동을 했기 때문에 쉬는 시간을 얻을 수 없음을 알려 준다. 아동이 모방하기 과제를 수행하다가 갑자기 치료사를 때리는 행동을 하면 빨리 아동의 손을 잡아 행동을 제지하고 "하기 싫어? 싫으면 '싫어요.'라고 해."라고 말해 주고 그 말을 따라 하도록 하든가, 손을 잡고 같이 손을 가로저으면서 표시를 하도록 하고 나서 다시 아동 스스로 표현하게 한다. 아동의 손을 놓고 스스로 표현하게 할 때 아동이 또 치료사를 때리거나, 물거나, 할퀴려고 할 때는 아동의 손을 잡아 제지한 후 "하나, 둘, 셋, 넷, 다섯"을 센 후 손을 놓아 주며 대체행동을 하도록 한다. 이때 아동이 다시 치료사를 공격하면 다시 손을 잡고 수를 세고, 이런 과정을 아동의 공격행동이 멈출 때까지 반복한다. 아동이 던진 것을 줍기 위해 과제수행을 중단하면 이는 아동에게 과제수행을 쉬게 하는 시간이 되므로 아동이 회피를 위해 던질 경우 교구를 미리 많이 준비해 두어 던져도 과제수행을 계속할 수 있도록 한다.

2. 치료사의 관심을 끌거나 반응을 보기 위해 물건이나 교구를 던지는 행동(관심 기능)

치료사의 반응을 보려고 물건을 던지는 경우에는 무시한다. 그러나 던지는 물건의 부피가 크거나 무거워서 기물 파손이 되거나 위험한 경우에는 최대한 눈을 마주치지 않고 짧게 "안 돼."라고 말하면서 아동의 행동을 제지한다. 치료사를 향한 공격행동의 경우도 미리 반응을 막고 "안 돼."만 단호하게 말하고, 눈을 마주치거나 길게 이유를 설명하는 일은 하지 않고 대신 아동이 치료사를 때리지 않는 순간이나 물건을 던지지 않는 순간을 포착해 "와, 우리 ○○가 예쁘게 잘 앉아 있구나." 등의 칭찬을 제공한다.

3. 장난감을 계속 가지고 놀고 싶어서 울거나 던지는 행동(요구 기능)

자신이 가지고 놀던 장난감이나 물건을 회수했을 때 울거나 치료사를 공격하는 경우가 있다. 이럴 경우에는 아동이 울더라도 "지금은 안 돼, 이것 끝나고 다시 줄게."라고 말하고 아동이 가라앉을 때까지 잠시 기다린다. 이때 눈을 맞추지 않고 다른 곳을 쳐다보고 있거나 아동이 공격하면 아동의 손을 잡아 제지하면서 기다린다. 아동이 조금 차분해지면 간단한 과제를 지시하고, 아동이 이를 수행하면 잘했다고 칭찬하고 아동에게 장난감을 준다. 이것이 반복되면 아동은 치료사가 장난감을 가져가더라도 다시 줄 것이라는 것을 알게 되고, 장난감을 회수했을 때 울거나 공격하는 행동이 줄어든다.

4. 고확률요구연속(high-p)

과제분석을 통해 과제를 더 이상 쪼갤 수 없는 작은 단위로 나누어 쉬운 단계부터 시작해도 그 과제를 어려워하거나 싫어하는 경우가 있다. 이럴 경우에는 고확률요구연속 전략을 사용한다. 고확률요구란 아동이 쉽게 잘할 수 있는 반응을 말하며, 요구했을 때 높은 확률로 수행하는 반응을 말한다. 아동이 잘하는 행동이나 지시를 세네 번 연속으로 요구한 뒤 현재 하는 과제나 어려워하는 과제를 마지막에 요구하는 것이다. 이렇게 하면 아동은 앞서 세네 번 성공한 행동의 추진력으로 마지막 과제를 거부감 없이 할 가능성이 높아진다. 예를 들어, 현재 도형변별 학습을 하고 있는데 아동이 이 과제 중에 주의가 쉽게 분산되고 하기 싫어해서 문제행동을 하거나 멍한 모습을 보인다고 하자. 이럴 때는 아동에게 "○○야, 손 머리(그렇지!)-반짝반짝(옳지)-박수(옳지)-동그라미 줘."라고 지시한다. 지시를 할 때는 빠른 속도로 해서 아동이 다른 곳으로 주의가 흐트러지지 않도록 한다. 지시를 한 후 수행하기까지 시간이 오래 걸리는, 반응이 느린 아동도 고확률요구연속 전략을 쓰면 도움이 될 수 있다. 다만 아동이 과제회피를 위해 문제행동을 한 직후에는 고확률요구연속을 사용하지 않는다. 왜냐하면 아동이 문제행동을 한 후에 치료사가 쉬운 과제를 요구하는 고확률요구를 사용하면 매번 어려운 과제가 나올 때마다 문제행동을 하여 쉬운 과제로 넘어가려고 하기 때문이다.

쉽게 잘하는 행동 1	쉽게 잘하는 행동 2	쉽게 잘하는 행동 3	해야 할 목표행동
"~야, 만세." (옳지)	"주먹 쥐어." (옳지)	"박수 쳐." (옳지)	"자동차 줘."

감각추구

아동이 끊임없이 입으로 소리를 내거나, 전등을 쳐다보거나, 손가락을 빠는 등 감각적인 만족을 얻기 위해 상동행동을 하면 회기 진행이 어려운 경우가 많다. 손가락을 빨거나 손끝을 부딪치는 등의 행동을 할 때는 한 손을 엉덩이 밑에 넣고 한 손으로 과제를 수행하게 하거나 장갑을 끼워 감각차단을 하는 것이 좋다. 과제 중간에 쉬는 시간을 줄 때 아동이 좋아하는 장난감이나 사운드북을 주고, 만약 아동이 문제행동을 하면 잠시 그것을 회수하고 문제행동을 멈추면 돌려준다. 손에 쥐고 있을 수 있는 작은 물체나 사물을 제공해서 움직임을 최소화할 수 있도록 하거나 아동의 손끝이나 팔 등을 조금 강한 강도로 마사지하거나 심부압박을 하는 것이 도움이 될 때도 있다. 또 눈을 자주 깜박이거나 불빛을 쳐다보거나 할 경우에는 아동이 그런 행동을 할 때마다 시야를 차단하는 방법을 사용한다. 치료사의 손으로 아동의 눈을 가려서 불빛이나 시각적인 감각추구를 끊어주는 데 이때 아동의 눈을 누르거나 하지 않도록 조심해야 한다. 아동의 눈을 누르게 되면 아동이 그 감각을 즐기게 되므로 감각추구가 심한 아동을 대할 때는 가능한 한 감각이 자극받지 않도록 주의해야 한다. 입으로 소리를 내거나, 노래를 부르거나, 알 수 없는 무의미철자를 나열하는 아동의 경우에는 회기 진행 중에 자주 아동의 이름을 불러 대답하게 하거나, 질문을 해서 대답을 유도해 아동의 흐름을 잠시 끊어 주는 것이 좋다(Response Interruption and Redirection: RIRD). 아동 개개인마다 추구하는 감각이 다르기 때문에 그에 대한 대처 방법도 다양해야 한다. 앞에 열거한 방법들을 사용하기도 하지만 같은 형태의 감각추구행동이라도 어떤 아동들에게는 전혀 효과가 없는 방법일 수도 있다. 그러므로 감각추구

행동이 심각하여 회기 진행이 어렵다면 우선 감각소거와 대체행동을 찾는 행동중재가 먼저 진행되어야 한다. 그리고 평소에 치료사는 아동의 감각을 대체해 줄 수 있는 새로운 놀이행동이나 대체행동을 찾기 위해 꾸준히 고민하고 연구해야 한다. 왜냐하면 자기자극행동은 자동적 강화이며, 이는 타인이 주는 강화보다 즉각적으로 받을 수 있고 타인이 주는 강화의 양과 질보다 더욱 만족스럽기 때문에 이와 경쟁할 대체행동이 많지 않기 때문이다.

앞에서 문제행동의 기능별로 간단한 대처 방법들을 기술하였지만 실제로는 문제행동이 단일 기능을 가지고 있는 경우보다는 복합적 기능을 가진 경우가 많고, 그 외에도 상황에 관계없이 또는 맥락 없이 울거나 심하게 웃기, 갑자기 멍해지기 등 기능을 파악할 수 없는 행동들도 있다. 문제행동이 동일한 형태(예: 던지기)라고 할지라도 상황에 따라 기능이 다를 수 있으므로 세심하게 관찰하고 분석하여 중재를 계획해야 할 것이다.

제10장

DTT 실시 중 필요한 절차

3단계 지시 따르기

1. 아동에게 지시를 한다.
2. 아동이 3초 내에 반응하지 않으면 제스처로 촉구한다.
3. 아동에게 재지시를 한 후 아동이 3초 내에 반응하지 않으면 신체적으로 촉구 한다.

언어적 촉구와 제스처 촉구를 통해 아동이 반응한 경우 강화를 제공하지만, 신체적 촉구를 한 경우에는 강화를 제공하지 않는다.

4단계 오류 수정 절차(4 step error correction procedure)

오류–촉구–촉구 fading–쉬운 지시–반복 확인

치료사: (강아지 그림을 보여 주며) "이건 뭐지?"

아동: "고양이."

치료사: "이건 뭐지? 강아지."

아동: "강아지."

치료사: "이건 뭐지? 가~."

아동: "강아지."

치료사: "박수 쳐 봐."

아동: (박수를 친다.)

치료사: "잘했어, 이건 뭐지?"

아동: "강아지."

무오류 학습

아동이 오반응을 2회 이상 하면 재빨리 아동에게 제시했던 자극(교구)들을 치운다. 2~3초 정도 기다린 후 다시 아동에게 과제지시를 하면서 곧바로 신체적 촉구를 사용하여 정반응을 할 수 있도록 한다. 촉구에 의한 정반응이라도 강화하고, 다음 지시에는 촉구를 fading한다.

치료사: "세모 줘."
아동: 무응답 or 다른 도형을 건네준다(오류가 2회 이상 반복될 경우).
교구를 모두 치우고 2~3초간 기다린다.
치료사: "세모 줘." 지시와 함께 바로 아동의 손을 잡고 세모를 잡고 건네주게 한다.
치료사: "잘했어, 세모 줬구나."
치료사: "세모 줘." 지시와 함께 세모를 가리키거나 세모를 손가락으로 톡톡 친다.
아동: 세모를 건네준다(칭찬하고 강화한다).
치료사: "세모 줘."(촉구를 바로 제시하지 않고 2~3초간 기다린다.)
아동이 정반응하면 강화하고, 오반응하면 전단계 촉구로 돌아간다.

4단계 오류 수정 절차	
아동의 오류	
지시와 함께 바로 오리 사진을 보여 줌 or 오리라고 말함	
2단계: 연습 촉구 없음	
3단계: 쉬운 지시 아동이 잘 시행하는 쉬운 지시를 함(1~2회 시행)	
4단계: 반복 확인 초기 지시를 다시 반복함	

제11장

치료사 점검

치료사는 항상 자신의 치료 절차가 올바르고 정확한지 점검해 보아야 한다. DTT를 할 때 정확한 지시를 사용했는지, 강화는 변별 자극(지시)에 유관하여 제공했는지, 치료환경은 잘 조작되었는지, 강화물은 적절하게 선정하고 다양하게 사용하였는지를 체크해야 한다. 잘 준비하고 구조화된 치료환경 속에서 아동의 수행 향상을 기대할 수 있으므로 치료사 스스로 DTT 절차, 치료환경, 강화에 대해 점검함으로써 아동이 최상의 치료를 받을 수 있도록 해야 한다. 주관적인 점검보다는 객관적인 자료로 점검해 보고 자신이 보완해야 하거나 수정해야 할 부분을 인지하는 것이 중요하다 하겠다. 부록에 있는 점검표는 치료 시마다 체크해야 하며, 만약 이것이 어렵다면 적어도 1주일에 1회는 스스로 점검하는 것이 좋다.

제 3 부

치료 프로그램

제12장

주의 집중

AS 의자에 앉기

AREA	ATTENDING (주의 집중)	SKILL	Sitting (착석)

SD
"의자에 앉아, 앉아."

정반응
지시에 따라 5초 내에 의자에 앉아 손을 무릎이나 책상 위에 올리고 치료사의 다른 지시가 있을 때까지 기다린다.

성취기준
3회기 연속으로 80% 이상 성공하면 다음 단계로 넘어간다.

단계
AS_01 (지시에 따라 1초 동안 착석하기)

AS_02 (지시에 따라 3초 동안 착석하기)

AS_03 (지시에 따라 5초 동안 착석하기)

방법
아동이 지시에 반응하지 않으면 3단계 지시 따르기를 시행한다.

① 아동이 지시를 확실하게 들었는지 확인하여 만약 아동이 지시를 듣지 못한 경

우에는 아동의 주의를 집중시킨 후 지시를 내린다.

② 지시를 들은 후 5초 내에 반응하지 않으면 치료사가 의자를 가리키며 "의자에 앉아."라고 지시한다(이때 앉으면 강화를 제공한다).

③ 아동이 반응하지 않으면 치료사가 아동을 의자로 데리고 와서 의자에 앉힌 후 강화는 제공하지 않고 "의자에 앉았구나."라고 짧게 아동의 행동을 언급한다.

Tip

- 아동이 관심이나 흥미를 보이는 장난감이나 물건 등을 모두 책상 위에 가져다 놓고 시작하는 것도 좋다.
- 아동이 의자에 앉았다가 즉시 일어나 이동하려고 하는 경우에는 아동의 의자를 벽 쪽에 놓아 아동이 의자 뒤로 이동하는 것을 막는다.

이레가 치료실에 처음 온 날, 치료실 바닥에 누워 이리저리 치료실을 탐색하였다. "이레야!"라고 말하는 치료사를 쳐다보지 않고 일어나 장난감이 있는 곳으로 가서 소리 나는 장난감을 누르며 놀고 있다. 치료사는 이레의 옆으로 가서 이레가 장난감을 가지고 놀도록 지켜보았다. 10분 동안 이레의 옆에서 장난감 꺼내는 것을 도와주는 것 이외에는 말 없이 이레를 따라다니다가 "와, 나도 눌러 봐야지." 하면서 장난감 버튼을 누르자 이레는 치료사 옆을 떠나 다른 곳으로 가 버렸다. 치료사는 초기 강화물 평가에서 이레가 좋아하는 캐릭터가 있는 장난감을 꺼내 "와…, 재미있겠다."라고 말하며 조작하였다. 이레는 쳐다보기는 하지만 치료사 옆으로 다가오지 않는다. 치료사는 이레 쪽으로 그 장난감을 내밀며 "이레 줄까?"라고 말한다. 이레는 치료사 쪽으로 조금 다가온다. 치료사가 이레 쪽으로 다가가 이레의 손에 닿을 만한 거리에 선다. 이레가 조금 더 다가와 장난감을 가지고 다시 치료사와 멀어진다. 치료사가 이레 쪽으로 다가가니 이레는 더 달아나지 않고 그 자리에서 장난감을 조작하며 논다. 치료사가 이레의 장난감을 누르며 장난감에서 나는 소리를 따라서 내자 이레는 그 자리에서 치료사를 따라 버튼을 누른다. 치료사가 이레에게 "우리 책상으로 갈까?"라고 말하며 장난감을 들고 책상 쪽으로 간다. 이레는 잠시 그 자리에 있다가 책상 쪽으로 온다. "이레야 앉아."라고 말하자 이레는 책상 옆에 서서 장난감을 가지고 놀지만 앉지는 않는다. 치료사가 잠시 이레 손에서 장난감을 가져온 후 "이레야 앉아." 하며 살짝 이레의 어깨를 밀어 주자 이레가 앉는다. 치료사가 "우리 이레 앉았네, 아이 잘했어."라며 이레에게 장난감을 건네준다.

AS 의자에 앉아 과제하기

AREA ATTENDING (주의 집중) SKILL Sitting (착석)

SD

"의자에 앉아, 앉아."

정반응

치료사가 지시한 과제를 수행한다.

성취기준

3회기 연속으로 80% 이상 성공하면 다음 단계로 넘어간다.

단계

AS_04 (과제를 수행하면서 10초 동안 착석하기)

AS_05 (과제를 수행하면서 30초 동안 착석하기)

AS_06 (과제를 수행하면서 1분 동안 착석하기)

AS_07 (과제를 수행하면서 3분 동안 착석하기)

AS_08 (과제를 수행하면서 5분 동안 착석하기)

AS_09 (과제를 수행하면서 10분 동안 착석하기)

AS_10 (과제를 수행하면서 15분 동안 착석하기)

방법

① "의자에 앉아."라는 지시에 따라 착석한 후 간단한 과제를 수행한다.

② 초기 강화기준인 10초가 되기 전에 일어나면 다시 "앉아."라고 지시한 후 아동이 일어나기를 시도하면 교사가 아동의 팔을 잡거나 어깨를 살짝 눌러 앉게 한다. 이때 타이머를 사용하고 있다면 잠시 타이머를 멈추고, 아동이 앉으면 다시 타이머를 작동시켜 10초를 채우고 난 뒤 아동에게 일어나도록 한다.

Tip

타이머 사용 시 아동에게 시각적으로 보여 줄 수 있는 비주얼 타이머를 사용해 보는 것도 좋다(앱으로도 사용 가능). 아동은 자신이 일어날 수 있는 시간을 예상할 수 있어 순응도가 올라간다.

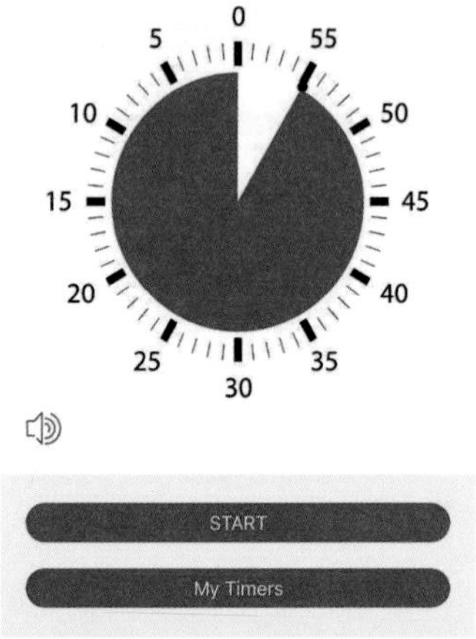

출처: 비주얼 타이머 앱

"이레야, 앉아."라고 지시를 하면 이레는 의자에 앉았다가 치료사가 교구를 꺼내면 바로 자리에서 일어나 버린다. 작은 원반이 3개 있는 교구를 준비해 두었다가 "이레야, 이걸 다 끼우면 일어날 수 있어."라고 말한 후 블록을 하나 주고 "이레야, 블록 이 통에 넣어."라고 지시하였다. 이레가 블록을 넣자 바로 칭찬을 하며 원반을 주고 같이 끼우게 하였다. 다시 빠르게 "블록 넣어."라고 지시한 후 이레가 블록을 넣자 또 칭찬하고 원반을 끼우게 하였다. 이렇게 빠른 페이스로 원반 3개를 끼우고 나서 "자, 이제 일어나. 가서 놀아."라고 하였다. 원반을 다 끼우는 데 10초 정도 소요가 되었다. 이 과정을 반복하니 이레가 원반을 다 끼우고도 바로 일어나지 않고 착석을 유지할 수 있게 되었고, 원반 끼우기 지시수행을 두 번 하고 끼우기로 바꾸니 원반을 다 끼우기까지 30초가 소요되었다. 원반을 다 끼울 때까지 착석을 유지한 것에 대해 이레가 좋아하는 장난감을 제공하자 책상을 떠나지 않고 장난감을 가지고 놀았다. 지시수행 세 번에 원반 하나를 제공해 원반을 다 끼우기까지 걸리는 시간을 조정해서 착석 시간을 3분까지 늘렸다. 그 후로는 비주얼 타이머를 사용하여 중간에 이레가 일어나려고 할 때 시계를 보여 주며 "빨간색이 없어지면 일어날 수 있어."라고 하여 다시 착석을 유도하였다. 초반에 책상에서 과제수행 시간이 5분이면 바닥에서 놀 수 있는 쉬는 시간을 5~7분으로 제공하고, 점차로 과제수행 5분, 쉬는 시간 5분으로 쉬는 시간을 줄여 과제수행 10분에 쉬는 시간 2~3분, 과제수행 15분 후 쉬는 시간 2~3분을 주었다.

* 원반이나 링 끼우기를 토큰처럼 사용한 예로 토큰판을 만들어서 사용해도 좋다. 다만 초반에는 아주 빠른 페이스로 진행해서 아동이 거부할 틈 없이 하는 것이 중요하다.

AE 눈 맞추기

AREA ATTENDING (주의 집중) SKILL Eye Contact (눈맞춤)

SD

아동의 선호물

정반응

원하는 것을 요구하기 위해 치료사와 눈을 맞춘다.

성취기준

3회기 연속으로 80% 이상 성공하면 다음 단계로 넘어간다.

단계

AE_01 (요구하기 위해 1초 동안 눈 맞추기)

AE_02 (요구하기 위해 2초 이상 눈 맞추기)

방법

① 아동이 선호물이나 필요한 것이 있을 때 치료사의 손을 잡거나 끌면 응하지 않고 기다린다.

② 아동이 눈을 맞추면 "어, 뭐 줄까?"라고 말하고 아동이 손을 뻗은 사물을 주거나 손을 끌어 가고자 하는 장소를 함께 간다.

③ 아동이 눈을 맞추지 않으면 아동의 고개를 살짝 돌려 주어 아동과 눈을 맞춘 후 아동이 요구하는 것을 주거나 원하는 장소에 함께 간다.

Tip

아동이 손을 끌기 위해 치료사의 손을 잡으려고 하면 치료사는 팔짱을 껴서 아동이 손을 못 잡게 한다. 기다리거나 손을 끌어도 움직이지 않고 기다린다.

DTT가 꼭 책상에서만 이뤄지는 것은 아니다. 그러므로 첫 회기나 치료실이 낯선 아동에게 처음부터 착석을 강요할 필요는 없다. 놀이영역에서 아동이 선택한 장난감이나 사물을 가지고 옆에서 기다려 주는 시간도 필요하다. 아동이 치료실과 치료사에 대한 경계심이 풀어지고 받아들일 준비가 될 때까지 치료사는 아동이 요구하는 대로 장난감을 조작해 주거나 꺼내 주는 등 아동에게 호의를 가지고 있는 사람으로 인식될 수 있도록 한다.

AE 이름을 부르면 쳐다보기

AREA ATTENDING (주의 집중) SKILL Eye Contact (눈맞춤)

SD

"◯◯야(아동의 이름을 부른다)."

정반응

자신의 이름을 듣고 3초 내에 치료사를 쳐다본다.

성취기준

3회기 연속으로 80% 이상 성공하면 다음 단계로 넘어간다.

단계

AE_03 (호명 시 1초 동안 눈 맞추기)

AE_04 (호명 시 2초 동안 눈 맞추기)

AE_05 (활동이나 놀이 중에 호명하면 쳐다보기)

AE_06 (1m 이상의 거리에서 호명하면 쳐다보기)

방법

① 아동의 이름을 부른 후 3초 내에 쳐다보지 않으면 다시 이름을 부른다.

② 쳐다보지 않으면 치료사의 얼굴 앞에서 박수를 크게 치거나 소리를 낸다. 아동이 쳐다보면 칭찬하고 강화한다.

③ 다시 이름을 불러 아동이 쳐다보지 않으면 손으로 아동의 얼굴을 살짝 치료사 방향으로 돌리게 하여 눈을 맞춘다. 아동이 눈을 쳐다보면 "◯◯가 선생님을 쳐다봤구나."라고 언급하고 강화물은 제공하지 않는다.

Tip

- 아동이 쳐다보지 않는다고 해서 아동의 이름을 연속적으로 부르지 않는다. 너무 자주 자기 이름에 노출되면 아동이 자신의 이름에 더 주의를 기울이지 않을 수 있다.

- 아동이 쳐다보지 않을 때에는 아동이 좋아하는 선호물을 아동의 눈앞에 들어 시선을 끌고 올 수도 있다.
- 아동이 쳐다보지 않을 때 아동이 쳐다보는 방향에 치료사가 들어가 아동의 시선 속에 들어가는 방법도 있다.

이레는 자신의 이름을 부르면 일부러 더 안 쳐다보는 듯한 행동을 한다. "이레야." 하고 부르면 쳐다보지 않다가도 자신이 좋아하는 장난감의 소리가 나면 바로 고개를 돌려서 그것을 쳐다본다. 이레가 좋아하는 장난감을 이레와 치료사의 얼굴 사이에 들고 이레가 그것을 쳐다보면 장난감을 치료사 눈 쪽으로 끌고 와 이레가 시선을 잠시라도 맞추면 "와, 선생님 봤구나." 하면서 그 장난감을 주었다. 비눗방울을 불어 주는 것을 좋아하는 이레에게 비눗방울을 불지 않고 기다렸다가 이레가 쳐다보면 "선생님 봤구나." 하면서 비눗방울을 즉시 불어 주었다. 이런 과정을 반복하자 이레는 비눗방울을 불어 주지 않으면 점차로 치료사의 얼굴을 쳐다보게 되었고, 자신의 이름을 부르면 바로 치료사를 쳐다보는 빈도가 늘었다.

*호명에 대한 눈맞춤은 대체로 치료 초기에 하는 과제이다. 아동이 너무 치료사와 눈을 맞추지 않으면 손으로 얼굴을 돌려서 보게 하거나 아동이 눈을 맞출 때까지 양손으로 아동의 얼굴을 잡는 신체적 촉구를 사용하기도 하지만, 신체적 촉구는 아동과 치료사 간의 충분한 친밀감이 생겼다는 확신이 있을 때 사용하는 것이 좋다. 치료사와 친밀감이 생기기도 전에 자꾸 자신에게 억지로 뭔가 시킨다고 생각하면 점점 치료사와 멀어지게 되고 치료실도 거부하게 된다. 치료사와 친밀감이 생기기 전이라면 우선 아동이 치료사를 편하고 좋은 사람으로 인식할 수 있도록 강화물과 치료사를 페어링시키는 것이 우선이다.

AA 가리키는 것(곳) 쳐다보기

AREA ATTENDING (주의 집중) SKILL Attention (주의 집중)

SD
"여기 봐."

정반응
지시를 듣고 치료사가 가리키는 곳이나 사물을 쳐다본다.

성취기준
3회기 연속으로 80% 이상 성공하면 다음 단계로 넘어간다.

단계
AA_01 (치료사가 가리키는 것 1초 동안 쳐다보기)

AA_02 (치료사가 가리키는 것 2초 동안 쳐다보기)

AA_03 (치료사가 가리키는 것 3초 이상 쳐다보기)

방법
아동이 지시에 반응하지 않으면 3단계 지시 따르기를 시행한다.

① 아동이 지시를 확실하게 들었는지 확인하여 만약 아동이 지시를 듣지 못한 경우에는 아동의 주의를 집중시킨 후 지시를 내린다.

② 지시를 들은 후 5초 내에 반응하지 않으면 치료사가 의자를 가리키며 "의자에 앉아."라고 지시한다(이때 앉으면 강화를 제공).

③ 아동이 반응하지 않으면 치료사가 아동을 의자로 데리고 와서 의자에 앉힌 후 강화는 제공하지 않고 "의자에 앉았구나."라고 짧게 아동의 행동을 언급한다.

Tip
- 처음 이 과제를 수행할 때는 아동이 좋아하는 선호물로 시작하는 것이 좋다. 예를 들어, 아동이 미니자동차를 좋아한다면 미니자동차를 앞에 두고 지시를 한다. 이렇게 하면 아동은 "여기 봐."라는 지시에 반응했을 때 자신이 좋아하는

것을 보거나 만질 수 있다는 것을 알게 되므로 그 후엔 지시에 반응할 가능성이 높아진다.

- 과제수행 중 아동이 과제에 시선을 고정하지 않고 다른 곳을 보고 있을 때는 아동이 보아야 할 곳이나 과제를 아동의 손을 잡아 아동의 검지로 그곳이나 사물을 포인팅하게 한 후 기다린다. 아동 자신의 손가락으로 가리키게 하면 치료사의 손으로 가리킬 때보다 볼 수 있을 가능성이 높다.

이레가 자신의 이름을 부르면 눈맞춤을 잘하기 시작하였다. 대신 과제를 하기 위해 책상 위에 블록을 놓아도 전혀 쳐다볼 생각을 하지 않았다. "여기 봐."라고 지시를 하면 치료사의 얼굴을 쳐다봤다가 다시 시선을 돌리곤 하였다. 치료사가 책상 위의 블록을 가리키며 "여기 봐."라고 해도 시선이 밑으로 내려오질 않았다. 치료사가 책상 위를 노크하듯이 똑똑 두드리면 잠깐 보았다가 다시 치료사를 보았다. 이레가 좋아하는 캐릭터 인형을 책상 위에 두고 "여기 봐."라고 한 후 보지 않으면 이레의 눈앞으로 인형을 가져가서 이레의 시선을 끌었다. 이레는 인형을 보고 손을 뻗었지만 인형이 움직이자 시선이 따라오지 않았다. 인형을 책상 위에 둔 채로 이레의 얼굴을 돌려 보게 하였다. 이레는 책상 위의 인형을 보고 손을 뻗었지만 바로 인형을 주지는 않았고, 이레의 시선이 책상 위에 있을 때 손으로 인형을 잡지 못하게 한 후 다시 "여기 봐."라고 지시하였다. 이레의 시선이 인형으로 멈추자 바로 "여기 봤구나, 잘했어."라고 말하며 인형을 주었다. 이렇게 이레가 좋아하는 인형으로 반복하자 이레는 "여기 봐."라는 지시에 바로 인형을 보기 시작하였다. 점차로 인형 대신 일반 교구를 놓고 "여기 봐."라고 지시한 후 바로 쳐다보면 강화물을 제공하였다. 처음에는 쳐다만 봐도 강화를 했다가 쳐다본 후 '하나, 둘' 셀 때까지 쳐다보기, '셋' 셀 때까지 쳐다보기로 강화기준을 바꾸고, 수행이 증가하자 소리 내어 숫자를 세는 것에서 소리 내지 않고 속으로 셋을 세고, 그동안 쳐다보면 강화하였다.

AA 가리키는 통에 블록 넣기

AREA ATTENDING (주의 집중) SKILL Attention (주의 집중)

SD
"여기에 넣어."

정반응
지시를 듣고 치료사가 가리키는 통에 블록을 넣는다.

성취기준
3회기 연속으로 80% 이상 성공하면 다음 단계로 넘어간다.

단계
AA_04 (2개의 통 중 가리키는 곳에 넣기)

AA_05 (3개의 통 중 가리키는 곳에 넣기)

AA_06 (4개의 통 중 가리키는 곳에 넣기)

AA_07 (5개의 통 중 가리키는 곳에 넣기)

방법
① 아동의 이름을 불러 주의를 집중시킨 후 "여기에 넣어."라고 지시하며 놓인 통 중 하나를 가리킨다.

② 3초 이내에 아동이 반응하지 않으면 다시 지시하며 통을 책상에 두드려 소리를 내서 아동이 집중할 수 있게 한다. 이때 아동이 통에 블록을 넣으면 칭찬하고 강화한다.

③ 앞의 단계에서 아동이 반응하지 않으면 "여기에 넣어."라고 지시하고, 아동의 손을 잡고 통에 넣은 후 "여기에 넣는 거야."라고 말하고 강화하지 않는다.

Tip
- 아동이 놓인 통을 쳐다보지 않을 때는 지시를 하고 아동이 쳐다볼 때까지 포인팅하는 손을 유지하고 있다가 아동이 쳐다보면 "여기에 넣어."라고 지시한다.

- 불빛이 나는 장난감으로 시선을 끌고 그것으로 포인팅을 대신하여 아동이 지시에 반응할 수 있도록 한다.
- 아동이 지시한 통에 넣지 못하면 다른 통의 입구를 치료사의 손으로 막은 후 나머지 손의 검지로 넣어야 할 통을 가리킨다.

치료실에서 이레의 이름을 부르면 치료사를 향해 잠시 시선이 머무르는 시간이 2초는 가능하였다. 주의 집중을 위해 통에 블록을 넣는 과제를 수행하려 했지만 이레는 계속 통을 만지거나 블록을 가지고 놀면서 가리키는 곳을 보지 않고 무조건 오른쪽에 놓인 통에 블록을 넣었다. 이레가 좋아하는 젤리를 들고 이레가 쳐다보고 있을 때 2개의 통 중 하나에 젤리를 넣고 "여기."라고 하며 손가락으로 가리키자 이레가 손을 뻗어 젤리가 든 통을 잡아 젤리를 꺼내 먹었다. 그다음엔 젤리를 보여 준 후 통에 넣지 않고 손에 쥔 채 젤리를 쥔 손의 검지로 통 하나를 가리키며 "여기에 넣어."라고 가리켰다. 이레가 블록을 쥐고 바로 넣지 않자 손목을 끌어당겨 넣도록 도와주었다. 그런 후에 바로 칭찬과 함께 강화물을 주었다. 가리키는 곳에 블록을 넣는 것을 학습한 후 변별해야 할 통의 개수를 3개로 늘려도 수행을 잘하였다. 통의 개수가 5개로 늘어나고 보아야 할 범위가 넓어지자 이레의 정반응이 떨어지고, 오반응이 많아져 강화를 받지 못하는 시도가 많아졌고, 짜증과 함께 문제행동을 보였다. 울면서 앞에 놓인 통을 다 던져 버린 것이다. 통을 던진 것은 현재 하고 있는 이 과제에 대한 회피행동이며, 혼을 내거나 통을 주워 오게 하는 것은 과제회피에 대한 강화가 될 수 있으므로 재빨리 다른 통을 준비해서 다시 지시를 하였다. 다시 지시를 하고 도움을 주어 올바른 정반응을 하도록 하고 "그래, 여기에 넣는 거야."라고 언급하고 강화는 하지 않았다. 이레가 하나의 과제를 수행할 때 오랫동안 강화를 받지 못하면 화를 내거나 문제행동을 일으킨다. 그러므로 여러 번(세네 번 정도) 강화를 받지 못하고 수행하는 일이 없도록 두 번 정도 오반응으로 강화를 받지 못했다면 세 번째에는 다른 통을 뒤로 빼거나 혹은 다른 통의 입구를 손으로 가리고 넣어야 할 통을 가리켜 정반응으로 수행을 마칠 수 있도록 하였다.

AA

소리 나는 방향 쳐다보기

AREA	ATTENDING (주의 집중)	SKILL	Attention (주의 집중)

SD
장난감의 소리 혹은 사물이 내는 소리

정반응
아동은 소리가 나는 곳을 쳐다본다.

성취기준
3회기 연속으로 80% 이상 성공하면 다음 단계로 넘어간다.

단계
AA_08 (옆에서 나는 소리에 쳐다보기)

AA_09 (위에서 나는 소리에 쳐다보기)

AA_10 (아래에서 나는 소리에 쳐다보기)

AA_11 (뒤에서 나는 소리에 쳐다보기)

방법
① 아동과 바닥에서 놀고 있는 상황에서 아동의 옆(위쪽, 아래쪽, 뒤쪽)에서 소리가 나는 기차 장난감을 들고 기다린다.

② 아동이 3초 내에 소리 나는 곳을 쳐다보지 않으면 "어, 무슨 소리지?"라고 말한다. 이때 아동이 치료사의 말을 듣고 소리 나는 방향을 찾다가 장난감을 발견하면 "와, 기차 찾았구나."라고 말하며 칭찬하고 강화한다.

③ 아동이 쳐다보지 않으면 소리 나는 쪽으로 고개를 돌려 준 후 "아, 기차 소리네."라고 말하고 강화는 하지 않는다.

Tip
- 이 과제를 수행할 때는 아동이 선호하거나 싫어하는 소리를 사용하지 않고 아동에게 중립적으로 들리는 일반적인 소리를 사용한다.

- 훈련이 진전을 보이면 나중에는 event가 있는 소음을 만들어 내고 아동이 쳐다보는 훈련을 한다. 예를 들면, 책을 바닥에 우르르 떨어뜨리거나, 물을 바닥에 쏟는 소리를 들려주거나, 장난감 바구니에서 장난감들이 쏟아지는 소리를 들려주고 아동이 그 event가 발생한 곳을 쳐다보게 한다.

이레는 청각이 예민한 아동이어서 치료실 안의 환풍기가 갑자기 돌아가면 귀를 막고 눈을 감는 행동을 보였다. 또 자신이 좋아하는 사탕껍질 부스럭거리는 소리나 책장이 펄럭거리는 소리가 나면 멀리서 달려오기도 하였다. 반면, 이레가 놀고 있을 때 옆에서 장난감 북을 아무리 두드려도 쳐다보지 않고, 장난감 구급차의 사이렌 소리를 들려주어도 돌아보거나 쳐다보지 않았다. 특정한 소리에 과민하거나 일반적인 소리에 둔감한 이레는 자신의 이름에 반응하는 행동은 자연스럽게 하기 시작했으나 소리에 대한 반응은 과민과 둔감 사이를 오갔다. 물론 모든 소음과 소리에 반응을 해야 할 필요는 없으나 이레가 지나가면서 떨어뜨린 블록통, 물통, 발로 밟은 인형에서 나는 소리 등 소리가 이레에게 알려 주는 정보에 집중해야 할 때가 있다. 블록통이 떨어지는 소리를 듣고 아래를 쳐다보아야 자신의 행동으로 인해 블록통이 떨어졌으며, 그 결과 블록들이 흩어졌다는 것을 알 수 있다. 물통이 떨어지는 소리를 들으면 무언가 떨어졌는지 그 소리가 나는 방향으로 고개를 돌리고 살펴보아야 자신이 속한 환경에서 event가 일어났고 환경이 변화했다는 것을 알 수 있다. 초반에는 옆에서 소리를 인위적으로 만들어서 아이가 쳐다보지 않으면 고개를 돌려 쳐다보게 한 후 강화를 주었고, 소리가 나는 곳으로 고개를 돌려 쳐다보는 행동이 습득되자 이레가 앉아서 노는 놀이공간 바닥에 누르면 소리가 나는 인형 몇 개를 놓아 두고 이레가 밟거나 깔고 앉아 소리가 나면 쳐다보는 연습을 진행하였다.

AV 좋아하는 물건의 움직임을 따라 쳐다보기

AREA ATTENDING (주의 집중) SKILL Visual Tracking (시각 추적)

SD
아동의 선호 사물

정반응
치료사의 지시 없이 선호물이 움직이는 방향으로 시선이 따라간다.

성취기준
3회기 연속으로 80% 이상 성공하면 다음 단계로 넘어간다.

단계
AV_01 (선호물을 따라 시선이 왼쪽으로 2초간 이동)

AV_02 (선호물을 따라 시선이 오른쪽으로 2초간 이동)

AV_03 (선호물을 따라 시선이 위쪽으로 2초간 이동)

AV_04 (선호물을 따라 시선이 아래쪽으로 2초간 이동)

AV_05 (선호물을 따라 시선이 원을 그리듯 5초간 이동)

AV_06 (선호물이 굴러간 방향을 쳐다보기)

방법
① 아동과 마주 보고 앉은 상태에서 아동의 이름을 부른 뒤 아동이 좋아하는 장난감이나 사물을 아동의 눈앞에 제시한다.

② 아동이 쳐다보면 아동의 왼쪽(오른쪽/위쪽/아래쪽/원 모양)으로 2초간 이동시킨다. 아동의 시선이 움직이는 방향으로 따라오면 멈추고 칭찬하고 강화한다.

③ 만약 아동이 쳐다보지 않거나 중간에 시선을 다른 곳으로 돌리면 "여기 봐."라고 언어적 촉구를 제공한 뒤 아동이 끝까지 쳐다보면 강화한다.

④ 선호 사물이 움직여도 시선이 움직이지 않을 때는 움직이는 방향으로 아동의 얼굴을 돌리게 촉구한 뒤에 시선이 물건을 보고 있는지 확인한 후 "그래, ○○

봤구나. 여기 보는 거야."라고 언급하고 다음 시행으로 넘어간다.

Tip

- 아동이 자신의 선호물이 눈앞에서 이동하면 그것을 가져가는 줄 알고 손을 뻗어 가져가려고 하거나 공격행동을 보일 수 있다. 과제수행 초기에는 아동의 눈앞에서 10cm 정도만 움직이도록 한다. 수행을 반복하면 자신이 그것을 끝까지 바라보았을 때 그것을 가지고 놀거나 먹을 수 있다고 인식해서 점차로 시선이 따라오는 시간이 증가한다.
- 초반에 시선이 따라오지 않을 때는 치료사가 재미있는 소리를 내면서 선호물을 이동시킨다.

고야가 좋아하는 캐릭터 인형을 고야의 눈높이에서 보여 주고 옆으로 이동시키자 고야는 쳐다보지 않다가 마지막에 이동시킨 그 위치만 쳐다보았다. 즉, 시선이 따라오지 않고 마지막에 멈춘 그때만 선호물을 쳐다보면 손을 뻗었다. 다시 고야의 눈앞에 인형을 보여 주고 "슝~" 하는 소리를 내며 인형이 날아가는 듯한 자세를 취하게 하고 옆으로 이동시켰더니 잠깐 시선이 따라오다가 다시 치료사의 입만 쳐다보았다.

"슝~ 날아가요."라고 말하며 고야의 고개를 돌려 인형이 움직이는 방향으로 보게 하였으나 눈은 계속 치료사를 향하고 있다가 마지막에 인형의 이동이 멈추자 손을 뻗어 가져가려고 하였다. 고야의 눈앞에 다시 인형을 보여 주고 이번에는 5cm만 움직이고 눈으로 쳐다보자 바로 "와~ 고야가 봤구나."라고 칭찬하면서 인형을 주었다. 5초간 고야가 인형을 가지고 놀 수 있도록 한 뒤 다시 고야에게 인형을 받아 "슝~" 하면서 15cm 정도 이동하였다. 고야가 2초 동안 인형이 움직이는 것을 눈으로 따라올 수 있을 때까지 차츰 거리를 늘려 나갔다. 한 방향으로 시선이 따라오는 것을 습득한 뒤 다른 방향은 비교적 쉽게 수행을 하였으나 원을 그리듯 이동시킬 때는 시선을 유지하며 따라오지 못하였다. 이때에도 5cm 가서 멈추고 고야가 보면 칭찬하고(인형을 든 채로), 그 위치에서 다시 5cm 움직이고 고야가 보면 칭찬하는 방법으로 원을 그리듯 움직이는 인형을 따라오게 하였다.

AV 숨겨진 블록 찾기

AREA ATTENDING (주의 집중) SKILL Visual Tracking (시각 추적)

SD
"블록 찾아봐."(이동하지 않은 컵)

정반응
블록이 있는 컵을 찾아서 든다.

성취기준
3회기 연속으로 80% 이상 성공하면 다음 단계로 넘어간다.

단계
AV_07 (2개의 컵 중 숨긴 블록 찾기)

AV_08 (3개의 컵 중 숨긴 블록 찾기)

AV_09 (4개의 컵 중 숨긴 블록 찾기)

AV_10 (3개의 컵 중 숨긴 블록 2개 찾기)

AV_11 (4개의 컵 중 숨긴 블록 2개 찾기)

방법
① 작은 나무 블록과 컵 2개를 준비한 후 아동이 보는 앞에서 컵 2개 중 하나에 나무 블록을 넣고 컵으로 덮는다.
아동에게 "블록 찾아봐."라고 지시하고 아동의 반응을 기다린다.

② 아동이 잘못된 컵을 들추려고 하거나 반응하지 않으면 치료사가 블록이 있는 컵을 손가락으로 가리키고 아동이 블록을 찾아내면 강화물을 제공한다.

③ 다시 지시를 하고 아동이 3초 내에 반응하지 않거나 오반응을 하면 치료사가 아동의 손을 잡고 블록이 있는 컵을 들추며 "찾았다. 여기 있네."라고 말하고 강화물은 제공하지 않는다.

Tip

종종 아동들은 컵을 들추고 나서 블록이 놓인 바닥을 보는 것이 아니라 컵의 안쪽을 살피는 경우가 있다. 아동이 컵을 들추고 바닥을 보지 않을 때는 손가락으로 블록을 가리키거나 책상을 톡톡 두드려서 아동의 시선을 아래로 떨어뜨려야 한다. 이 과정을 몇 번 반복해야 아동은 비로소 자신이 찾는 것이 바닥에 그대로 놓여 있음을 알게 된다.

AV 이동하는 컵 따라 시선 움직이기

AREA ATTENDING (주의 집중) SKILL Visual Tracking (시각 추적)

SD
"블록 찾아봐."(이동한 컵)

정반응
블록이 있는 컵을 찾아서 든다.

성취기준
3회기 연속으로 80% 이상 성공하면 다음 단계로 넘어간다.

단계
AV_12 (2개의 컵 중 하나를 한 번 이동시켰을 때 블록이 있는 컵 찾기)

AV_13 (2개의 컵 중 하나를 두 번 이동시켰을 때 블록이 있는 컵 찾기)

AV_14 (3개의 컵 중 하나를 한 번 이동시켰을 때 블록이 있는 컵 찾기)

AV_15 (3개의 컵 중 하나를 두 번 이동시켰을 때 블록이 있는 컵 찾기)

AV_16 (3개의 컵 중 하나를 세 번 이동시켰을 때 블록이 있는 컵 찾기)

방법
① 작은 나무 블록과 컵 2개를 준비한 후 아동이 보는 앞에서 컵 2개 중 하나에 나무 블록을 넣고 컵으로 덮는다.

② 아동에게 "블록 찾아봐."라고 지시한 후 아동이 잘못된 컵을 들추려고 하거나 반응하지 않으면 치료사가 블록이 있는 컵을 손가락으로 가리키고 아동이 블록을 찾아내면 강화물을 제공한다.

③ 다시 지시를 하고 아동이 3초 내에 반응하지 않거나 오반응을 하면 치료사가 아동의 손을 잡고 블록이 있는 컵을 들추며 "찾았다. 여기 있네."라고 말하고 강화물은 제공하지 않는다.

Tip

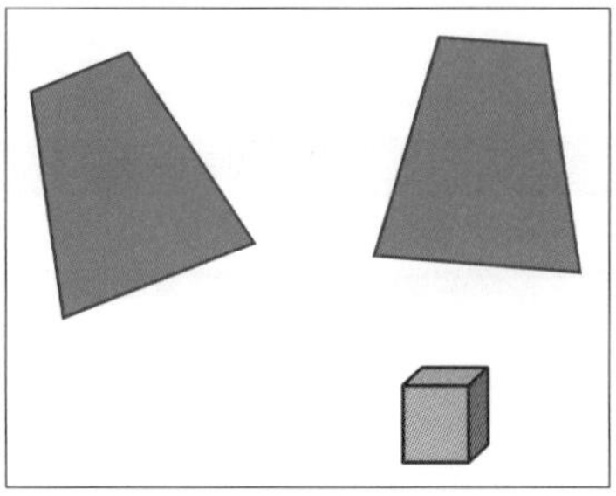

아동의 주의를 충분히 집중시키고 아동이 블록을 보고 있는지 확인한 후 블록 위로 컵을 덮는다. 아동이 오반응을 할 때는 블록이 있는 컵을 흔들어 블록이 컵 벽에 부딪히는 소리를 들려준다. 아동이 찾지 못하면 손가락으로 가리켜 주거나 같이 컵을 들춰서 보여 준다.

AJ 어른이 가리키는 방향/같은 방향 쳐다보기

AREA ATTENDING (주의 집중) SKILL Joint Attention (공동주의 집중)

SD
"저기 봐."

정반응
치료사가 가리키거나 쳐다보는 방향을 쳐다본다.

성취기준
3회기 연속으로 80% 이상 성공하면 다음 단계로 넘어간다.

단계
AJ_01 (치료사가 가리키는 곳을 고개를 돌려 쳐다보기)

AJ_02 (치료사가 쳐다보는 곳을 쳐다보기)

방법
〈1단계〉

① 아동의 이름을 불러 아동이 치료사를 쳐다보면 "저기 봐."라고 말하며 1m 떨어진 곳을 가리킨다.

② 아동이 3초 내에 쳐다보면 강화하고, 쳐다보지 않으면 다시 "저기 봐."라고 지시한다.

③ 재지시에도 아동이 쳐다보지 않으면 "저기 봐."라고 지시하며, 아동의 고개를 가리키는 곳으로 살짝 돌려 준다. 아동이 쳐다보면 "저기 보는 거야."라고 언급한다. 만약 고개를 돌려도 쳐다보지 않으면 시선이 그곳을 향할 때까지 얼굴을 그쪽으로 돌린 채 5초간 기다린다.

〈2단계〉

① 아동의 이름을 불러 아동이 치료사를 쳐다보면 치료사는 "어?"라고 놀란 목소리를 내며 옆을 쳐다본다. 이때 아동이 치료사를 따라 옆을 쳐다보면 "와, 쳐

다봤구나." 하면서 강화한다.

② 만약 아동이 쳐다보지 않고 있으면 "어? 신기하다. 저기 봐."라고 언어적 촉구를 하고 쳐다보면 강화한다.

③ 만약 아동이 계속 쳐다보지 않으면 "어? 저기 봐."라고 말하며 아동의 얼굴을 치료사가 쳐다보는 쪽으로 돌려 보게 한다.

Tip

- 이 과제를 할 때는 환경을 세심하게 세팅할 필요가 있다. 치료사가 가리키는 곳에 아동이 좋아하는 물건이나 흥미 있는 사물이 있어야 아동이 치료사의 지시에 반응할 가능성이 높아진다.
- 2단계 훈련 시에는 아동이 보지 않을 때 미리 아동이 좋아할 만한 선호장난감이나 흥미를 유발할 수 있는 장난감 등을 준비해 두고(만약 그런 장난감이 없다면 재미있는 소리가 나는 알람을 미리 설정) 아동이 쳐다보면 "와, 저기 ~가 있었네." 하면서 아동이 그 사물이나 장난감을 가지고 놀 수 있게 한다.

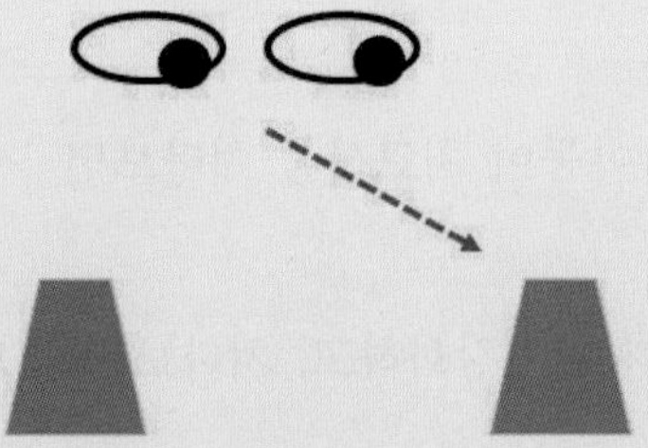

2단계까지는 매우 단순한 형태의 공동주의 집중 반응하기 훈련이다. 만약 아동이 잘 습득한다면 '숨은 사탕 찾기' 놀이를 해 볼 수 있다. 치료사가 두 컵 중 한 컵에 젤리나 사탕을 숨기고 아동에게 "사탕 찾아봐."라고 말한다. 아동이 고르기 전에 치료사가 눈으로 신호를 줄 수 있다. 오른쪽에 있으면 아동에게 "선생님 눈을 봐."라고 한 후 아동이 치료사의 눈을 보면 치료사는 눈동자를 오른쪽 컵으로 돌려 쳐다본다. 이 단계에서 아동이 치료사의 시선을 따라가지 못하면 치료사가 시선을 오른쪽 컵에 주면서 치료사의 손가락으로 눈에서부터 오른쪽 컵까지 포인팅을 해 준다.

AL 기다리기

AREA ATTENDING (주의 집중) SKILL Listening (청각주의 집중)

SD

"기다려."

정반응

지시에 따라 손을 모으고 기다린다.

성취기준

3회기 연속으로 80% 이상 성공하면 다음 단계로 넘어간다.

단계

AL_01 (1초 동안 기다리기)

AL_02 (3초 이상 기다리기)

방법

① 아동이 앞에 있는 교구를 만지려고 하면 "기다려."라고 지시하며 재빨리 아동의 손을 잡아 두 손을 포개도록 한다.

② 아동이 손을 풀고 손을 앞으로 내밀려고 하면 다시 손을 포개도록 한 뒤 손등을 살짝 누르면서 '하나, 둘, 셋'을 센 후 아동의 손등에서 손을 뗀다.

③ 다시 아동이 손을 뻗으려고 하면 "기다려."라고 지시하고 아동이 잠깐이라도 두 손을 모으면 칭찬하고 강화한다.

④ 아동의 기다리기 행동이 형성될 때까지 앞의 순서를 반복한다.

Tip

과제를 하기 위해 교구를 꺼내 놓았을 때 아동들이 기다리지 못하고 교구를 만지거나 지시 전에 미리 수행을 하려고 하는 경우가 있다. 기다리는 행동이 없을 경우 과제수행에 어려움이 있으므로 과제 지시 전에 아동이 움직이지 않고 기다리는 자세를 만들어 주는 것이 필요하다. 처음에는 아동의 손등을 살짝 누르며 '하나, 둘, 셋'을 세어 준다. 아동이 셋까지 셀 동안 잘 기다리면 그 후에는 소리를 내어 세지 않고 기다리라는 지시만 한다.

AL

지시에 따라 행동하기

AREA ATTENDING (주의 집중) SKILL Listening (청각주의 집중)

SD

"~해."(1단계 지시)

정반응

치료사가 지시하는 것을 수행한다.

성취기준

3회기 연속으로 80% 이상 성공하면 다음 단계로 넘어간다.

단계

AL_03 (1개의 지시 수행하기)

AL_04 (2개의 지시 연속 수행하기)

AL_05 (3개의 지시 연속 수행하기)

AL_06 (5개의 지시 연속 수행하기)

방법

① 지시 따르기는 모방과제에서 했던 것들을 그대로 지시어 목록으로 사용한다.
손뼉 쳐, 두드려, 앉아, 일어나, 만세, 이리와, 넣어, 줘, 밀어, 흔들어, 눌러, 돌려, 뒤집어, 꺼내, 빼, 태워, 닫아, 올려, 쌓아, 멈춰, 기다려, 손 머리 해, 반짝반짝, 무릎 쳐, 책상 두드려, 주먹 쥐어, V 해 봐, 1개, 2개, 최고, 가위, 점프, 접어, 끼워, 당겨 등

② 연속지시: "블록 넣어."(블록을 통에 넣는다), "손뼉 쳐."(아동이 손뼉을 친다).

③ 마지막 지시를 수행했을 때 칭찬과 함께 강화물을 제공한다. 연속지시를 할 때는 중간에 강화를 하지 않는다.

④ 다섯 가지 지시를 연속적으로 제시했을 때 오반응 없이 할 때까지 연습한다.

Tip

지시변별

아동이 지시어를 듣고 수행하는지 확인해 볼 필요가 있다. 예를 들어, 통을 놓고 아동에게 "블록 넣어."라고 지시하거나, 자동차를 주면서 "자동차 밀어."라고 지시를 하면 아동이 지시어를 변별해서 지시를 수행하는 경우도 있지만 의례적으로 블록을 보면 통에 넣고 자동차를 보면 미는 행동을 하는 경우도 있기 때문이다. 이럴 경우에는 아동 앞에 통과 블록을 놓고 "블록통에 넣어." "블록 줘." "블록 쌓아." 등 지시어를 바꿔 가며 제시해 본다. 하나의 사물이나 교구로 지시를 바꿔 가며 아동의 반응을 보고 아동이 지시어를 정확히 이해하고 변별하는지 확인해 본다.

AL 두 가지 지시를 듣고 행동하기

AREA ATTENDING (주의 집중) SKILL Listening (청각주의 집중)

SD
"~해."(2단계 지시)

정반응
치료사가 지시하는 것을 수행한다.

성취기준
3회기 연속으로 80% 이상 성공하면 다음 단계로 넘어간다.

단계
AL_07 (2단계 지시 따르기)

방법
① "코 만지고 박수 쳐."

② "통에 넣고 흔들어."

③ "태우고 밀어."

④ "접시에 담아 줘."

⑤ "양말 벗어 바구니에 넣어."

⑥ "문 닫고 불 꺼."

Tip
2단계 초기 과제에는 가능한 한 같은 얼굴 부위 혹은 같은 사물이나 도구를 연속적으로 사용할 수 있는 것(태우고 밀어, 열고 넣어, 넣고 닫아)으로 하고, 이런 과제 수행이 잘 될 경우에는 전혀 다른 두 가지 행동을 연결시키는 지시 따르기를 한다(예: "양말 신고 가방 가져와." "색연필 정리하고 책 가져와." "의자 밀고 고리 끼워." 등).

AL 세 가지 지시를 듣고 행동하기

AREA ATTENDING (주의 집중) SKILL Listening (청각주의 집중)

SD

"~해."(3단계 지시)

정반응

치료사가 지시하는 것을 수행한다.

성취기준

3회기 연속으로 80% 이상 성공하면 다음 단계로 넘어간다.

단계

AL_08 (3단계 지시 따르기)

방법

① "일어서서 의자 넣고 문 앞에 서."

② "통에 담아 뚜껑 닫고 갖다 놔."

③ "뚜껑 열어 꺼내서 책상 아래에 놔."

④ "양말 가져와서 신고 가방 메."

⑤ "휴지 버리고 문 닫고 공 가져와."

AL 요구하는 물건 건네주기

AREA ATTENDING (주의 집중) SKILL Listening (청각주의 집중)

SD
"~줘/가리켜 봐."

정반응
치료사가 말하는 특징 듣고 찾아 주기

성취기준
3회기 연속으로 80% 이상 성공하면 다음 단계로 넘어간다.

단계
AL_09 (사물의 한 가지 특징을 듣고 건네주기)

AL_10 (사물의 한 가지 기능을 듣고 건네주기)

AL_11 (소리를 듣고 해당하는 카드나 물건을 건네주기)

방법
① 다양한 색과 모양을 가진 물건들을 아동 앞에 놓은 후 지시한다.

"둥근 모양 줘."

"뾰족한 것 줘."

"네모난 모양 줘."

"딱딱한 것 줘."

"빨간색 줘."

"모자 쓴 인형 줘."

"빨간 옷 입은 인형 줘."

"물 마실 때 쓰는 것 줘."

"색칠할 때 필요한 것 줘."

"자를 때 필요한 것 줘."

② 동물이나 일상생활에서 나는 소리를 들려주고 해당하는 카드나 물건을 고르도록 한다. 예를 들어, 강아지, 고양이, 돼지, 소 카드를 놓고 "음매~" 소리를 낸 후 "이건 무슨 소리지? 가리켜 봐."라고 지시하고 아동의 반응을 관찰한다.

Tip

- 소리를 내서 아동에게 해당하는 그림카드나 물건을 고르게 할 경우 치료사가 직접 육성으로 소리를 내거나 사운드북의 소리를 이용하도록 한다.
- 아동이 소리를 듣고 해당하는 동물이나 사물을 찾지 못할 경우에는 치료사가 미리 한 번씩 모델링을 한 후 찾도록 한다. 예를 들어, "음매~ 음매~, 이건 송아지야."라고 말해 준 후 "음매, 음매 우는 건 뭐야? 가리켜 봐."라고 지시한다.
- 동물 울음 소리, 사물의 소리, 탈것의 소리 등은 구두언어영역에서 간단한 묻고 대답하기, 즉 빈칸 채우기 등에서 유용하게 쓸 수 있으므로 가능한 한 언어적 모델링을 많이 해 주는 것이 좋다.

AL 숫자 따라 말하기

AREA ATTENDING (주의 집중) SKILL Listening (청각주의 집중)

SD
"따라 말해 봐."

정반응
치료사가 말하는 숫자를 듣고 따라 말한다.

성취기준
각 단계에서 80% 이상 성공하면 다음 단계로 넘어간다.

단계
AL_12 (숫자 2개를 말하면 듣고 그대로 따라 말하기)

AL_13 (숫자 3개를 말하면 듣고 그대로 따라 말하기)

AL_14 (숫자 4개를 말하면 듣고 그대로 따라 말하기)

AL_15 (숫자 5개를 말하면 듣고 그대로 따라 말하기)

방법
① 아동의 주의를 집중시킨 후 "선생님 따라 말해 봐. 1, 3."이라고 말한다.

② 만약 아동이 교사가 말하는 도중에 따라 하려고 하면 손가락을 입술에 대고 "쉿, 선생님이 다 말하고 난 뒤에 말해."라고 지시한다.

* 숫자를 말하는 속도는 너무 빠르지 않은 것이 중요하다.

* 순방향(3, 5), 역방향(8, 2)으로 적절히 섞어서 불러 준다.

Tip
- 말하는 순서대로 신체 포인팅하기, 말하는 순서대로 물건 나열하기, 말하는 순서대로 색 나열하기, 배열된 물건이나 카드 중 불러 준 순서대로 포인팅하기 등 여러 가지 과제로 변형해서 수행한다.

명명하기가 가능한 아동이라면 자신이 말한 것과 포인팅하거나 고르는 것이 일치하는지도 살펴보아야 한다. "사과, 포도"라고 말하면서 배열할 때는 포도와 사과의 순서로 놓거나 사과 대신 토마토를 놓는 아동도 있다. 또 "귀, 코"라고 말하면서 실제로는 눈과 코를 포인팅하는 경우도 많다. 그러므로 언어와 자신의 행위가 일치하도록 연습하는 것도 필요하다.

AL 특징 두 가지를 듣고 맞는 물건 찾기

AREA ATTENDING (주의 집중) SKILL Listening (청각주의 집중)

SD

"~줘."

정반응

치료사가 말하는 특징 두 가지를 듣고 찾아 주기

성취기준

3회기 연속으로 80% 이상 성공하면 다음 단계로 넘어간다.

단계

AL_16 (두 가지 특징을 가진 물건이나 물건의 그림 건네주기)

방법

① 도형과 색: "파란 세모 줘." "초록 동그라미 줘." "노란 네모 줘."

② 모양과 색: "노랗고 동그란 것 줘." "빨갛고 긴 것 줘."

③ 질감과 모양: "딱딱하고 네모 모양인 것 줘." "말랑말랑하고 동그란 것 줘."

Tip

처음 단계에서는 너무 많은 자극을 한꺼번에 제시하지 않도록 한다. 예를 들어, 도형과 색을 고르는 과제에서 처음에는 파란 세모와 빨간 세모를 놓고 "파란 세모 줘."라고 지시한다. 그다음엔 파란 세모, 빨간 세모, 파란 네모를 섞은 후 "파란 세모 줘."라고 지시한다. 이런 방법으로 차츰 자극의 수를 늘려 가면서 변별하도록 한다.

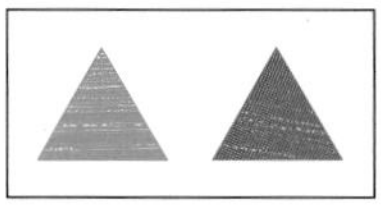

파란 세모 줘.

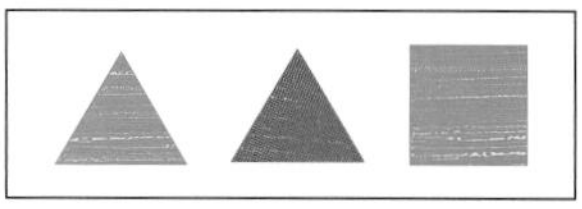

파란 세모 줘.

빨간 네모 줘.

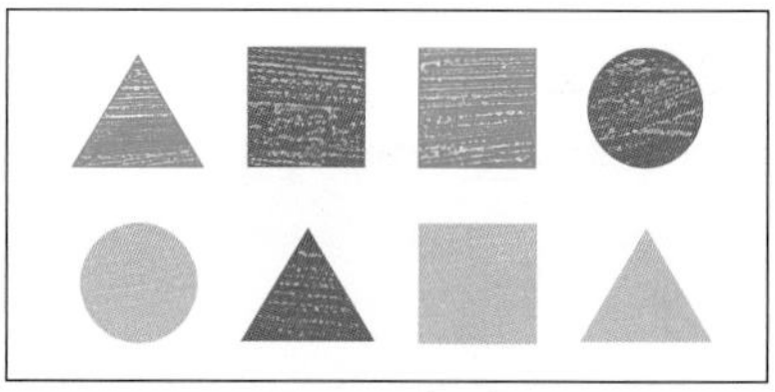

노란 동그라미 줘.

AL 특징 세 가지를 듣고 맞는 물건 찾기

AREA ATTENDING (주의 집중) SKILL Listening (청각주의 집중)

SD
"~줘/가리켜 봐."

정반응
치료사가 말하는 특징 세 가지를 듣고 찾아 주기

성취기준
3회기 연속으로 80% 이상 성공하면 다음 단계로 넘어간다.

단계
AL_17 (세 가지 특징을 가진 물건이나 물건의 그림을 건네주기)

방법
① 여러 가지 사물을 준비한 뒤 실시한다.

② 책이나 카드를 준비한 뒤 실시한다.

"동그랗고 빨갛고 긴 것 줘."

"네모난 모양에 딱딱하고 뚜껑이 있는 것 줘."

"안경 쓰고 노란색 옷 입고 뛰어가는 친구는 어딨어?"

"의자에 앉아서 딸기를 먹고 있는 친구는 어딨어?"

"빨간색 모자를 쓴 여자 친구는 어딨어?"

"빨간색 모자를 쓰고 안경 쓴 여자 친구는 어딨어?"

"창문이 3개이고 초록색 지붕을 가진 집은 어디 있어?"

"창문이 2개이고 빨간색 지붕에 굴뚝이 있는 집은 어딨어?"

"노란색 줄무늬를 입고 그네 앞에 서 있는 친구는 누구야?"

Tip
아동의 오반응이 계속되면 전 단계인 AL_16으로 돌아간다.

AL 지시하는 위치에 블록 놓기

AREA ATTENDING (주의 집중) SKILL Listening (청각주의 집중)

SD
"~에 ~을 놔."

정반응
치료사가 지시하는 곳에 놓기

성취기준
3회기 연속으로 80% 이상 성공하면 다음 단계로 넘어간다.

단계
AL_18 (치료사가 지시하는 곳에 블록 1개 놓기)

AL_19 (치료사가 지시하는 곳에 블록 2개 놓기)

AL_20 (치료사가 지시하는 곳에 블록 3개 놓기)

방법

1	2	3
4	5	6
7	8	9

① 아동에게 3×3칸의 표에 숫자가 쓰인 종이와 블록을 하나 제공한다. 아동의 주의를 집중시킨 후 아동에게 "빨간 블록을 3에 놔."라고 지시한다. 만약 아동이 블록을 다른 곳에 놓으려고 하면 재빨리 아동이 놓아야 할 곳을 손가락으로 가리킨 후 정반응하면 강화한다.

다시 아동에게 같은 지시를 한 후 아동이 오반응을 하면 손을 잡고 같이 블록을 놓는다.

② 다음 단계에서는 "빨간 블록은 5에, 파란 블록은 7에 놔."라고 지시한다.

③ 두 번째 단계의 과제 수행률이 안정되면 "노란 블록은 3에, 빨간 블록은 8에, 파란 블록은 1에 놔."라고 지시한다(수행이 안정되면 숫자를 순방향으로 불렀다가 순방향이 아닌 순서로 부르는 것이 좋다).

Tip

- 과제 초반이나 수행진전이 없는 경우 3×3칸보다는 2×2칸으로 시작하는 것이 좋다.
- 처음에는 놓아야 할 블록만 제공했다가 나중에는 여러 개의 블록을 제공한다(예: 빨간, 파란, 노란 블록을 아동 앞에 놓고 "빨간 블록은 5에, 파란 블록은 7에 놔."라고 지시한다).

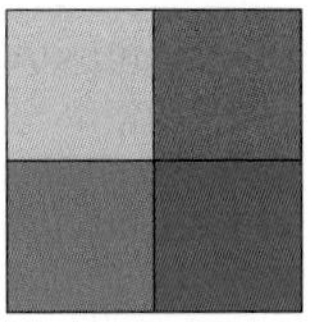

- 숫자를 모르는 아동은 각 칸을 다른 색으로 칠한 후 잘 알고 있는 동물이나 사물, 과일로 놓기를 시도한다(예: "돼지는 빨간색에 코끼리는 노란색에 놔.").

AL 규칙을 듣고 규칙대로 블록 놓기

AREA ATTENDING (주의 집중) SKILL Listening (청각주의 집중)

SD
"규칙을 듣고 규칙대로 놓아."

정반응
지시한 규칙을 듣고 규칙대로 놓는다.

성취기준
3회기 연속으로 80% 이상 성공하면 다음 단계로 넘어간다.

단계
AL_21 (치료사가 지시하는 규칙에 따라 블록 배열하기)

방법
① 아동에게 두 가지 색깔의 블록을 여러 개 준 뒤 "선생님 말 듣고 규칙대로 블록을 놔. 다른 색 블록끼리 붙여 놓아."라고 지시한다.
아동이 지시에 따라 블록을 놓으면 강화하고, 아동이 오반응하면 지시를 다시 한 번 말해 주면서 잘못 놓인 블록을 가리킨다. 아동이 수정해서 놓으면 칭찬하고, 오반응을 하면 손을 잡고 같이 블록 위치를 수정한다.

② 다시 블록을 주며 같은 지시를 하고, 아동이 오반응하면 바로 규칙을 한 번 더 말해 주고 아동의 손을 잡고 같이 블록을 놓는다.
(규칙 예: "다른 색 블록끼리 붙어 있어야 해." "같은 크기끼리 붙어 있어야 해."
"다른 크기끼리 붙어 있어야 해." "빨간색 블록은 초록색 블록 옆에 놓아야 해."
"빨간색 큰 블록은 빨간색 작은 블록과 같이 놓으면 안 돼.")

Tip
- 규칙은 다양하게 변형하여 지시한다.
- 만약 글씨를 읽고 이해하는 아동의 경우에는 규칙을 종이에 써서 그것을 보고

블록을 나열하도록 한다.

- 크기, 색, 동형, 이형 등에 대한 개념을 습득한 후 이 과제를 수행하도록 한다.

제13장

모방

IO 물건을 이용한 한 가지 동작 따라 하기

AREA IMITATION (모방) SKILL Imitation with Objects (사물을 이용한 모방)

SD

"따라 해."(사물 모방)

정반응

한 가지 동작을 따라 한다.

성취기준

3회기 연속으로 80% 이상 성공하면 과제를 종결한다.

단계

IO_01 (치료사의 한 가지 동작을 따라 하기)

IO_02 (그림이나 사진 속의 한 가지 동작을 따라 하기)

모방목록

- 통에 블록을 담기
- 통에서 블록 꺼내기
- 상자 위에 물건 올리기
- 나무 블록 쌓기

- 블록 끼우기
- 종 치기
- 소리 나는 물건(예: 마라카스, 탬버린 등) 흔들기
- 장난감 차 밀기
- 장난감 비행기 날리기
- 인형이나 동물에게 음식 먹이기
- 장난감 전화기 귀에 대기
- 컵으로 물 마시는 흉내 내기
- 빗으로 머리 빗기
- 블록을 쌓아 올리기
- 장난감 북 치기
- 망치 두드리기
- 그릇에 담긴 것 젓기
- 통 뒤집기
- 손가락으로 팽이 돌리기
- 페그보드에 페그 꽂기
- 저금통에 동전 넣기
- 공이나 물건을 미끄럼틀이나 경사진 곳에서 굴리기
- 장난감 자동차를 뒤로 당겼다 놓기
- 장난감 모형을 칼로 자르기
- 장난감 기차를 레일에서 밀기
- 실로폰 채로 두드리기
- 플레이도우 밀기/찍기/주무르기/자르기
- 손으로 상자 밀기
- 손으로 상자 당기기
- 손으로 끈이 달린 물건이나 장난감 당기기

방법

① 아동의 이름을 불러 주의를 집중시키고 "따라 해."라고 말한 후 시범을 보인다. 아동이 3초 내에 따라 하면 즉각 강화물을 제공한다.

② 만약 아동이 따라 하지 않거나 주어진 사물로 다른 동작을 하면 아동의 손을 잡고 멈춘 뒤 "따라 해."라고 말하며 다시 시범을 보인다.

③ 이때 아동이 치료사의 동작을 따라 하면 칭찬과 강화물을 제공한다.

④ 아동이 따라 하지 않거나 다른 반응을 보이면 "따라 해."라고 지시하고 시범을 보인 후 아동의 손을 잡고 같이 동작을 한다.

아동이 치료사의 행동을 잘 따라 하면 "따라 해."라는 언어적 지시 없이 시범을 보인다. 아동이 따라 하면 "와, 선생님 따라 했구나."라고 칭찬하고 강화물을 제공한다. 아동이 따라 하지 못하면 다시 "따라 해."라고 언어적 촉구를 제공한다.

Tip

- 모방기술이 초기단계인 아동은 "따라 해."라는 지시에 반응하기 어렵다. 모방이 전혀 일어나지 않은 경우, 과제분석을 통해 과제를 더 이상 쪼갤 수 없을 단계까지 나누어서 첫 동작만 해도 강화한다.
- 예를 들어, 마라카스 흔들기 과제에서 아동이 흔드는 행동을 전혀 하지 못하면 치료사는 아동이 마라카스를 드는 동작을 강화한다. 그 후에 아동이 마라카스를 들고 아래로 내리는 동작을 강화하고 그다음에는 들고 내렸다가 다시 드는 행동을 강화한다.
- 아동이 마라카스를 들고 아래로 내리는 동작을 할 수 있게 되면 그다음은 아동이 마라카스를 들었을 때 팔목을 잡고 움직이도록 촉구를 하고 아동이 움직이면 강화한다. 이 단계를 아동이 스스로 할 수 있으면 그다음은 팔꿈치를 잡고 흔들도록 촉구하고 독립적으로 수행할 수 있게 촉구를 줄여 나간다.

* 사진(그림카드)의 행동을 보고 그대로 따라 하기

북 치는 사진(그림카드)

운전하는 사진(그림카드)

장난감 자동차 미는 사진(그림카드)

블록 쌓는 사진(그림카드)

전화하는 사진(그림카드)

청진기로 진찰하는 사진(그림카드) 등

IO 물건을 이용한 두/세 가지 동작 연속 따라 하기

AREA IMITATION (모방) SKILL Imitation with Objects (사물을 이용한 모방)

SD
"따라 해."(사물 모방)

정반응
3회기 연속으로 80% 이상 성공하면 과제를 종결한다.

성취기준
3회기 연속으로 80% 이상 성공하면 다음 단계로 넘어간다.

단계
IO_03 (치료사의 동작을 두 가지 연속으로 따라 하기)

IO_04 (치료사의 동작을 세 가지 연속으로 따라 하기)

모방목록
① 마라카스 흔들고 종 치기
- 통에 블록 넣고 흔들기
- 통을 뒤집어 블록 올리기
- 통에 물건 넣고 뚜껑 닫기
- 장난감 야채 반으로 자르고 접시에 올리기
- 인형을 침대에 눕히고 이불 덮어 주기
- 인형 앉히고 우유 먹이기
- 장난감 차에 인형 태우고 밀기
- 장난감 비행기에 인형 태우고 날리기
- 플레이도우 밀고 자르기 등

② 마라카스 흔들고 종 치고 북 치기
- 통에 블록 넣고 뚜껑 닫고 흔들기

- 통을 뒤집어 블록 올리고 다시 뒤집어 넣기
- 장난감 야채 씻어서 반으로 자르고 접시에 담기
- 컵에 물 붓고 저어서 마시기 등

Tip

- 치료사의 동작을 언어로 모델링해 주는 것이 좋으나, 연속모방이 되면 동작만 보여 준다.
- 처음에는 "선생님 따라 해."라고 언어적으로 지시를 하고 모방하도록 하나, 모방수행이 잘 되면 "따라 해."라는 지시 없이 아동이 치료사를 보고 있을 때 동작을 한 후 아동이 그 동작을 그대로 따라 하는지 지켜본다. 지시 없이 아동이 수행했을 때 더 크게 칭찬하고 강화한다.
- 아동이 선호하는 장난감을 가지고 모방훈련을 할 때 아동이 자신이 놀이하거나 장난감을 가지고 노는 방식을 고집할 수 있으므로, 자신의 방식대로 노는 것을 고집하는 정도가 심할 때는 그 장난감이나 물건을 치우고 다른 것으로 모방훈련을 한다.

IG 한 가지 큰 몸동작 따라 하기

AREA IMITATION (모방) SKILL Gross Motor Imitation (대근육 모방)

SD

"따라 해."(대근육 모방)

정반응

한 가지 동작을 따라 한다.

성취기준

3회기 연속으로 80% 이상 성공하면 과제를 종결한다.

단계

IG_01 (치료사의 동작을 한 가지 따라 하기)

IG_02 (그림이나 사진 속의 동작을 한 가지 따라 하기)

모방목록

- 손뼉 치기
- 책상 두드리기
- 무릎 치기
- 만세하기
- 손 좌우로 흔들기
- 일어서기
- 앉기
- 반짝반짝
- 어깨 만지기
- 발 구르기
- 도리도리하기
- 고개 끄덕끄덕하기

- 허리 숙여 바닥 짚기
- 점프하기
- 제자리에서 돌기
- 노크하기
- 배 두드리기
- 머리 만지기
- 두 다리를 벌리고 서기
- 두 다리를 붙이고 서기
- 두 팔을 벌리기
- 두 팔을 양쪽으로 벌렸다 굽히기
- 두 팔을 벌린 후 위아래로 흔들기
- 제자리에서 걷기
- 한 발 들기
- 고개 숙이기
- 고개 젖히기
- 쪼그려 앉기
- 한 발 앞으로 내밀고 서기
- 한 팔로 원을 그리듯 돌리기
- 어깨 움츠리기
- 앉아서 다리 꼬기
- 손을 어깨 위로 올려 던지기
- 기도하는 자세(양손 손바닥을 붙이고 가슴 앞에 모으기)
- 엎드리기
- 오른손으로 왼쪽 무릎 만지기
- 왼손으로 오른쪽 무릎 만지기
- 오른손으로 왼쪽 귀 만지기
- 왼손으로 오른쪽 귀 만지기
- 박수 두 번 치기/박수 세 번 치기/박수 네 번 치기
- 책상 두 번 두드리기/책상 세 번 두드리기/책상 네 번 두드리기

- 발 두 번 구르기/발 세 번 구르기/발 네 번 구르기

방법

아동이 치료사의 행동을 잘 따라 하면 "따라 해."라는 언어적 지시 없이 시범을 보인다. 아동이 따라 하면 "와, 선생님 따라 했구나."라고 칭찬하고 강화물을 제공한다. 아동이 따라 하지 못하면 다시 "따라 해."라고 언어적 촉구를 제공한다.

Tip

- 모방기술이 초기단계인 아동은 "따라 해."라는 지시에 반응하기 어렵다. 모방이 전혀 일어나지 않은 경우에는 과제분석을 통해 과제를 더 이상 쪼갤 수 없을 단계까지 나누어서 첫 동작만 해도 강화한다.
- 예를 들어, 만세 동작을 따라 하기 어려울 때는 아동이 치료사의 만세 동작을 보고 두 손을 자신의 배 부분까지만 들어 올리면 칭찬하고 강화한다. 그다음 단계에서는 아동이 두 손을 가슴 부분까지 들어 올리면 강화하고, 또 그다음 단계에서는 아동이 두 손을 가슴 부분까지 들어 올리면 팔꿈치를 살짝 쳐서 더 높이 올릴 수 있도록 촉구한다.

* 사진(그림카드)의 행동을 보고 그대로 따라 하기
  달리는 사진(그림카드)
  만세하는 사진(그림카드)
  기도하는 사진(그림카드)
  양팔을 벌린 사진(그림카드)
  공 차는 사진(그림카드) 등

* 아동이 그림이나 사진의 동작을 바로 따라 하지 못할 경우에는 치료사가 "물 마시고 있네." "공 던지고 있네."라고 언어적 단서를 제공한다.

IG 두/세 가지 큰 몸동작 연속으로 따라 하기

AREA IMITATION (모방) SKILL Gross Motor Imitation (대근육 모방)

SD

"따라 해."

정반응

치료사의 두세 가지 동작을 연속으로 따라 한다.

성취기준

3회기 연속으로 80% 이상 성공하면 과제를 종결한다.

단계

IG_03 (치료사의 두 가지 동작을 연속으로 따라 하기)

IG_04 (치료사의 세 가지 동작을 연속으로 따라 하기)

모방목록

① 박수 치고 코 만지기
- 일어나서 만세하기
- 책상 두드리고 손 흔들기
- 배 두드리고 어깨 두드리기 등

② 박수 치고 코 만지고 만세하기
- 어깨 두드리고 책상 두드리고 일어나기 등

Tip

- 처음에는 언어적으로 촉구를 주면 동작을 한다. "따라 해."라고 지시한 후 "배 만지고 코 만지고 만세 해."라고 촉구를 준다. 나중에는 언어적 촉구 없이 동작만 보고 바로 따라 할 수 있도록 언어적 촉구를 줄인다.
- 동작을 할 때 언어적 촉구를 주면 동작과 동작의 이름이 학습되고, 동작모방이 완료된 후 이어서 지시 따르기로 확장이 가능하다. 예를 들어, "따라 해."라고

지시한 후 "배 만져."라고 하면서 배를 만지면 아동이 동작을 따라 하며 그 동작과 "배 만져."라는 동작명명을 같이 학습할 수 있는 기회가 제공되는 셈이다. 그러나 진정한 모방은 동작명명 없이 성인이 동작을 하면 따라 하는 것이므로 모방의 마지막 단계에서는 언어적 지시 없이 동작만 보고 따라 하도록 촉구를 없애는 것이 중요하다.

IF 손동작 따라 하기

AREA IMITATION (모방) SKILL Fine Motor Imitation (소근육 모방)

SD
"따라 해."

정반응
치료사의 행동을 따라 한다.

성취기준
3회기 연속으로 80% 이상 성공하면 과제를 종결한다.

단계
IF_01 (치료사가 보여 주는 한 가지 손동작 따라 하기)

모방목록
- 주먹 쥐기
- 손바닥 펴기
- 양손 손바닥을 펴서 벌리기(주세요)
- 검지 손가락만 펴기(포인팅)
- 엄지와 검지 펴서 손가락 총 모양 만들기
- 한 손 검지로 다른 손의 손바닥을 찌르기(곤지곤지)
- 엄지 들어 올리기(최고)
- 양손 검지를 교차시켜 X 만들기
- 1에서 10까지 손가락 세기
- 종이 구기기
- 접힌 종이 펴기
- 종이 접기
- 장난감의 스위치를 켜고 끄기

- 장난감 버튼 누르기
- 엄지와 검지를 붙여 동그라미 만들기
- 양손 엄지와 검지로 각각 동그라미 고리 만들어 걸기
- 손으로 나비 모양 만들기
- 검지로 눈, 코, 입 포인팅하기
- 피아노 치는 흉내 내기
- 작은 용기의 뚜껑을 돌려서 열기/닫기
- 모양틀에 끼우기
- 큰 구멍(지름 1cm)에 실 꿰기
- 작은 구멍(지름 0.5cm 이하)에 실 꿰기
- 문 손잡이 돌리기
- 가위로 자르기
- 구슬 끼우기
- 집게로 딱딱한 물건 옮기기
- 집게로 말랑말랑한 물건(예: 찰흙 덩어리, 폼폼이 등) 옮기기
- 양손 검지 맞대기
- 엄지와 다른 손가락 차례로 맞대기

Tip

아동이 치료사의 행동을 잘 따라 하면 "따라 해."라는 언어적 지시 없이 시범을 보인다. 아동이 따라 하면 "와, 선생님 따라 했구나."라고 칭찬하고 강화물을 제공한다. 아동이 따라 하지 못하면 다시 "따라 해."라고 언어적 촉구를 제공한다.

소근육 모방과제는 나중에 소근육 과제로 사용한다.

IR 입모양 따라 하기

AREA IMITATION (모방) SKILL Oral Motor Imitation (구강 모방)

SD

"따라 해."

정반응

치료사의 입모양을 따라 한다.

성취기준

3회기 연속으로 80% 이상 성공하면 과제를 종결한다.

단계

IR_01 (치료사의 입모양을 따라 하기)

모방목록

- 입을 크게 벌린다.
- 입을 일자로 다문다.
- 입을 오므려 'O' 모양을 만든다.
- 이를 다물고 입술을 벌린다('이' 소리 모양을 만든다).
- 혀를 내민다.
- 혀를 윗입술에 댄다.
- 혀를 입의 왼쪽으로 내민다.
- 혀를 입의 오른쪽으로 내민다.
- 혀를 윗니와 아랫니 사이에 살짝 문다.
- 입안에 공기를 넣어 뺨을 부풀린다.
- "후" 하면서 공기를 모았다가 입 밖으로 내뿜는다.
- 혀를 내밀어 사탕을 빨아 먹는다.
- 막대 사탕을 입안에 넣고 빨아 먹는다.

- 빨대로 물을 먹는다.
- "후" 하고 불어 촛불을 끈다.
- 피리를 분다.
- "후" 하고 불어 탁구공을 민다.
- "후" 하고 불어 길게 찢은 휴지를 움직인다.
- 아랫입술을 문다.
- 윗니와 아랫니를 맞대고 부딪힌다.

Tip

혀 내밀기가 안 되는 아동의 경우 아동이 좋아하는 음식이나 사탕 종류를 아동의 입 가까이에 대고 아동이 혀를 내밀도록 도와준다. 또는 사탕이나 주스를 입술에 조금씩 묻혀서 아동이 혀를 내밀어 그것을 핥도록 한다.

제14장

인지

CM 똑같은 그림카드끼리 매칭하기

AREA COGNITION (인지) SKILL Matching (매칭)

SD
"같은 것에 놔."(똑같은 그림 찾기)

정반응
배열된 그림카드에 똑같은 그림카드를 올려놓는다.

성취기준
3회기 연속으로 80% 이상 성공하면 다음 단계로 넘어간다.

단계
CM_01 (책상 위에 놓인 카드 한 장과 똑같은 카드 매칭하기)

CM_02 (책상 위에 놓인 카드 두 장 중 똑같은 카드 한 장 매칭하기)

CM_03 (책상 위에 놓인 카드 두 장 중 똑같은 카드 두 장 매칭하기)

CM_04 (책상 위에 놓인 카드 세 장 중 똑같은 카드 한 장 매칭하기)

CM_05 (책상 위에 놓인 카드 세 장 중 똑같은 카드 두 장 매칭하기)

CM_06 (책상 위에 놓인 카드 세 장 중 똑같은 카드 세 장 매칭하기)

CM_07 (책상 위에 놓인 카드 네 장 중 똑같은 카드 한 장 매칭하기)

CM_08 (책상 위에 놓인 카드 네 장 중 똑같은 카드 두 장 매칭하기)

CM_09 (책상 위에 놓인 카드 네 장 중 똑같은 카드 세 장 매칭하기)

CM_10 (책상 위에 놓인 카드 네 장 중 똑같은 카드 네 장 매칭하기)

* 50장의 카드를 매칭하면 과제를 종결한다.

방법

① 똑같은 그림카드 두 장을 준비한다.
한 장은 책상 위에 놓고 다른 한 장은 치료사가 들고 있는다.

② 아동의 이름을 불러 주의 집중을 확인한다. 지시를 하기 전에 치료사가 먼저 과제를 시범 보인다. 자동차 그림카드 위에 똑같은 그림카드를 놓으며 "자동차, 자동차 똑같네."라고 말한다. 한 번 더 시범 보인 후 아동의 손을 잡고 과제를 다시 한 번 수행한다.

③ 시범 보이기와 아동과의 수행이 끝나면 다시 주의를 집중시킨 후, 아동에게 "똑같은 것에 올려(놔)."라고 지시한다.
아동이 3초 내에 반응하지 않으면 다시 지시하면서 손가락으로 책상 위의 카드를 가리킨다.
아동이 놓인 카드에 카드를 올려놓으면 칭찬하고 강화한다.

④ 만약 아동이 쳐다보지 않거나 오반응을 하면 지시와 함께 아동의 손을 잡고 카드를 놓인 카드 위에 올려놓고 "똑같은 것 위에 놓는 거야."라고 말한다.

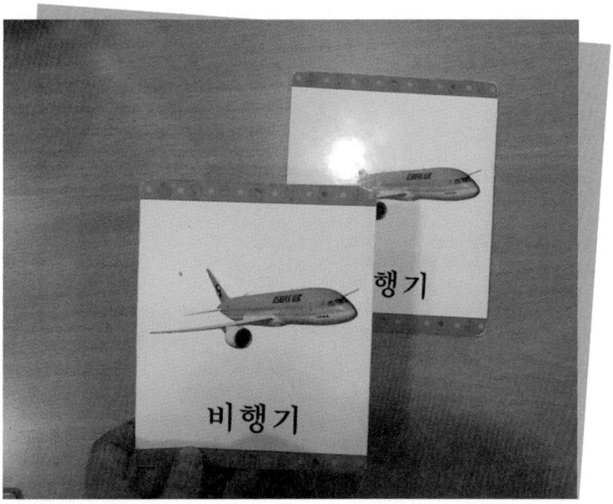

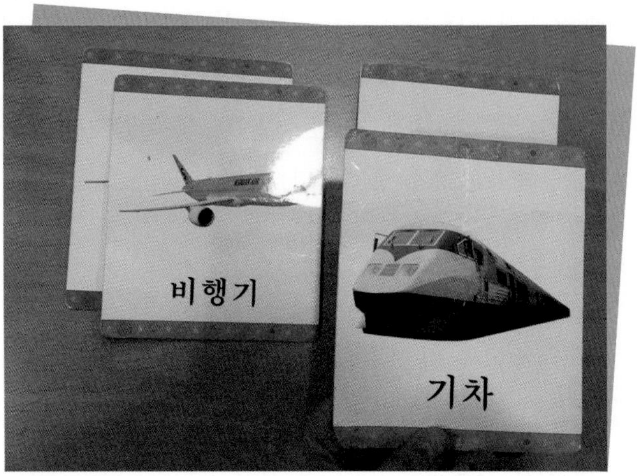

Tip

- 처음 매칭할 카드를 선정할 때는 아동의 관심이나 흥미를 반영하여 하는 것이 좋다. 만약 아동이 자동차류를 좋아한다면 좋아하는 자동차 그림을 준비하여 매칭할 수 있도록 한다.
- 과제 초기에는 아동이 '똑같은'이라는 말을 인지하지 못하는 경우가 많다. 그러므로 한 가지 그림카드만 반복하면 그 그림카드의 이름이 '똑같은'이라고 학습할 수 있으므로 카드는 계속 바꿔 가며 제공한다.
- 한 장 매칭하기가 학습이 되면 바로 책상 위에 카드 두 장을 놓고 그중 하나와 대응하는 카드 한 장을 주어서 매칭하도록 한다. 이때 아동이 변별하여 매칭하기 어려워하면 한 장은 1단계에서 매칭을 했던 카드를, 나머지 한 장은 1단계에서 사용하지 않았던 카드를 제시하도록 한다.
- 처음에는 카드 간의 거리를 3~5cm로 시작하였다가 아동의 수행이 향상되면 책상 위에 제시하는 카드의 간격을 조금씩 넓혀서 놓아 아동의 시각을 넓히도록 한다.

CM 비슷한 그림카드끼리 매칭하기

AREA COGNITION (인지) SKILL Matching (매칭)

SD

"같은 것에 놔."(비슷한 그림 찾기)

정반응

배열된 그림카드와 유사한 그림카드를 올려놓는다.

성취기준

3회기 연속으로 80% 이상 성공하면 다음 단계로 넘어간다.

단계

CM_11 (책상 위에 놓인 카드와 비슷한 그림카드 한 장 매칭하기)

CM_12 (책상 위에 놓인 카드 두 장 중 비슷한 그림카드 한 장 매칭하기)

CM_13 (책상 위에 놓인 카드 두 장 중 비슷한 그림카드 두 장 매칭하기)

CM_14 (책상 위에 놓인 카드 세 장 중 비슷한 그림카드 한 장 매칭하기)

CM_15 (책상 위에 놓인 카드 세 장 중 비슷한 그림카드 두 장 매칭하기)

CM_16 (책상 위에 놓인 카드 세 장 중 비슷한 그림카드 세 장 매칭하기)

CM_17 (책상 위에 놓인 카드 네 장 중 비슷한 그림카드 한 장 매칭하기)

CM_18 (책상 위에 놓인 카드 네 장 중 비슷한 그림카드 두 장 매칭하기)

CM_19 (책상 위에 놓인 카드 네 장 중 비슷한 그림카드 세 장 매칭하기)

CM_20 (책상 위에 놓인 카드 네 장 중 비슷한 그림카드 네 장 매칭하기)

방법

① 같은 사물이지만 다른 색감이나 형태 등이 다른 그림카드를 두 장 준비한다.

② 한 장은 책상 위에 놓고 다른 한 장은 치료사가 들고 기다린다.

③ 절차는 CM_01과 동일하다.

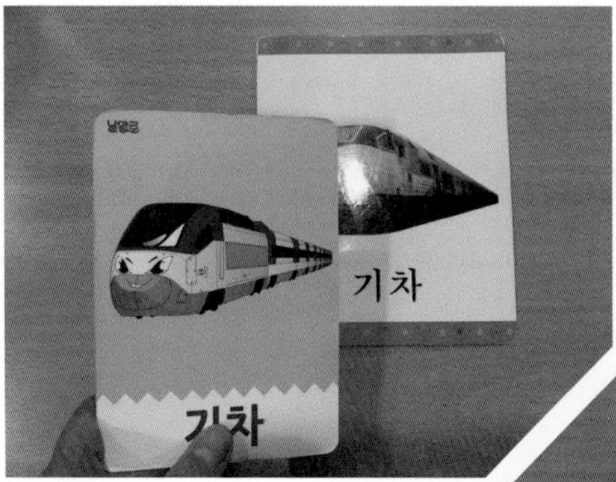

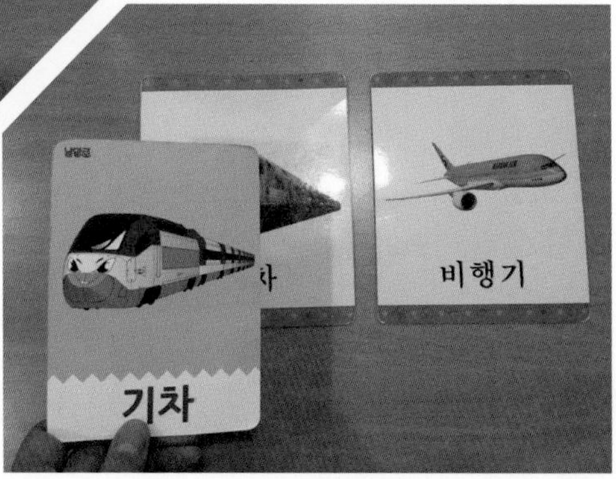

Tip

- CM_01에서 학습했던 카드와 한 가지 이상의 특징을 공유하는 그림카드를 선정한다. 예를 들어, 사과 그림카드를 준비한다고 하면 한 장은 이미 CM_01에서 학습했던 카드를, 다른 한 장은 다른 사과 그림카드를 사용한다.
- CM_01에서 사용했던 50장의 카드와 매칭할 50장의 카드를 준비하여 아동의 수행이 80%가 되면 과제를 종결한다.
- 아동이 좋아하는 캐릭터 그림을 사용하는 것도 좋다.
- 네 장을 제시하여 네 장을 매칭하고, 준비된 카드를 바꿔 가며 제공했을 때 아동의 수행이 안정적이면 과제를 종결한다. 카드를 여덟 장까지 제공하여 아동의 수행을 측정할 경우에 아동의 수행이 저조하다면 이는 매칭능력의 문제보다는 넓게 보는 시각의 문제이므로 이때에는 다시 시각훈련을 하는 것이 좋다. 예를 들어, 네 장의 카드를 아동이 고개를 살짝 돌려야 찾을 수 있는 각도에 벌려서 배치하도록 한다.
- 그림카드–유사한 그림카드 매칭, 실물 사진–유사한 실물 사진 매칭, 그림카드–실물 사진 매칭의 순서로 과제를 진행한다.

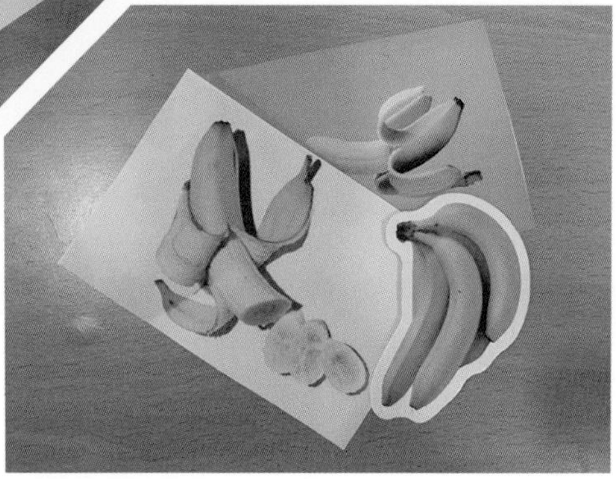

* 그림카드를 반만 보이게 두고 사진을 매칭하기

CM 똑같은 물건끼리 매칭하기

AREA COGNITION (인지) SKILL Matching (매칭)

SD
"같은 것에 놔."(똑같은 사물 찾기)

정반응
제시된 사물 옆에 똑같은 사물을 놓는다.

성취기준
3회기 연속으로 80% 이상 성공하면 다음 단계로 넘어간다.

단계
CM_21 (책상 위에 놓인 사물과 똑같은 사물 매칭하기)

CM_22 (책상 위에 놓인 2개의 사물 중 똑같은 사물 1개 매칭하기)

CM_23 (책상 위에 놓인 2개의 사물 중 똑같은 사물 2개 매칭하기)

CM_24 (책상 위에 놓인 3개의 사물 중 똑같은 사물 1개 매칭하기)

CM_25 (책상 위에 놓인 3개의 사물 중 똑같은 사물 2개 매칭하기)

CM_26 (책상 위에 놓인 3개의 사물 중 똑같은 사물 3개 매칭하기)

CM_27 (책상 위에 놓인 4개의 사물 중 똑같은 사물 1개 매칭하기)

CM_28 (책상 위에 놓인 4개의 사물 중 똑같은 사물 2개 매칭하기)

CM_29 (책상 위에 놓인 4개의 사물 중 똑같은 사물 3개 매칭하기)

CM_30 (책상 위에 놓인 4개의 사물 중 똑같은 사물 4개 매칭하기)

* 20개의 사물을 준비하여 아동이 모두 매칭하면 과제를 종결한다.

방법
① CM_01과 동일한 절차로 진행한다.

② 똑같은 모형이나 장난감 자동차를 2개씩 준비하여 사용한다.

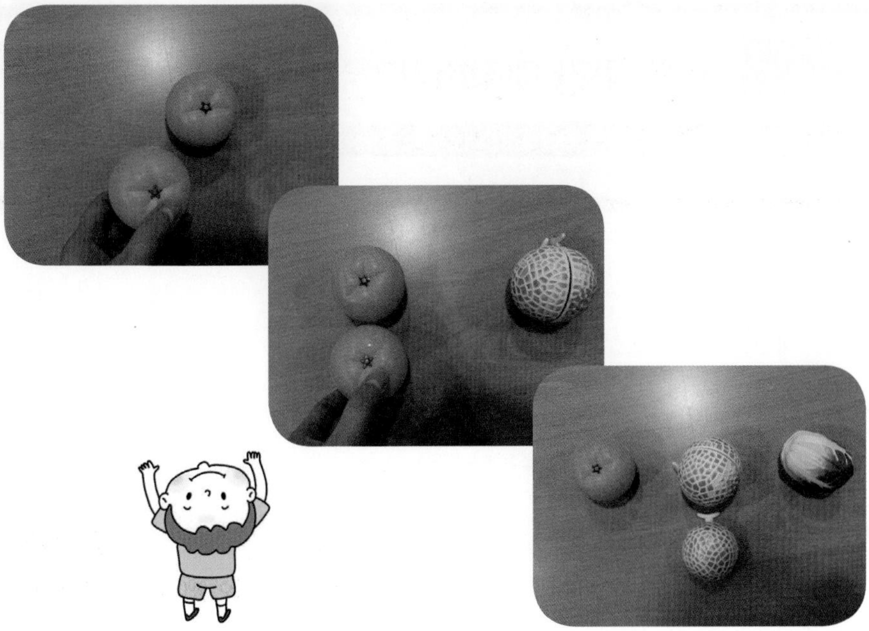

Tip

- 아동이 선호하는 장난감을 제공하면 아동이 만지고 놀기 원해서 과제를 수행하지 않는 경우가 있으므로 선호 장난감은 처음부터 제공하지 않는다. 다만 아동의 주의 집중이 되지 않을 경우에는 선호 장난감으로 과제를 시작하고 매칭이 성공했을 때 그것을 강화물로 바로 제공해서 잠깐 가지고 놀도록 한다. 그러나 선호 장난감으로 매칭하는 시도는 10회 이하로 하고, 그 이후에는 관심 있는 범주의 사물로 과제를 수행하도록 한다. 예를 들어, 아동이 동물에 관심이 있다면 동물 모형으로 과제를 시작한다.
- 같은 범주의 사물을 4개 제시하거나 다른 범주의 사물을 섞어서 4개 제시하는 등 다양하게 사물을 제시하여 매칭하도록 한다(예: 호랑이, 사자, 얼룩말, 기린을 제시하고 같은 것끼리 매칭하도록 하거나 호랑이, 자동차, 포도, 포크를 제시하고 같은 것끼리 매칭하도록 한다).
- 똑같은 사물 위에 매칭을 잘하는 아동에게는 지시어를 바꿔 보는 것도 좋다. 치료사가 사과 모형을 들고 “똑같은 것 줘.” 혹은 “똑같은 것 가리켜 봐.”라고 지시했을 때 아동이 수행하는지 확인해 본다.

CM 사진-물건 매칭하기

AREA COGNITION (인지) SKILL Matching (매칭)

SD

"같은 것에 놔."(2D 사진-3D)

정반응

제시된 사진 위에 같은 사물을 놓는다.

성취기준

3회기 연속으로 80% 이상 성공하면 다음 단계로 넘어간다.

단계

CM_31 (책상 위에 놓인 한 장의 사진에 똑같은 사물 매칭하기)

CM_32 (책상 위에 놓인 두 장의 사진 중 한 장에 똑같은 사물 매칭하기)

CM_33 (책상 위에 놓인 두 장의 사진 중 두 장에 똑같은 사물 매칭하기)

CM_34 (책상 위에 놓인 세 장의 사진 중 한 장에 똑같은 사물 매칭하기)

CM_35 (책상 위에 놓인 세 장의 사진 중 두 장에 똑같은 사물 매칭하기)

CM_36 (책상 위에 놓인 세 장의 사진 중 세 장에 똑같은 사물 매칭하기)

CM_37 (책상 위에 놓인 네 장의 사진 중 한 장에 똑같은 사물 매칭하기)

CM_38 (책상 위에 놓인 네 장의 사진 중 두 장에 똑같은 사물 매칭하기)

CM_39 (책상 위에 놓인 네 장의 사진 중 세 장에 똑같은 사물 매칭하기)

CM_40 (책상 위에 놓인 네 장의 사진 중 네 장에 똑같은 사물 매칭하기)

* 20개의 사진과 사물을 준비하여 아동이 모두 매칭하면 과제를 종결한다.

방법

① 치료실이나 가정에 있는 사물의 사진을 찍은 후 인쇄하여 준비한다.

② 아동의 이름을 불러 주의를 집중시킨 후 아동에게 과제를 시범 보인다.
책상 위의 코끼리 모형 사진 위에 코끼리 모형을 올려놓으며 "코끼리랑 코끼

리, 똑같다."라고 말한다.

③ 두 번을 더 시범 보인 후 아동의 손을 잡고 과제를 수행하고 나서 3단계 지시 따르기 절차에 따라 지시를 한다.

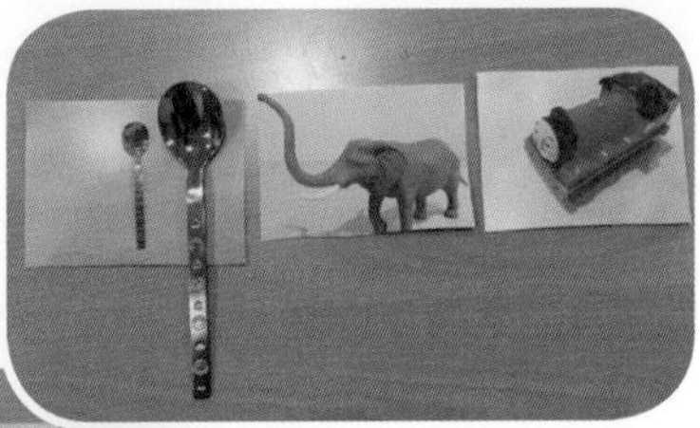
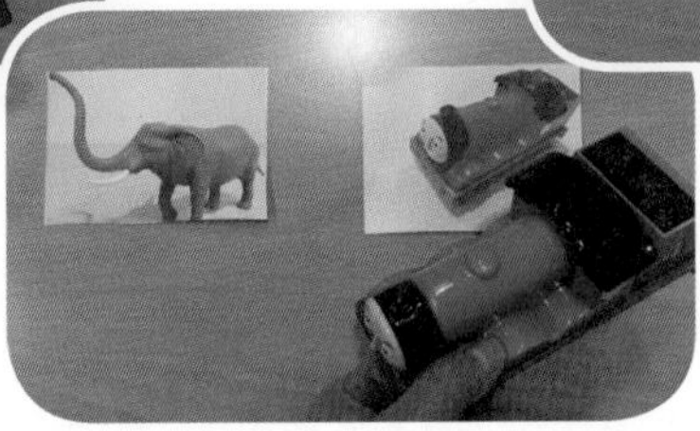

Tip

아동의 수행이 안정적이면 사물을 먼저 제시하고 사물 옆에 같은 사진을 매칭하는 과제로 변형한다.

CM 비슷한 물건끼리 매칭하기

AREA COGNITION (인지) SKILL Matching (매칭)

SD

"같은 것에 놔."(3D−3D)

정반응

제시된 사물 옆에 유사한 사물을 놓는다.

성취기준

3회기 연속으로 80% 이상 성공하면 다음 단계로 넘어간다.

단계

CM_41 (책상 위에 놓인 사물과 비슷한 사물 매칭하기)

CM_42 (책상 위에 놓인 2개의 사물 중 비슷한 사물 1개 매칭하기)

CM_43 (책상 위에 놓인 2개의 사물 중 비슷한 사물 2개 매칭하기)

CM_44 (책상 위에 놓인 3개의 사물 중 비슷한 사물 1개 매칭하기)

CM_45 (책상 위에 놓인 3개의 사물 중 비슷한 사물 2개 매칭하기)

CM_46 (책상 위에 놓인 3개의 사물 중 비슷한 사물 3개 매칭하기)

CM_47 (책상 위에 놓인 4개의 사물 중 비슷한 사물 1개 매칭하기)

CM_48 (책상 위에 놓인 4개의 사물 중 비슷한 사물 2개 매칭하기)

CM_49 (책상 위에 놓인 4개의 사물 중 비슷한 사물 3개 매칭하기)

CM_50 (책상 위에 놓인 4개의 사물 중 비슷한 사물 4개 매칭하기)

* 20개의 사물을 준비하여 아동이 모두 매칭하면 과제를 종결한다.

방법

모형이나 장난감은 완전히 똑같은 것이 아니라 색이나 모양이 조금씩 다른 것을 준비한다. 예를 들어, 사과 모형으로 매칭을 한다면 플라스틱으로 만든 모형을 책상 위에 놓고 아동에게는 원목으로 만든 사과 모형을 주어 매칭하게 한다.

Tip

- '똑같다' '같다'는 아동들이 쉽게 이해하기 어려운 개념이다. 매칭하기나 모방하기 과제에서 "이렇게 해 봐." "따라 해 봐." "똑같이 해." "똑같이 놔."라는 지시어를 사용하는 것은 반복적으로 지시어에 노출하고 과제를 수행함으로써 아동에게 개념을 형성하도록 도움을 주기 위함이다.
- 만약 아동이 같은 사물끼리 놓는 것에 연속적으로 실패한다면 단계를 나아가지 않고 1단계에서 사물을 바꾸어 가며 같은 것을 매칭하는 수행을 반복하도록 하는 것이 좋다.

CM 그림카드-물건 매칭하기

AREA COGNITION (인지) SKILL Matching (매칭)

SD
"같은 것에 놔."(2D 그림-3D)

정반응
제시된 그림카드 위에 같은 사물을 놓는다.

성취기준
3회기 연속으로 80% 이상 성공하면 다음 단계로 넘어간다.

단계
CM_51 (책상 위에 놓인 한 장의 그림카드에 1개 사물 매칭하기)
CM_52 (책상 위에 놓인 두 장의 그림카드 중 1개 사물 매칭하기)
CM_53 (책상 위에 놓인 두 장의 그림카드 중 2개 사물 매칭하기)
CM_54 (책상 위에 놓인 세 장의 그림카드 중 1개 사물 매칭하기)
CM_55 (책상 위에 놓인 세 장의 그림카드 중 2개 사물 매칭하기)
CM_56 (책상 위에 놓인 세 장의 그림카드 중 3개 사물 매칭하기)
CM_57 (책상 위에 놓인 네 장의 그림카드 중 1개 사물 매칭하기)
CM_58 (책상 위에 놓인 네 장의 그림카드 중 2개 사물 매칭하기)
CM_59 (책상 위에 놓인 네 장의 그림카드 중 3개 사물 매칭하기)
CM_60 (책상 위에 놓인 네 장의 그림카드 중 4개 사물 매칭하기)
* 20개의 그림과 사물을 준비하여 아동이 모두 매칭하면 과제를 종결한다.

방법
사진 대신 그림카드를 준비한다. 절차는 처음에 치료사가 아동에게 먼저 시범 보인 후 지시한다.

Tip

아동의 수행이 안정적이면 사물을 먼저 제시하고 사물 옆에 그림카드를 매칭하는 과제로 변형한다.

CM 같은 모양끼리 매칭하기

AREA COGNITION (인지) SKILL Matching (매칭)

SD

"같은 것에 놔."(모양)

정반응

제시된 모양과 같은 모양 옆에 놓는다.

성취기준

3회기 연속으로 80% 이상 성공하면 다음 단계로 넘어간다.

단계

CM_61 (책상 위에 놓인 1개의 모양에 매칭하기)

CM_62 (책상 위에 놓인 2개의 모양 중 하나와 매칭하기)

CM_63 (책상 위에 놓인 2개의 모양 중 2개 모양 매칭하기)

CM_64 (책상 위에 놓인 3개의 모양 중 하나와 매칭하기)

CM_65 (책상 위에 놓인 3개의 모양 중 2개 모양 매칭하기)

CM_66 (책상 위에 놓인 3개의 모양 중 3개 모양 매칭하기)

CM_67 (책상 위에 놓인 4개의 모양 중 하나와 매칭하기)

CM_68 (책상 위에 놓인 4개의 모양 중 2개 모양 매칭하기)

CM_69 (책상 위에 놓인 4개의 모양 중 3개 모양 매칭하기)

CM_70 (책상 위에 놓인 4개의 모양 중 4개 모양 매칭하기)

방법

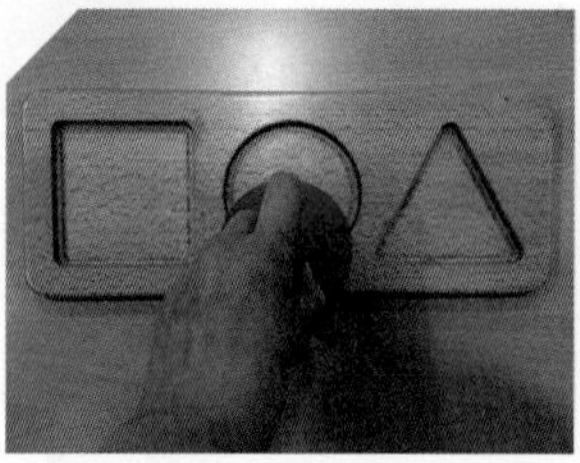

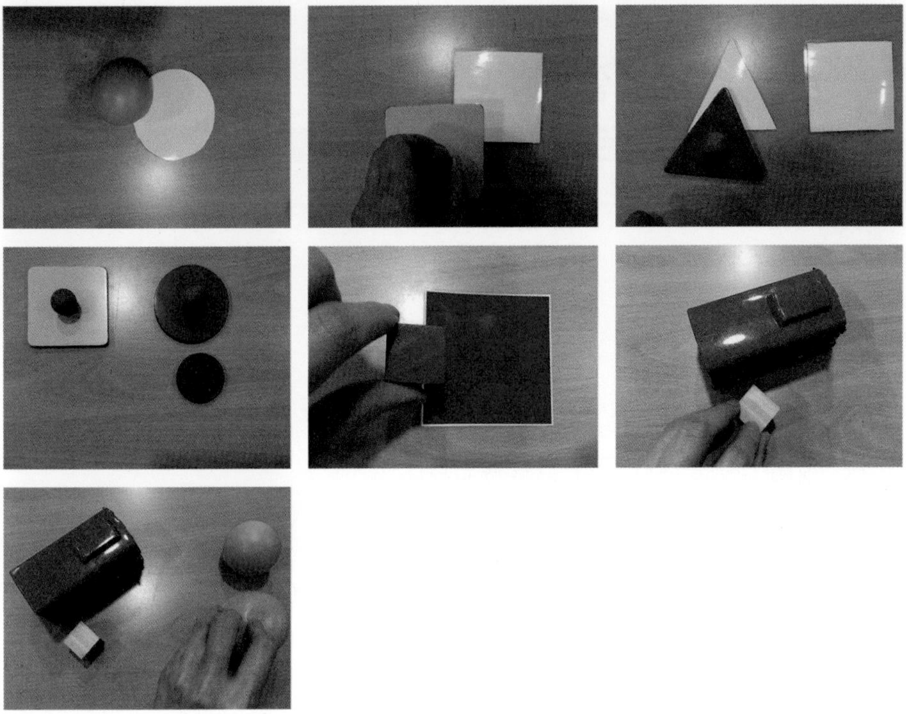

Tip

도형 모양 블록이나 모양 꼭지퍼즐판을 사용하여 수행해도 좋다. 모양판의 경우 1개의 홀만 있는 판과 9개의 홀이 있는 판 등 다양하게 있으므로 9개의 홀에서 모양을 찾아서 끼우게 할 때는 처음에는 1개의 홀만 보여 주고 나머지는 다 가린 채로 제공하도록 한다. 점차로 아동의 수행이 안정적이면 가리는 홀의 수를 줄여 나가 나중에는 9개의 홀을 다 찾아서 매칭하도록 한다.

* 단, 이 과제는 매칭과제이므로 아동이 같은 모양의 홀을 찾으면 정반응으로 기록한다. 아동이 꼭지퍼즐 조작에 미숙하여 잘 끼우지 못하는 것은 소근육의 영역이며, 아동이 맞게 찾는 것이 이 과제의 목표이므로 아동이 모양에 맞는 홀을 찾으면 끼우는 것은 치료사가 도와주도록 한다.

- 같은 모양 블록끼리 매칭(예: 네모 블록과 네모 블록)
- 모양 그림카드와 사물 그림카드 매칭(동그라미 그림카드와 시계 그림카드)
- 모양 그림카드와 모양 블록 매칭(세모 그림카드와 세모 블록 매칭)
- 모양 그림카드와 다양한 모양 사물 매칭(동그라미 그림카드와 공 그림카드)

CM 같은 색깔끼리 매칭하기

AREA COGNITION (인지) SKILL Matching (매칭)

SD

"같은 것(색깔)에 놔."

정반응

제시된 색깔과 같은 색을 골라 옆에 놓는다.

성취기준

3회기 연속으로 80% 이상 성공하면 다음 단계로 넘어간다.

단계

CM_71 (책상 위에 놓인 1개의 색깔에 매칭하기)

CM_72 (책상 위에 놓인 2개의 색깔 중 하나와 매칭하기)

CM_73 (책상 위에 놓인 2개의 색깔 중 2개 색깔 매칭하기)

CM_74 (책상 위에 놓인 3개의 색깔 중 하나와 매칭하기)

CM_75 (책상 위에 놓인 3개의 색깔 중 2개 색깔 매칭하기)

CM_76 (책상 위에 놓인 3개의 색깔 중 3개 색깔 매칭하기)

CM_77 (책상 위에 놓인 4개의 색깔 중 하나와 매칭하기)

CM_78 (책상 위에 놓인 4개의 색깔 중 2개 색깔 매칭하기)

CM_79 (책상 위에 놓인 4개의 색깔 중 3개 색깔 매칭하기)

CM_80 (책상 위에 놓인 4개의 색깔 중 4개 색깔 매칭하기)

방법

Tip

- 같은 색 그림카드끼리 매칭하기(예: 빨간색 색종이와 빨간색 색종이)
- 같은 색 그림카드와 같은 색 사물끼리 매칭하기(예: 빨간색 색종이와 빨간색 자동차)
- 같은 색 사물끼리 매칭하기(예: 빨간색 사과와 빨간색 자동차, 빨간색 통에 빨간색 블록 넣기)

CM 같은 종류끼리 매칭하기

AREA COGNITION (인지) SKILL Matching (매칭)

SD

"같은 것에 놔."(범주)

정반응

제시된 그림카드와 같은 범주의 카드에 놓는다.

성취기준

3회기 연속으로 80% 이상 성공하면 다음 단계로 넘어간다.

단계

CM_81 (책상 위에 놓인 한 장의 그림카드에 같은 범주 매칭하기)(예: 비행기 그림카드와 버스 그림카드를 매칭하기)

CM_82 (책상 위에 놓인 두 장의 그림카드 중 한 장에 같은 범주 매칭하기)(예: 바나나와 비행기를 놓고 버스 그림카드를 주고 비행기 그림카드와 매칭하기)

CM_83 (책상 위에 놓인 두 장의 그림카드 중 두 장에 같은 범주 매칭하기)

CM_84 (책상 위에 놓인 세 장의 그림카드 중 한 장에 같은 범주 매칭하기)

CM_85 (책상 위에 놓인 세 장의 그림카드 중 두 장에 같은 범주 매칭하기)

CM_86 (책상 위에 놓인 세 장의 그림카드 중 세 장에 같은 범주 매칭하기)

CM_87 (책상 위에 놓인 네 장의 그림카드 중 한 장에 같은 범주 매칭하기)

CM_88 (책상 위에 놓인 네 장의 그림카드 중 두 장에 같은 범주 매칭하기)

CM_89 (책상 위에 놓인 네 장의 그림카드 중 세 장에 같은 범주 매칭하기)

CM_90 (책상 위에 놓인 네 장의 그림카드 중 네 장에 같은 범주 매칭하기)

방법

① 같은 범주의 그림카드를 두 장 준비하여 아동 앞에 비행기 그림카드를 한 장 놓은 후 버스 그림카드를 놓으며 "비행기와 버스는 타는 것이에요, 같아요."라고

말한다.

② 다시 비행기 그림카드를 놓고 "같은 것끼리 놓아 볼까?"라고 말한 후, 아동의 손을 잡고 "버스, 비행기 같아요."라고 말하며 버스 그림카드를 매칭하여 놓는다.

③ 비행기 그림카드를 아동 앞에 놓은 후 버스 그림카드를 제시하며 "같은 것끼리 놓아 보세요."라고 지시한다. 아동이 3초 안에 반응하지 않거나 오반응을 하려고 하면 치료사가 비행기 그림카드를 가리키거나 비행기 그림카드를 손끝으로 톡톡 친다. 아동이 그림카드를 매칭하면 강화하고 오반응하면 다시 지시한 후 치료사가 손을 잡고 "비행기, 버스 같아요."라고 말하며 그림카드를 매칭한다.

④ 아동이 그림카드 한 장을 매칭하는 것이 잘 되면, 그림카드 두 장을 아동 앞에 놓은 후 그림카드를 한 장씩 제시하며 "같은 것끼리 놓아 보세요."라고 지시한다.

* 아동이 수행할 때마다 범주의 이름을 반복적으로 말하여 같은 범주에 속한 것은 같은 것임을 학습시킨다.

Tip

- 아동이 집중하지 않고 카드를 아무 곳에나 놓으려고 하는 경우에는 아동의 손목을 잡고 잠시 기다리게 한 후 놓인 그림카드를 번갈아 대보게 하고 선택하여 놓도록 한다.
- 다양한 범주의 사물들을 사용하여 매칭연습을 한다. 음식, 동물, 과일, 곤충, 바다동물, 탈것, 과일, 야채, 주방용품, 욕실용품, 가전제품, 가구, 악기, 장난감, 필기구 등을 사용한다.

CM 관계있는 그림카드끼리 매칭하기

AREA	COGNITION (인지)	SKILL	Matching (매칭)

SD
"필요한 것 찾아봐."

정반응
제시된 사물카드와 관계있는 그림카드를 골라 위에 놓는다.

성취기준
3회기 연속으로 80% 이상 성공하면 다음 단계로 넘어간다.

단계
CM_91 [책상 위에 놓인 한 장의 그림카드(예: 칫솔 그림카드)에 관계있는 그림(치약 그림카드)을 매칭하기]

CM_92 (책상 위에 놓인 두 장의 그림카드 중 한 장에 관계있는 그림카드 매칭하기) (예: 칫솔과 숟가락 그림카드를 놓은 뒤 칫솔 그림카드를 주고 치약 그림카드와 매칭하기)

CM_93 (책상 위에 놓인 두 장의 그림카드 중 두 장에 관계있는 그림카드 매칭하기)

CM_94 (책상 위에 놓인 세 장의 그림카드 중 한 장에 관계있는 그림카드 매칭하기)

CM_95 (책상 위에 놓인 세 장의 그림카드 중 두 장에 관계있는 그림카드 매칭하기)

CM_96 (책상 위에 놓인 세 장의 그림카드 중 세 장에 관계있는 그림카드 매칭하기)

CM_97 (책상 위에 놓인 네 장의 그림카드 중 한 장에 관계있는 그림카드 매칭하기)

CM_98 (책상 위에 놓인 네 장의 그림카드 중 두 장에 관계있는 그림카드 매칭하기)

CM_99 (책상 위에 놓인 네 장의 그림카드 중 세 장에 관계있는 그림카드 매칭하기)

CM_100 (책상 위에 놓인 네 장의 그림카드 중 네 장에 관계있는 그림카드 매칭하기)

⌛ 방법

① 아동 앞에 칫솔 그림카드를 놓은 뒤 치약 그림카드를 매칭하면서 "치카치카 칫솔이야. 칫솔에는 치약이 필요해."라고 말하고 두 그림카드를 매칭한다.

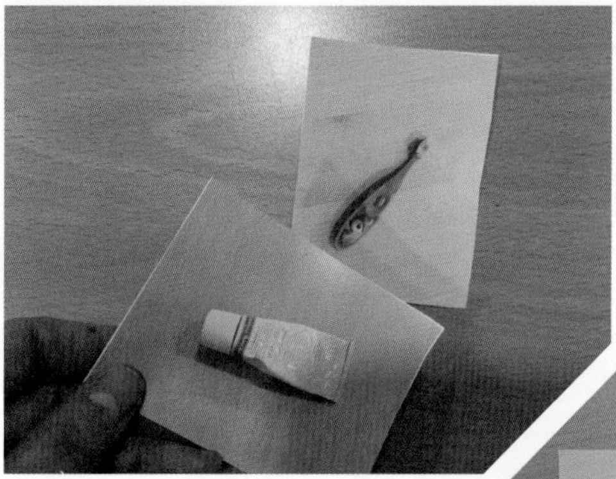

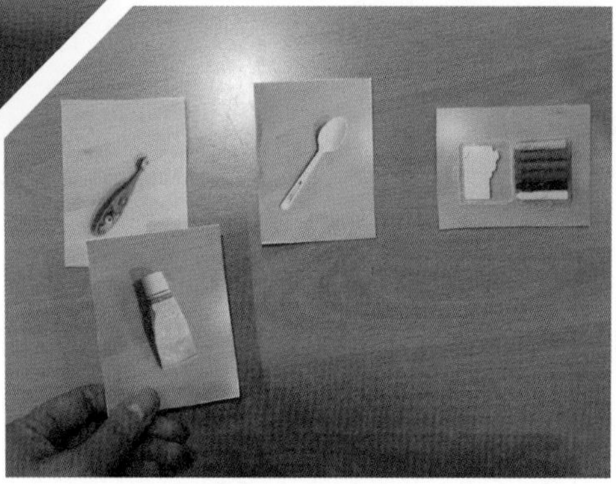

② 아동에게 치약 그림카드를 건네주고 "치카치카 칫솔에 필요한 것 놔."라고 말하면서 아동과 함께 칫솔 그림카드 위에 치약 그림카드를 놓는다.

③ 아동의 주의를 집중시킨 후 아동에게 치약 그림카드를 주면서 "칫솔에 필요한 건 뭐야? 필요한 것 놔."라고 지시한 후 아동이 매칭하면 칭찬하고, 3초 내에 반응하지 않거나 오반응을 하면 치료사가 칫솔 그림카드를 포인팅하거나 아동의 손을 칫솔 그림카드 쪽으로 밀어 준 후 매칭하면 칭찬하고 강화한다.

④ 다시 아동에게 치약 그림카드를 주면서 "칫솔질할 때 필요한 것 놔."라고 지시한 후 아동이 정반응하면 강화하고, 반응이 없거나 오반응을 하면 그림카드를 치우고 잠시 기다린다.

⑤ 아동에게 다시 지시한 후 바로 아동의 손을 잡고 칫솔 그림카드 위에 치약 그림카드를 놓으면서 "그래, 칫솔에는 치약이 필요해."라고 말한다.

CM 같은 위치끼리 매칭하기

AREA COGNITION (인지) SKILL Matching (매칭)

SD

"같은 것에 놔."(위치)

정반응

제시된 그림카드 속의 위치와 같은 위치를 나타내는 카드를 골라 놓는다.

성취기준

3회기 연속으로 80% 이상 성공하면 다음 단계로 넘어간다.

단계

CM_101 [책상 위에 놓인 한 장의 그림카드(예: 책상 위 사과가 그려진 그림카드)에 같은 위치를 나타내는 똑같은 그림카드 매칭하기]

CM_102 (책상 위에 놓인 두 장의 그림카드 중 한 장에 같은 위치를 나타내는 똑같은 그림카드 매칭하기) (예: 책상 위 사과가 그려진 그림카드를 놓고 똑같은 그림카드와 책상 아래 사과가 그려진 그림카드를 주고 같은 위치카드와 매칭하기)

CM_103 [책상 위에 놓인 두 장의 그림카드(책상 위/아래 그림카드) 중 두 장에 같은 위치를 나타내는 똑같은 그림카드 매칭하기]

CM_104 [같은 위치를 나타내는 그림카드끼리 매칭하기(그림이 다른 카드 이용)]

CM_105 (옆을 나타내는 그림카드끼리 매칭하기)

방법

CM_91~CM_100 과정과 동일하게 반복한다.

Tip

아동이 위, 아래, 옆의 위치 매칭을 잘 수행한다면 앞과 뒤의 위치도 학습하도록 한다.

CM 같은 성별끼리 매칭하기

AREA COGNITION (인지) SKILL Matching (매칭)

SD

"같은 것에 놔."(성별)

정반응

제시된 성별의 사람카드과 같은 성별의 사람카드를 놓는다.

성취기준

3회기 연속으로 80% 이상 성공하면 다음 단계로 넘어간다.

단계

CM_106 (책상 위에 놓인 한 명의 사람카드에 같은 성별의 사람카드 매칭하기)

CM_107 (여러 장의 사람카드에 같은 성별의 사람카드 매칭하기)

방법

① 책상에 여러 명의 사람카드를 배열하고 아동에게 무작위로 남녀 그림카드를 제공하여 아동이 같은 성별에 매칭한다.

② 매칭과제의 순서는 동일하다.

Tip

아기, 청소년, 노인, 성인 남녀 등 다양한 연령대의 사람 사진(그림카드)을 사용한다.

CM 같은 얼굴 표정끼리 매칭하기

AREA COGNITION (인지) SKILL Matching (매칭)

SD

"같은 것에 놔."(표정)

정반응

제시된 표정과 같은 표정의 그림카드를 놓는다.

성취기준

3회기 연속으로 80% 이상 성공하면 다음 단계로 넘어간다.

단계

CM_108 (책상 위에 놓인 그림의 표정과 같은 표정의 사람카드 매칭하기)

CM_109 (여러 표정의 사람카드에 같은 표정 매칭하기)

CM_110 (똑같은 표정카드는 아니나 같은 정서를 나타내고 있는 카드를 찾아 매칭하기)

(예: 크게 웃는 표정과 화내는 표정에 미소 짓는 표정카드를 웃는 표정카드에 매칭하기)

방법

① 책상 위에 웃는 얼굴카드를 놓고, 아동에게 "와, 웃고 있네, 웃어요."라고 말한다. 똑같은 얼굴카드를 들고 "웃어요, 웃어요, 같네."라고 말하면서 사진을 매칭한다.

② 사진을 아동에게 건네주며 "같은 웃는 얼굴에 놔."라고 지시하고, 아동의 손을 잡고 같이 매칭하고 나서 "웃는 얼굴이 같네, 잘했어."라고 칭찬한다.

③ 아동의 주의를 집중시킨 후 아동에게 사진을 주고 "같은 것에 놔."라고 지시한다. 아동이 매칭하면 칭찬하고, 3초 내에 반응하지 않거나 오반응하려고 하면 아동의 손을 사진 쪽으로 밀거나 책상 위의 사진을 손가락으로 톡톡 친 후 아동이 매칭하면 칭찬하고 강화한다. 만약 아동이 오반응을 하면 다시 사진을 회수한 뒤 2~3초간 기다리다가 아동에게 사진을 주고 "같은 것에 놔."라고 지

시한 후 아동의 손을 잡고 같이 놓는다.

④ 아동이 한 장의 카드와 매칭하기 수행을 완료하면 책상 위에 웃는 얼굴, 우는 얼굴, 화난 얼굴을 배열하고 아동에게 웃는 얼굴카드를 주고 매칭하도록 한다. ②~④의 과정을 반복한다.

⑤ 아동이 같은 얼굴 표정을 찾아 매칭하기 과제를 완료하면 다양한 표정(크게 웃는 얼굴, 미소 짓는 얼굴, 찡그린 얼굴, 입 다문 얼굴, 입을 벌리고 우는 얼굴, 입을 다물고 눈물 흘리는 얼굴 등)을 준비하여 매칭하도록 한다.

Tip

- 초기에는 웃는 얼굴, 우는 얼굴, 화난 얼굴 등 비교적 변별이 쉬운 1차적 정서 표현을 위주로 매칭하기 연습을 한다.
- 아동의 수행이 증가하면 슬픔, 지루함, 무서움, 짜증 남 등의 정서표현도 매칭하기를 시도해 본다.

CM 같은 계절끼리 매칭하기

AREA	COGNITION (인지)	SKILL	Matching (매칭)

SD

"같은 것에 놔."(계절)

정반응

제시된 계절용품과 같은 계절용품을 찾아서 놓는다.

성취기준

3회기 연속으로 80% 이상 성공하면 다음 단계로 넘어간다.

단계

CM_111 (책상 위에 놓인 계절용품과 같은 계절용품 카드 매칭하기)

CM_112 (여러 장의 계절과 관련된 카드에 같은 계절카드를 찾아 매칭하기)

방법

매칭 과제의 순서와 동일하다.

Tip

봄과 가을보다는 여름, 겨울과 같이 특징이 확실한 계절을 나타내는 사물로 매칭하기 연습을 시작한다.

CM 통에 손 넣어 물건 찾기

AREA COGNITION (인지) SKILL Matching (매칭)

SD

(사물의 이름) "찾아봐."

정반응

치료사가 말한 사물을 속이 보이지 않는 통에서 찾는다.

성취기준

3회기 연속으로 80% 이상 성공하면 다음 단계로 넘어간다.

단계

CM_113 (치료사가 보여 주는 사물을 보지 않고 만져서 똑같은 것 찾기)

CM_114 (치료사가 말하는 사물을 보지 않고 만져서 똑같은 것 찾기)

방법

① 다 사용하고 남은 빈 사각 휴지갑을 준비한다. 돌기가 있는 공, 곰인형, 사각 나무 블록을 각각 2개씩 준비한다.

② 아동에게 공, 곰인형, 블록을 여러 번 만져 보게 한다.

③ 휴지갑 블록을 넣은 후 아동에게 블록을 보여 주면서 "○○야, 블록 꺼내."라고 지시한다. 아동이 블록을 꺼내 주면 칭찬하고 강화한다. 만약 아동이 3초 내에 반응하지 않으면 같이 손을 넣어 블록을 꺼내 주도록 한다.

④ ③번을 여러 번 반복하고 휴지갑 안에 블록과 공을 넣은 후 블록을 보여 주면서 "블록 꺼내."라고 지시한다. 아동이 정반응하면 강화하고, 오반응하면 치료사와 같이 블록을 꺼내서 다시 만져 보게 한다.

⑤ 아동이 보여 주는 물건과 똑같은 것을 찾는 과제를 완료하면 물건을 보여 주지 않고 물건의 이름만 말해 준 뒤에 찾도록 한다.

Tip

- 사각 휴지갑(크리넥스 통)은 이미 입구가 있어 아동이 손을 넣을 수는 있지만 안이 보이지 않아 이 과제를 할 때 유용하게 쓸 수 있다.
- 보이지 않는 곳에 손을 넣는 것을 아동이 무서워하면 아동의 손에 공을 쥐어 주고 휴지갑 속에 같이 손을 넣었다가 다시 빼는 연습을 한 뒤 과제를 수행하도록 한다.
- 처음에는 촉감이 확연히 다른 두 가지 사물을 넣어서 훈련한다.

CM 모방하여 매칭하기

AREA COGNITION (인지) SKILL Matching (매칭)

SD
치료사의 수행(언어적 지시 없음)

정반응
치료사의 수행을 보고 같은 것끼리 매칭한다.

성취기준
3회기 연속으로 80% 이상 성공하면 다음 단계로 넘어간다.

단계
CM_115 (지시 없이 책상 위에 놓인 1개의 자극에 매칭하기)

CM_116 (지시 없이 책상 위에 놓인 2개의 자극 중 하나와 매칭하기)

CM_117 (지시 없이 책상 위에 놓인 2개의 자극 중 2개 매칭하기)

CM_118 (지시 없이 책상 위에 놓인 3개의 자극 중 하나와 매칭하기)

CM_119 (지시 없이 책상 위에 놓인 3개의 자극 중 2개 매칭하기)

CM_120 (지시 없이 책상 위에 놓인 3개의 자극 중 3개 매칭하기)

방법

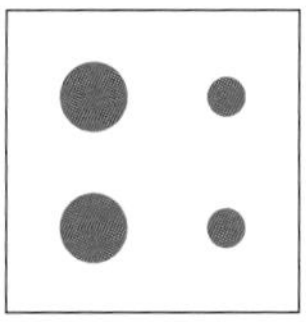

① 제시된 그림과 같이 도형 모양의 종이를 큰 것과 작은 것을 각 두 장씩 두 세트를 준비한다. 책상 위에 큰 동그라미와 작은 동그라미를 놓고 큰 동그라미를 큰 동그라미 위에 놓는다.

② 시범 보이기를 두 번 반복한 후 아동의 이름을 불러 주의를 집중시킨다.

③ 아무런 지시 없이 큰 동그라미를 큰 동그라미 위에 놓는다.
아동이 3초 내에 똑같이 자신의 앞에 놓인 큰 동그라미에 큰 동그라미를 놓으면 칭찬하고 강화한다.

④ 만약 아동이 지시에 반응하지 않거나 오반응을 하려고 하면 재빨리 아동의 손을 잡고 큰 동그라미를 손가락으로 가리킨다. 아동이 정반응을 하면 칭찬하고 강화한다.

⑤ 아동이 제스처 촉구에도 반응하지 않거나 오반응을 하면 손을 잡고 같이 큰 동그라미 위에 놓고 나서 "같은 것끼리 놓는 거야."라고 말한다.

Tip

- 다양한 모양이나 사물 그림으로 크기를 매칭할 수 있도록 한다.
- 아동의 수행이 안정되면 아동에게 제시되는 크기와 모양을 치료사의 것과 다르게 해서 제공한다. 예를 들어, 치료사의 앞에 놓인 자극을 동그라미라고 한다면 아동에게 제공하는 것은 네모 모양을 제공하도록 한다. 또 치료사의 것과 크기가 동일하지 않게 제공한다(치료사의 동그라미의 지름이 10cm와 3cm였다면 아동에게 제공하는 동그라미의 지름은 14cm와 5cm로 한다).

CC 같은 색끼리 모으기

AREA COGNITION (인지) SKILL Classification (분류)

SD

"같은 색끼리 놔."

정반응

같은 색을 가진 것끼리 모은다.

성취기준

3회기 연속으로 80% 이상 성공하면 다음 단계로 넘어간다.

단계

CC_01 (1개의 통에 통과 같은 색의 블록 넣기)

CC_02 (2개의 통에 통과 같은 색의 블록 넣기)

CC_03 (3개의 통에 통과 같은 색의 블록 넣기)

CC_04 (4개의 통에 통과 같은 색의 블록 넣기)

방법

〈1단계〉

① 빨간색 통과 빨간색 블록 10개를 준비한 다음 아동의 주의를 집중시킨다.

② "같은 색 통에 넣어."라고 말하며 아동에게 빨간색 블록을 건네준다.

③ 아동이 3초 내에 정반응하면 칭찬하고 강화한다.

④ 만약 아동이 지시에 반응하지 않거나 오반응을 하려고 하면 통을 손가락으로 가리킨다. 아동이 정반응하면 칭찬하고 강화한다.

⑤ 아동이 제스처에도 반응하지 않거나 오반응을 하면 손을 잡고 빨간색 통에 넣으면서 "같은 색 통에 넣는 거야."라고 말한다.

〈2단계〉

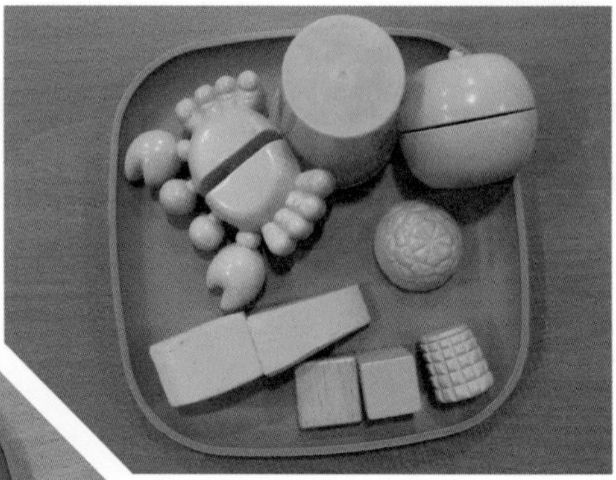

① 제시된 사진과 같이 접시 2개, 빨간색 물건과 노란색 물건을 각각 4~5개씩 준비한다. 각각의 접시에 빨간색 물건과 노란색 물건을 분류해 담는 것을 2회 시범을 보인 후, 아동의 이름을 불러 주의를 집중시킨다.

② 각 접시에 노란색 물건과 빨간색 물건을 하나씩 놓아둔 후, "같은 색에 놓아." 라고 지시하며 물건을 하나씩 건네준다.

③ 1단계의 ③, ④, ⑤번과 동일하게 진행한다.

Tip

처음에는 동일한 물건(노란색 블록과 빨간색 블록)으로 시작하다가 나중에는 제시된 사진과 같이 다양한 물건으로 확장한다.

CC 같은 모양끼리 모으기

AREA | COGNITION (인지) | SKILL | Classification (분류)

SD
"같은 모양끼리 놔."

정반응
같은 모양을 가진 것끼리 모은다.

성취기준
3회기 연속으로 80% 이상 성공하면 다음 단계로 넘어간다.

단계
CC_05 (1개의 접시에 한 가지 모양만 담기)

CC_06 (2개의 접시에 담긴 모양을 보고 같은 모양의 사물 담기)

CC_07 (3개의 접시에 담긴 모양을 보고 같은 모양의 사물 담기)

방법

CC_01~04번과 동일한 방법으로 진행한다.

Tip

- 아동의 수행률이 높으면 통을 2~3개 준비하여 미리 블록을 넣어 두지 않고 여러 개의 블록을 주면서 "같은 모양끼리 담아."라고 지시한 후 아동이 스스로 모양을 분류하여 담는지 관찰한다. 만약 아동이 반응을 하지 않거나 오반응을 하면 치료사가 한 번 모델링을 한 후 다시 아동에게 지시한다.
- 동그라미, 세모, 네모, 육각형, 별, 하트 모양 등 여러 가지 모양의 블록을 준비한 후 실시한다.
- 처음에는 모양이 확실한 것들(네모 블록, 동그라미 블록, 세모 블록)로 분류를 하다가 나중에는 비슷한 모양(네모 지우개, 네모 자동차, 삼각피자 모양, 트라이앵글, 동그란 공, 사과 모형 등)들을 섞어서 아동에게 제공한다.

CC 같은 종류끼리 모으기

AREA COGNITION (인지) SKILL Classification (분류)

SD
"같은 것끼리 놔."(속성)

정반응
같은 속성을 가진 것끼리 모은다.

성취기준
3회기 연속으로 80% 이상 성공하면 다음 단계로 넘어간다.

단계
CC_08 (같은 범주끼리 모으기)
CC_09 (같은 크기끼리 모으기)
CC_10 (같은 성별끼리 모으기)
CC_11 (같은 계절끼리 모으기)

방법
앞의 분류 과제와 동일한 방법으로 진행한다.

Tip
처음에는 벽에 숲이나 산 그림/바닷속 그림/과일가게 그림을 붙여 놓고 그 배경에 맞춰 분류하여 스티커 붙이기를 한다. 아동의 수행률이 올라가면 뒤에 있는 배경그림을 없애고 같은 것끼리 모으도록 한다. 처음에는 책상에 기준이 되는 카드나 사물을 하나씩 놓은 후 아동에게 나머지를 다 주고 분류하도록 한다. 만약 한꺼번에 카드를 주었을 때 분류하기 어렵다면 매칭과제처럼 치료사가 한 장씩 제공하도록 한다.

CI 신체 가리키기

AREA COGNITION (인지) SKILL Identification (변별)

SD
"(신체 부분) 어디 있어?"

정반응
지시한 신체 부분을 검지나 손을 이용해 가리키거나 만진다.

성취기준
3회기 연속으로 80% 이상 성공하면 다음 단계로 넘어간다.

단계
CI_01 (거울 보고 치료사의 신체 포인팅을 따라 하기)

CI_02 (치료사의 신체를 포인팅하기)

CI_03 (자신의 신체를 포인팅하기)

CI_04 (그림을 보고 신체를 포인팅하기)

방법
① 거울을 향해 아동을 앉히고 치료사는 아동의 뒤에 앉는다.
아동이 거울을 통해 치료사를 쳐다보는지 확인한 다음 "눈 어디 있지?"라고 묻고, 곧바로 치료사는 자신의 검지로 눈을 가리킨다(이때 "눈."이라고 말한다).

② 만약 아동이 치료사를 따라서 자신의 눈을 가리키지 못하거나 뒤를 돌아 치료사의 눈을 만지려고 하면 아동을 바로 앉힌 후 다시 "눈은 어디 있지?"라고 말하며 아동의 눈을 가리킨다. 아동이 치료사를 따라 자기 눈을 가리키면 칭찬하고 보상한다.

③ 만약 아동이 오반응을 하거나 반응이 없으면 "눈."이라고 말하며 아동의 손을 잡고 아동의 눈을 가리키도록 도와준다.

Tip

- 신체 가리키기를 할 때 〈요기여기〉라는 노래를 부르며 하는 것도 도움이 된다.
- 아동이 자신의 신체 가리키기를 정확히 수행하면 자신의 사진을 포함한 다양한 사람의 얼굴 사진이나 그림카드를 활용하여 신체 가리키기를 확장한다.
- 처음에는 얼굴 부분부터 시작하고, 점차 팔, 다리, 배, 어깨, 무릎, 목, 손, 발 등으로 확장한다.

CI 사진을 보고 가족 가리키기

AREA COGNITION (인지) SKILL Identification (변별)

SD
"(가족 구성원) 어디 있어?"

정반응
사진을 보고 지시한 가족 구성원을 가리킨다.

성취기준
3회기 연속으로 80% 이상 성공하면 다음 단계로 넘어간다.

단계
CI_05 (사진 속의 가족 구성원 가리키기)

방법
가족 구성원이 모두 찍힌 사진을 준비한다. 사진을 보며 치료사가 포인팅하면서 "여긴 엄마, 여긴 아빠, 여긴 동생, 여긴 할머니."라고 말해 준다. 두세 번 반복한 뒤 아동의 손을 잡고 아동이 가족 구성원을 포인팅하도록 한다.

① 아동 앞에 사진을 놓고 "엄마 어디 있어? 가리켜 봐."라고 지시한다. 3초 내에 아동이 반응하지 않거나 오반응을 하려고 하면 치료사가 손가락으로 아동의 엄마를 가리킨다. 아동이 정반응하면 강화하고, 오반응을 하면 다시 지시한 후 바로 아동의 손을 잡고 사진 속의 엄마를 가리키게 한다.

② 사진 속의 가족 구성원을 한 번에 한 명씩 익히도록 한다.

③ 모든 가족 구성원을 학습하면 마지막에는 무작위로 가족 구성원을 포인팅하도록 지시한다.

Tip
사진을 보며 엄마 가리키기를 완료한 후 실제로 "엄마 어디 있어?"라는 질문에 아동이 엄마를 가리킬 수 있는지 확인한다.

CI 지시한 색 찾기

AREA COGNITION (인지) SKILL Identification (변별)

SD
"~색 줘/넣어/가리켜 봐."

정반응
지시한 색을 골라 준다(넣기/가리키기).

성취기준
3회기 연속으로 80% 이상 성공하면 다음 단계로 넘어간다.

단계
CI_06 (지시한 색깔 한 가지 건네주기)

CI_07 (두 가지 색깔 중 지시한 색깔 한 가지 건네주기)(예: 빨간색과 파란색을 놓고 "빨간색 줘."라고 지시한다.)

CI_08 (세 가지 색깔 중 지시한 색깔 한 가지 건네주기)

CI_09 (네다섯 가지 색깔 중 지시한 색깔 한 가지 건네주기)

방법
① 아동에게 빨간색 블록을 보여 주면서 "빨간색이야."라고 두세 번 말한다. 블록을 아동 앞에 놓은 뒤 손가락으로 블록을 가리키면서 "빨간색 줘."라고 지시한다. 아동이 건네주면 강화하고, 3초 내에 반응하지 않거나 블록을 가지고 장난을 치면 블록을 회수한 뒤 2~3초간 기다린다.

② 블록을 아동 앞에 놓고 "빨간색 줘."라고 지시한 후 바로 아동의 손을 잡고 블록을 같이 집어 건네주게 하고 잘했다고 칭찬한다.

③ 다시 블록을 아동 앞에 놓고 "빨간색 줘."라고 지시한 후 아동이 정반응하면 강화하고, 반응이 없거나 오반응을 하려고 하면 블록을 손으로 가리킨다. 그래도 아동이 블록을 주지 않거나 장난을 치면 블록을 치우고 2초간 기다린다.

④ 재지시를 하며 아동의 손을 잡고 바로 블록을 건네주게 한다.

⑤ 아동의 빨간색 블록 건네주기 수행률이 올라가면 빨간색과 파란색 블록을 놓고 빨간색 변별하기를 한다. 이때에는 손가락으로 가리키거나, 아동의 손을 빨간색 블록 쪽으로 밀어 주거나, 빨간색 블록을 파란색 블록보다 아동에게 더 가깝게 위치시켜 촉구한다.

Tip

아동의 색변별 수행률이 높아지면 책상 위에 여러 가지 색을 섞어 놓고 시행한다(예: 빨간색, 흐린 빨간색, 파란색, 노란색, 다홍색, 초록색을 섞어 놓고 "빨간색 줘."라고 지시한 후 아동이 빨간색과 유사한 색까지 모두 줄 수 있도록 자극일반화를 훈련한다). 아동이 빨간색 하나만 치료사에게 건네주고 반응을 멈추면 치료사가 다른 빨간색을 포인팅하며 "빨간색 줘."라고 말한다.

CI 지시한 모양 찾기

AREA COGNITION (인지) SKILL Identification (변별)

SD
"~모양 줘(넣어/가리켜 봐)."

정반응
지시한 모양을 골라 준다(넣기/가리키기).

성취기준
3회기 연속으로 80% 이상 성공하면 다음 단계로 넘어간다.

단계
CI_10 (지시한 모양 한 가지 건네주기)[예: 네모를 책상 위에 놓고 "네모 (모양) 줘."라고 지시한다.]

CI_11 (두 가지 모양 중 지시한 모양 한 가지 건네주기)
(예: 네모와 세모를 놓고 "네모 줘."라고 지시한다.)

CI_12 (세 가지 모양 중 지시한 모양 한 가지 건네주기)

CI_13 (네다섯 가지 모양 중 지시한 모양 한 가지 건네주기)

방법
앞의 색변별 과제와 동일한 방법으로 진행한다.

Tip
여러 개의 모양을 다수 제공하고 지시한 모양을 모두 골라서 건네주는 연습을 한다.

CI 지시한 모양과 색 찾기

AREA COGNITION (인지) SKILL Identification (변별)

SD
"~색 모양 줘(넣어/가리켜 봐)."

정반응
지시한 색과 모양을 골라 준다(넣기/가리키기).

성취기준
3회기 연속으로 80% 이상 성공하면 다음 단계로 넘어간다.

단계
CI_14 (두 가지 모양 중에서 지시 듣고 선택하기)

(예: 책상 위에 노란색 동그라미와 노란색 네모를 놓은 후 "노란색 동그라미 줘." 라고 지시한다.)

CI_15 (두 가지 모양과 두 가지 색 중에서 지시 듣고 선택하기)

(예: 책상 위에 노란색 동그라미와 노란색 네모, 빨간색 동그라미를 놓은 후 "노란색 동그라미 줘."라고 지시한다.)

CI_16 (세 가지 모양과 세 가지 색 중에서 지시 듣고 선택하기)

(예: 책상 위에 노란색 동그라미, 세모, 네모, 빨간색 동그라미, 세모, 네모를 놓고 "○○색 ○○ 모양 줘."라고 지시한다.)

CI_17 (세 가지 모양과 세 가지 색 중에서 지시 듣고 두 가지 선택하기)

방법
앞의 색변별 과제와 동일한 방법으로 진행한다.

Tip
색과 모양을 변별할 수 있는 아동을 대상으로 한다. 색과 모양을 변별하는 아동 중에는 색과 모양을 함께 변별할 때 어려움을 보이는 경우가 있다. 처음에는 동일한 색상으로 모양만 달리해서 변별하다가 점차로 모양과 색상을 바꾸어 가면서 과제를 수행한다.

CI 지시한 물건 찾기

AREA COGNITION (인지) SKILL Identification (변별)

SD
"~(사물 이름) 줘(넣어/가리켜 봐)."

정반응
지시한 사물을 골라 준다(넣기/가리키기).

성취기준
3회기 연속으로 80% 이상 성공하면 다음 단계로 넘어간다.

단계
CI_18 (지시한 한 장의 사물카드 건네주기)

CI_19 (두 장의 카드 중 지시한 사물카드 한 장 건네주기)

CI_20 (세 장의 카드 중 지시한 사물카드 한 장 건네주기)

CI_21 (네다섯 장의 카드 중 지시한 사물카드 한 장 건네주기)

방법
앞의 색변별 과제와 동일한 방법으로 진행한다.

Tip
- 훈련 초기에는 아동이 좋아하는 사물을 먼저 변별한다. 아동이 공을 좋아하면 공을 변별하여 건네주기부터 시작한다.
- 사물의 여러 가지 모양의 그림카드나 사진을 사용한다. 컵 그림카드도 색깔이나 컵 형태가 다른 그림카드, 손잡이가 있거나 없는 컵, 커피잔, 물컵, 다양한 모양의 컵 그림카드나 사진을 사용한다. 또 그림카드로 변별이 가능하면 구체물을 가지고 훈련한다.

CI 지시한 동물 찾기

AREA COGNITION (인지) SKILL Identification (변별)

SD

"~(동물 이름) 줘(넣어/가리켜 봐)."

정반응

지시한 동물을 골라 준다(넣기/가리키기).

성취기준

3회기 연속으로 80% 이상 성공하면 다음 단계로 넘어간다.

단계

CI_22 (지시한 한 장의 동물카드 건네주기)

CI_23 (두 장의 카드 중 지시한 동물카드 한 장 건네주기)

CI_24 (세 장의 카드 중 지시한 동물카드 한 장 건네주기)

CI_25 (네다섯 장의 카드 중 지시한 동물카드 한 장 건네주기)

방법

앞의 색변별 과제와 동일한 방법으로 진행한다.

Tip

변별의 순서는 따로 없다. 아동이 동물류를 좋아하면 사물변별보다 먼저 할 수 있다.

CI 지시한 과일 찾기

AREA COGNITION (인지) SKILL Identification (변별)

SD
"~(과일 이름) 줘(넣어/가리켜 봐)."

정반응
지시한 과일을 골라 준다(넣기/가리키기).

성취기준
3회기 연속으로 80% 이상 성공하면 다음 단계로 넘어간다.

단계
CI_26 (지시한 한 장의 과일카드 건네주기)

CI_27 (두 장의 카드 중 지시한 과일카드 한 장 건네주기)

CI_28 (세 장의 카드 중 지시한 과일카드 한 장 건네주기)

CI_29 (네다섯 장의 카드 중 지시한 과일카드 한 장 건네주기)

방법
앞의 색변별 과제와 동일한 방법으로 진행한다.

Tip
사물의 여러 가지 모양의 그림카드나 사진을 사용한다. 사과 그림카드도 색감이나 사과의 형태가 다른 그림카드, 반쪽짜리 사과의 그림카드나 사진을 사용한다. 또 그림카드로 변별이 가능하면 구체물(사과 모형 등)을 가지고 훈련한다.

CI 지시한 탈것 찾기

AREA COGNITION (인지) SKILL Identification (변별)

SD
"~(탈것 이름) 줘(넣어/가리켜 봐)."

정반응
지시한 탈것을 골라 준다(넣기/가리키기).

성취기준
3회기 연속으로 80% 이상 성공하면 다음 단계로 넘어간다.

단계
CI_30 (지시한 한 장의 탈것카드 건네주기)

CI_31 (두 장의 카드 중 지시한 탈것카드 한 장 건네주기)

CI_32 (세 장의 카드 중 지시한 탈것카드 한 장 건네주기)

CI_33 (네다섯 장의 카드 중 지시한 탈것카드 한 장 건네주기)

방법
앞의 색변별 과제와 동일한 방법으로 진행한다.

CI 지시한 범주 찾기

AREA	COGNITION (인지)	SKILL	Identification (변별)

SD
"~(범주 이름) 줘(넣어/가리켜 봐)."

정반응
지시한 것을 골라 준다(넣기/가리키기).

성취기준
3회기 연속으로 80% 이상 성공하면 다음 단계로 넘어간다.

단계
CI_34 (지시한 범주카드 한 장 건네주기)

CI_35 (두 장의 카드 중 지시한 범주카드 한 장 건네주기)

CI_36 (세 장의 카드 중 지시한 범주카드 한 장 건네주기)

CI_37 (네다섯 장의 카드 중 지시한 범주카드 한 장 건네주기)

방법
앞의 색변별 과제와 동일한 방법으로 진행한다.

Tip
의복, 음식, 바다동물, 곤충, 악기, 가구 등 다양한 범주를 변별하여 건네주기를 연습한다.

CI 아닌 것 찾기

AREA | COGNITION (인지) | SKILL | Identification (변별)

SD
"아닌 것 줘."

정반응
지시한 것을 건네준다.

성취기준
3회기 연속으로 80% 이상 성공하면 다음 단계로 넘어간다.

단계
CI_38 (두 장의 그림카드 중 아닌 것 찾기)

CI_39 (세 장의 그림카드 중 아닌 것 찾기)

CI_40 (여러 장의 그림카드 중 아닌 것 모두 찾기)

방법

"비행기 아닌 것 줘."

"네모 아닌 것 줘."

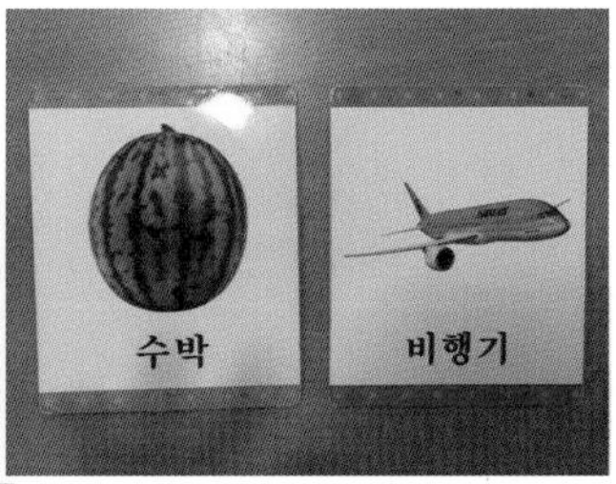

"먹는 것이 아닌 것 줘."

① 비행기와 버스 그림카드를 놓고 "버스 아닌 것 줘." 지시하기/수박과 비행기 그림카드를 놓고 "먹는 것이 아닌 것 줘."라고 지시하기

② 같은 사물 2개와 다른 사물 1개를 놓고 아닌 것 찾기(예: 사과, 사과, 포도 그림카드를 놓고 "사과 아닌 것 줘."라고 지시하기)

③ 여러 장의 카드를 놓고 아닌 것 모두 찾기(사과 그림카드 세 장과 포도, 자동차, 신발 그림카드를 섞어 놓고 "사과 아닌 것 줘."라고 지시하기 또는 "먹는 것이 아닌 것 줘." 지시하기)

Tip

- 여러 장의 카드 중 아닌 것 모두 찾기 과제에서 아동들은 아닌 것 한 장만 건네주고 수행을 끝내는 경우가 많다. 아동이 카드 한 장만 건네주고 더 이상 주지 않을 경우에 치료사는 손끝으로 나머지 카드를 가리키거나 톡톡 쳐서 아동이 나머지 그림카드도 주도록 한다.
- 또는 먼저 지시하기 전에 치료사가 아동의 손을 잡고 '~가 아닌' 그림카드를 한 번씩 포인팅한 후 지시를 하는 방법도 있다.

CI 다른 것 찾기

AREA COGNITION (인지) SKILL Identification (변별)

SD

"다른 것 줘."

정반응

지시한 것을 건네준다.

성취기준

3회기 연속으로 80% 이상 성공하면 다음 단계로 넘어간다.

단계

CI_41 (세 장의 그림카드 중 다른 그림 찾기)

CI_42 (세 장의 그림카드 중 다른 범주 찾기)

방법

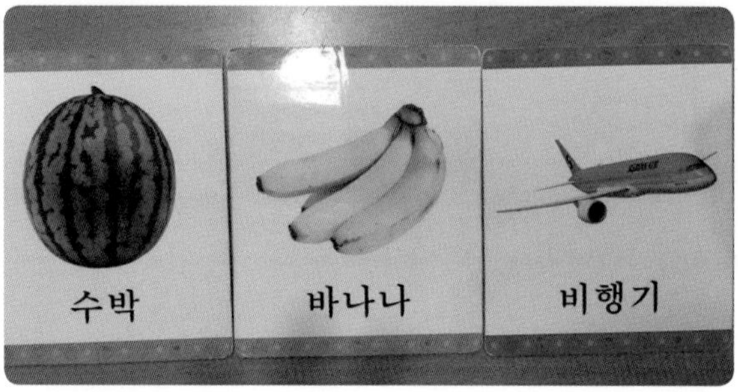

① 네모 2개와 동그라미를 놓은 후 "다른 것 줘." 라고 지시한다.

② 같은 범주의 것 2개(수박, 바나나)와 다른 범주의 것 1개(비행기)를 놓고 "다른 것 줘."라고 지시한다.

Tip

아동이 다른 것 찾기에 어려움을 보인다면 전 단계의 아닌 것 찾기를 한 후 바로 이어서 다른 것 찾기를 한다. 예를 들어, 네모, 네모, 동그라미를 배열하고 나서 "네모 아닌 것 줘."라고 지시한 후 아동이 동그라미를 건네주면 "잘했어, 동그라미는 네모가 아니야, 네모랑 달라."라고 말한 뒤 곧바로 "네모랑 다른 것 주세요." 라고 지시한다. 아동이 '네모랑 다른 것'이라는 지시어에 익숙해지면 '네모'라는 자극은 빼고 "다른 것 주세요."라고 지시한다.

CI 위치 찾기

AREA COGNITION (인지) SKILL Identification (변별)

SD

"위(아래/옆)에 놔/줘/가리켜 봐."

정반응

지시한 위치에 놓는다.

성취기준

3회기 연속으로 80% 이상 성공하면 다음 단계로 넘어간다.

단계

CI_43 (가까이 있는 물체의 위/아래/옆에 놓기)

CI_44 (가까이 있는 물체의 위/아래/옆에 있는 것 주기)

CI_45 (가까이 있는 물체의 위/아래/옆에 있는 것 가리키기)

CI_46 (가까이 있는 물체의 위/아래/옆에 있는 것 말하기)

CI_47 (멀리 있는 물체의 위/아래/옆에 있는 것 말하기)

방법

① 아동 앞에 상자 하나를 놓은 뒤 그 위에 인형을 올려놓는다. 아동의 주의를 집중시킨 후에 치료사가 아동에게 인형을 가리키며 "상자 위에 인형이 있네."라고 말한다. 인형을 가져와서 다시 상자 위에 올리며 "상자 위에 올려."라고 말한다.

인형을 가져와서 아동에게 건네주며 "상자 위에 올려."라고 지시한다.

아동이 3초 내에 반응하지 않거나 오반응하면 상자를 손가락으로 가리키거나 톡톡 쳐서 소리를 내 아동이 상자 위로 올리도록 촉구한다. 아동이 정반응을 하면 칭찬하고, 오반응을 하면 다시 지시하면서 바로 아동의 손을 잡고 인형을 상자 위로 올린다.

② 위에 놓기 정반응률이 높아지면 아래에 놓기, 옆에 놓기를 진행한다.

③ 놓기 과제를 완료하면 의자 위, 의자 아래, 의자 옆에 물건을 두고 지시하는 위치에 있는 것을 건네주는 연습을 한다(예: "의자 옆에 있는 휴지 줘.").

④ 건네주기 과제를 완료하면 각 위치에 있는 물건 가리키기를 연습한다.

⑤ 앞의 과제들을 완료하면 묻고 대답하기로 진행한다. 예를 들어, "책 위에 있는 건 뭐야?"라고 묻는다.

⑥ 가까이 있는 물건에 대한 대답이 가능해지면 2m 이상의 거리에 있는 것을 가리키며 "저기 책상 위에 있는 건 뭐야?"라고 묻는다.

Tip

- 멀리 있는 가구나 물체의 위/아래/옆을 물어볼 때는 치료사가 가리키는 쪽을 쳐다보는 기능이 아동의 레퍼토리에 있어야 한다. 그러므로 멀리 가리키는 것을 보는 RJA(공동주의 반응하기) 훈련이 된 아동에 한해 멀리 있는 것 물어보기 과제를 진행한다.
- 가까이에 있는 물건이나 가구의 위/아래/옆에 있는 사물을 말할 수 있다면 그림책이나 카드를 보면서 말하기를 해도 좋다. 공간적 인식에 있어 위/아래/옆과 평면에서의 위/아래/옆을 혼동하는 아동이 있으므로 그림을 보면서 연습해 보도록 한다. 예를 들어, 위에 제시된 그림을 보면서 "토마토 위에 있는 건 뭐야?" 혹은 "토마토 위에 있는 것 가리켜 봐."라고 지시할 수 있다.

CI 왼손/오른손 구별하기

AREA COGNITION (인지) SKILL Identification (변별)

SD

"왼손/오른손 들어."

정반응

지시한 손을 든다.

성취기준

3회기 연속으로 80% 이상 성공하면 다음 단계로 넘어간다.

단계

CI_48 (자신의 왼손 들기)

CI_49 (자신의 오른손 들기)

CI_50 (아동 자신의 왼쪽에 있는 물건 주기/말하기)

CI_51 (아동 자신의 오른쪽에 있는 물건 주기/말하기)

CI_52 (치료사가 말하는 사물의 왼쪽에 있는 것 주기/말하기)

CI_53 (치료사가 말하는 사물의 오른쪽에 있는 것 주기/말하기)

방법

① 아동과 마주 앉아 아동의 주의를 집중시킨 후 "선생님 따라 해 봐, 왼손 들어." 라고 말하며 치료사의 오른손을 든다(아동 기준에서는 왼쪽).
아동이 치료사를 따라서 왼손을 들면 같이 하이파이브를 하며 "잘했어."라고 칭찬한다.

② 치료사를 따라서 왼손을 드는 행동이 다섯 번의 시도에서 모두 정반응이 나오면 치료사가 모델링하지 않고 "왼손 들어."라고 지시한다. 아동이 3초 내에 반응하지 않거나 오반응을 하려고 하면 아동의 왼손을 가리키며 "왼손 들어."라고 지시한 후 아동이 왼손을 들면 칭찬하면서 하이파이브를 한다.

③ ②번 과정에서 아동이 오반응을 연속적으로 하면 지시와 동시에 아동의 왼손을 잡고 들어 올린 후 "왼손 드는 거야."라고 말하고 강화는 제공하지 않는다.

* 오른손 들기도 ①~③의 과정을 반복한다.

Tip

- 가까이 있는 사물을 기준으로 왼쪽, 오른쪽에 무엇이 있는지 물어보고, 먼 곳에 있는 사물을 기준으로 왼쪽, 오른쪽에 무엇이 있는지 물어본다.

	(아동을 기준으로) "너 왼쪽에 있는 건 뭐야?" "너 오른쪽에 있는 건 뭐야?"
	(사물을 기준으로) "집 왼쪽에 있는 건 뭐야?" "집 오른쪽에 있는 건 뭐야?"

- 아동을 세운 후 아동을 기준으로 "왼쪽으로 가, 오른쪽으로 가."라고 지시한다.
- 장난감 자동차를 주면서 "왼쪽으로 밀어, 오른쪽으로 밀어."라고 지시한다.

CI 크기 나타내기

AREA | COGNITION (인지) | SKILL | Identification (변별)

SD
"~는 얼만큼 커?(얼만 해?)"

정반응
지시한 단어를 듣고 가늠해서 손으로 크기를 그린다.

성취기준
3회기 연속으로 80% 이상 성공하면 종결한다.

단계
CI_54 (치료사가 말하는 사물의 크기를 두 손을 이용해 표시하기)

방법

① 다양한 크기의 사물을 준비한다(예: 큰 곰인형, 가방, 상자, 과일 모형).
② 곰인형을 아동 앞에 놓은 후 치료사가 두 손을 사용하여 곰인형의 머리 위에서 곰인형의 아랫부분까지 손으로 그리듯이 쓸어내리며 "곰인형은 이만 해." 라고 말한다.
③ 아동의 손을 같이 잡고 곰인형을 원을 그리듯 쓸어내리며 "이만 해."라고 말한다.
④ 아동의 이름을 불러 주의를 집중시킨 후 "곰인형은 얼만 해?"라고 묻는다.

⑤ 아동이 3초 내에 반응하지 않거나 오반응을 하면 ③번 과정을 반복한다.

* 나머지 사물을 가지고 ①~⑤의 과정을 반복한다.

Tip

정확한 크기를 나타내는 것이 아니라 아동이 크기를 가늠해서 표시하는 것이 중요한 목표이다. 그러므로 크기가 커질수록 두 손을 크게 움직여 표시하고 "이만해."라고 말하는 소리도 크고 과장되게 말하도록 한다.

CI 앞/뒤에 놓기

AREA COGNITION (인지) SKILL Identification (변별)

SD
"앞(뒤)에 있는 것 줘/놔."

정반응
지시한 위치에 있는 것을 준다./위치에 놓는다.

성취기준
3회기 연속으로 80% 이상 성공하면 다음 단계로 넘어간다.

단계
CI_55 (지시한 사물의 앞에 있는 것 주기)

CI_56 (지시한 사물의 뒤에 있는 것 주기)

CI_57 (지시한 사물의 앞에 놓기)

CI_58 (지시한 사물의 뒤에 놓기)

방법
① 아동 앞에 장난감 자동차를 놓고 그 앞에 블록을 놓는다.

② 아동의 주의를 집중시킨 후 아동에게 "자동차 앞의 블록 줘."라고 말하며 블록을 손가락으로 가리킨다. 아동이 블록을 주면 칭찬하고 강화한다. 만약 아동이 오반응을 하면 다시 지시한 후 바로 아동의 손을 잡고 자동차 앞의 블록을 집어 건네주게 한다.

③ 아동이 자동차 앞의 블록을 잘 건네주면 자동차의 방향을 바꾼 후 지시한다.

④ 자동차 뒤의 것 주기도 ①~③의 과정을 반복한다.

⑤ 앞과 뒤를 따로 연습한 후 자동차의 앞과 뒤에 블록을 놓은 후 "자동차 앞에 있는 것 줘." "뒤에 있는 것 줘." 번갈아 가면서 지시를 한다.

⑥ 앞/뒤에 있는 것 주기의 수행률이 안정되면 앞/뒤에 놓기를 훈련한다.

Tip

- 의자 2개를 앞뒤로 놓고 “앞의 의자에 앉아.” “뒤의 의자에 앉아.”를 연습한다.
- 의자 3개를 가로로 배열하고 “가운데 앉아.”를 연습한다.
- 의자 3개를 일렬로 배열하고 “맨 앞에 앉아.” “맨 뒤에 앉아.” “가운데 앉아.”를 연습한다.
- 의자에 인형을 앉히거나, 치료사가 의자에 앉은 후 “인형(선생님) 앞에 앉아.” “인형(선생님) 뒤에 앉아.”를 연습한다.

CI 안/밖에 놓기

AREA COGNITION (인지) SKILL Identification (변별)

SD

"안(밖)에 있는 것 줘/놔."

정반응

지시한 위치에 있는 것을 건네주거나 놓는다.

성취기준

3회기 연속으로 80% 이상 성공하면 다음 단계로 넘어간다.

단계

CI_59 (지시를 듣고 안에 있는 물건 건네주기)

CI_60 (지시를 듣고 밖에 있는 물건 건네주기)

CI_61 (지시를 듣고 안에 물건 놓기)

CI_62 (지시를 듣고 밖에 물건 놓기)

방법

① 바구니 안에 공을 넣은 후 아동에게 "바구니 안에 있는 공 줘."라고 지시한다. 아동이 3초 내에 반응하지 않거나 오반응을 하려고 하면 재빨리 아동이 손을 막고 손가락으로 바구니 안의 공을 가리킨다. 아동이 공을 건네주면 칭찬하고 강화한다.
치료사가 포인팅하는 것을 보지 못하거나 오반응을 하면 다시 지시를 하면서 아동의 손을 잡고 바구니 안의 공을 꺼내 치료사에게 건네주도록 한다.

② 바구니 밖에 공을 놓고 ①번의 과정을 반복한다.

③ 바구니의 안과 밖에 공을 놓고 안과 밖의 지시를 번갈아 한다.

④ 건네주기 과제의 수행률이 성취기준을 달성하면 아동이 바구니 안이나 밖에 물건을 두도록 학습한다.

Tip

- 스케치북에 원을 그리고, 원의 안과 밖에 스티커를 붙인다.
- 상자의 안과 밖에 블록을 놓고 각각 몇 개씩 있는지 세어 본다.
- "방 안으로 들어와."/"방 밖으로 나가."를 연습한다.

CI 설명 듣고 찾기

AREA COGNITION (인지) SKILL Identification (변별)

SD

"~하는 것 줘."

정반응

지시한 설명을 듣고 골라 준다.

성취기준

3회기 연속으로 80% 이상 성공하면 다음 단계로 넘어간다.

단계

CI_63 (지시를 듣고 해당하는 물건이나 카드를 건네주기)

CI_64 (지시를 듣고 2개 중 해당하는 물건이나 카드를 건네주기)

CI_65 (지시를 듣고 3개 중 해당하는 물건이나 카드를 건네주기)

방법

① 아동 앞에 우산카드를 놓고 "이건 비 올 때 쓰는 우산이야."라고 말을 한 뒤 "비 올 때 쓰는 것 줘."라고 지시한다. 아동이 반응하지 않으면 우산카드를 손으로 가리킨다. 아동이 카드를 건네주면 칭찬하고 강화하고, 아동이 반응하지 않거나 오반응하면 같이 손을 잡고 건네준다.

② 우산카드와 신발카드를 아동 앞에 두고 "비 올 때 쓰는 것 줘."라고 지시한다. 아동이 반응하지 않거나 오반응을 하려고 하면 빨리 우산카드를 손가락으로 가리킨다. 아동이 우산카드를 건네주면 칭찬하고, 아동이 오반응을 하면 다시 "비 올 때 쓰는 것 줘."라고 지시하면서 아동의 손을 잡고 우산카드를 건네주게 한다.

③ 앞의 과정을 반복하면서 카드 세 장, 네 장 중에서 고르기를 연습한다.

Tip

- 아동에게 지시할 때 "~할 때 필요한 것 줘." "~할 때 뭘로 하지?" "~하는 건 뭐지?" 등 다양한 지시어를 사용한다.
- 아동에게 골라 줄 때 '우산' '비누' 등 건네주는 카드나 사물의 이름을 모델링해 주어 아동이 그것의 이름을 익히도록 한다. 이것은 나중에 언어훈련 시 아동의 대답하는 행동에 도움을 줄 수 있다.
- 계절에 관련된 것 고르기[더울 때(여름에) 필요한 것, 추울 때(겨울에) 필요한 것 등]

CI 큰/작은 것 찾기

AREA COGNITION (인지) SKILL Identification (변별)

SD
"큰 것(작은 것) 줘."

정반응
지시한 것을 건네준다.

성취기준
3회기 연속으로 80% 이상 성공하면 다음 단계로 넘어간다.

단계
CI_66 (지시를 듣고 2개 중 큰 것 건네주기)

CI_67 (지시를 듣고 2개 중 작은 것 건네주기)

CI_68 (지시를 듣고 3개 중 가장 큰 것 건네주기)

CI_69 (지시를 듣고 3개 중 가장 작은 것 건네주기)

CI_70 (지시를 듣고 여러 개 중 가장 큰/작은 것 건네주기)

방법
① 아동 앞에 큰 공과 작은 공을 놓고 "와, 이건 크다. 큰~ 공이야." "이건 작은 공이야."라고 각각의 공을 가리키며 두세 번 말해 준다.

② 큰 공을 들어 아동에게 건네준 뒤 "선생님한테 큰 공 줘."라고 지시하며 손을 내민다. 아동이 건네주면 "큰 공을 줬구나."라고 말하면서 칭찬하고 강화한다.

③ 아동의 주의를 집중시킨 후 "큰 공 줘."라고 지시한다. 아동이 3초 내에 반응하지 않거나 오반응하려고 하면 재빨리 큰 공을 가리킨다. 아동이 큰 공을 건네주면 강화하고, 아동이 오반응하면 다시 "큰 공 줘."라고 한 뒤 아동의 손을 잡고 큰 공을 건네주도록 한다.

④ 작은 공 건네주기도 앞의 과정을 반복한다.

⑤ 크기가 다른 공을 3개 놓은 후 ①~③의 과정을 반복한다. 지시는 "제일 큰/작은 ○○, 가장 큰/작은 ○○"라고 한다.

Tip

- 처음 시작할 때는 두 사물의 크기가 확연히 차이가 나는 것을 제공한다. 예를 들어, 큰 공과 작은 탁구공을 놓고 "큰 공 줘."라고 지시한다.
- 초반에는 같은 사물(큰 공과 작은 공, 큰 블록과 작은 블록, 큰 자동차와 작은 자동차)을 제공하고, 점차로 여러 가지 사물을 섞어서 크기를 변별하도록 한다.
- 처음에 지시를 할 때는 "큰 공 줘." "큰 자동차 줘." 등과 같이 사물의 이름을 넣어서 지시한다. "큰 것 줘."라고 지시하면 처음에 훈련한 사물(자동차)이 큰 것이라는 이름을 가진 것인 줄 알 수 있다. 그러므로 초반에는 사물의 이름을 넣어서 지시하고, 점차로 "큰 것 줘."라는 지시를 섞어서 사용하도록 한다.
- 사진을 보고 "큰 것 줘."/"제일 큰 것 줘."라고 지시한다.
- 사진이나 그림카드의 크기가 같으므로 실제 크기와 혼동하여 사진이 더 크게 보이는 것을 선택하는 경우가 많다. 이럴 때는 아동이 잘 알고 있는 과일, 사물 등으로 과제를 시작한다. 예를 들어, 아동이 탈것에 관심이 많고 잘 알고 있다면 기차와 자전거 그림카드를 놓고 "더 큰 것 줘."라고 지시한다.

CI 긴/짧은 것 찾기

AREA COGNITION (인지) SKILL Identification (변별)

SD

"긴 것(짧은 것) 줘."

정반응

지시한 것을 건네준다.

성취기준

3회기 연속으로 80% 이상 성공하면 다음 단계로 넘어간다.

단계

CI_71 (지시를 듣고 2개 중 긴 것 건네주기)

CI_72 (지시를 듣고 2개 중 짧은 것 건네주기)

CI_73 (지시를 듣고 3개 중 가장 긴 것 건네주기)

CI_74 (지시를 듣고 3개 중 가장 짧은 것 건네주기)

CI_75 (지시를 듣고 여러 개 중 가장 긴/짧은 것 건네주기)

방법

앞의 대소변별 과제와 동일한 방법으로 진행한다.

Tip

- 길이를 조정하기 용이한 수수깡이나 끈을 사용한다. 이것들은 원하는 길이만큼 잘라서 사용할 수 있으므로 여러 가지 길이를 만들 수 있다.
- 사물을 이용하여 장단변별이 가능해지면 그림카드나 사진을 보고 긴 머리, 짧은 머리, 긴 풍선 끈, 짧은 풍선 끈, 긴 다리, 짧은 다리 등을 가리켜 보도록 한다.

CI 무거운/가벼운 것 찾기

AREA COGNITION (인지) SKILL Identification (변별)

SD

"무거운 것(가벼운 것) 줘."

정반응

지시한 것을 건네준다.

성취기준

3회기 연속으로 80% 이상 성공하면 다음 단계로 넘어간다.

단계

CI_76 (지시를 듣고 2개 중 무거운 것 건네주기)

CI_77 (지시를 듣고 2개 중 가벼운 것 건네주기)

방법

① 2개의 물통(무게 차이가 확연히 나는)을 준비한 뒤 아동에게 각각을 한 번씩 들어 보도록 한다. 무거운 것을 들게 한 후 "와, 무겁다."라고 말해 준다. 가벼운 물통을 들게 한 후 "와, 가볍다."라고 말해 준다.

② 아동이 동시에 두 물통을 들 수 있으면 두 물통을 들도록 한 뒤(치료사가 아동의 두 손을 지지해 준다) 무거운 쪽의 물통을 움직이며 "무겁다."라고 말하고 가벼운 쪽을 흔들면서 "가볍다."라고 말한다. 이 과정을 두세 번 반복한다.

③ 2개의 물통 중 무거운 물통을 아동에게 건네주고 "무거운 물통 줘."라고 지시한 후 아동이 건네주면 칭찬하고 강화한다.

④ 2개의 물통을 놓고 "무거운 물통 줘."라고 지시한 후 아동이 3초 내에 반응하지 않거나 오반응하려고 하면 재빨리 무거운 쪽을 손가락으로 가리킨다. 아동이 무거운 물통을 건네주면 강화하고, 오반응하면 다시 지시한 후 아동의 손을 잡고 무거운 물통을 건네주도록 한다.

⑤ 가벼운 것 찾기도 ①~④의 과정을 반복한다.

Tip

- 훈련 초반에는 물체 2개의 무게 차이가 확연해야 한다. 500ml 물통에 하나는 물을 가득 채우고, 다른 하나는 거의 채우지 않은 채로 실시한다.
- 아동이 두 손에 올려놓고 무게를 가늠할 수 있도록 부피는 크지 않지만 무게 차이가 나는 것을 고르는 것도 좋다. 예를 들어, 가벼운 나무 블록과 메탈 소재의 큐브의 경우 크기 차이는 크지 않지만 무게 차이가 커서 아동이 변별하는 데 도움이 된다.
- 물건을 두 손에 올려놓기가 어려울 땐 비닐봉지를 2개 준비해서 한쪽에는 무거운 물건을 채우고, 다른 한쪽은 가벼운 천 소재의 물건을 채워서 아동이 2개를 들도록 하여 변별을 돕는다.
- 대소변별과 마찬가지로 사물로 변별이 가능해지면 사진이나 그림카드를 보고 변별할 수 있도록 연습한다(예: 코끼리카드와 토끼카드를 놓고 더 무거운 것 고르기).

CI 남자/여자 찾기

AREA COGNITION (인지) SKILL Identification (변별)

SD

"남자(여자) 줘."

정반응

지시한 것을 건네준다.

성취기준

3회기 연속으로 80% 이상 성공하면 다음 단계로 넘어간다.

단계

CI_78 (여자와 남자 사진을 매칭하기)

CI_79 (지시를 듣고 여자 사진 건네주기)

CI_80 (지시를 듣고 남자 사진 건네주기)

CI_81 (사진을 보고 남자/여자 말하기)

CI_82 (자신과 친구, 가족의 성별 말하기)

방법

① 잡지에서 남자와 여자 사진을 각각 열 장씩 오려서 준비한다. 각 사진을 보면서 "여자야/남자야."라고 말하고 2개의 바구니에 한쪽에는 남자 사진을, 다른 한쪽엔 여자 사진을 놓는다. 모델링을 두세 번 반복한다.

② 2개의 바구니에 남자와 여자 사진을 한 장씩 미리 놓은 후 아동에게 사진을 한 장씩 제공하면서 "남자/여자에 놔."라고 지시한다. 아동이 3초 내에 반응하지 않거나 오반응하려고 하면 치료사가 손가락으로 놓아야 할 바구니를 가리킨다. 아동이 정반응하면 칭찬하고 강화한다. 만약 아동이 오반응을 하면 다시 지시를 하고, 아동의 손을 잡고 올바른 곳에 놓도록 한다.

③ 매칭하기 과제가 완료되면 남자와 여자 사진을 놓고 "남자/여자 줘."를 번갈아

가면서 지시한다. 이때 아동이 사진을 고르고 난 뒤에는 다른 사진으로 대체한다.

④ 남/녀 변별과제를 완료하면, 아동에게 사진을 보여 주며 "남자야, 여자야?"라고 묻는다. 남자와 여자의 성별 명명하기에 오반응이 반복되면 ③번 과정으로 돌아가 아동에게 "여자 줘."라고 지시한 후 아동이 여자 사진을 골라 주면 그 사진을 든 채로 "남자야, 여자야?"라고 묻는다.

⑤ 사진을 보고 성별 명명하기 과제를 완료하면, 자신의 성별 말하기("너는 남자야, 여자야?"), 친구의 성별 말하기("○○는 남자야, 여자야?"), 가족의 성별 말하기("엄마는 남자야, 여자야?") 등을 훈련한다.

Tip

- 성별을 물어볼 때는 물어보는 순서를 바꿔 가며 묻는다(예: "남자야, 여자야?" "여자야, 남자야?").
- 공공장소(예: 화장실)에서 사용하는 여자, 남자의 아이콘 변별하기도 연습한다.

CI 지시한 표정 찾기

AREA COGNITION (인지) SKILL Identification (변별)

SD
"(표정) 얼굴 가리켜 봐/줘."

정반응
지시한 얼굴 표정을 가리킨다/건넨다.

성취기준
3회기 연속으로 80% 이상 성공하면 다음 단계로 넘어간다.

단계
CI_83 (제시된 사진이나 그림카드에서 웃는 얼굴 건네주기/가리키기)

CI_84 (제시된 사진이나 그림카드에서 우는 얼굴 건네주기/가리키기)

CI_85 (제시된 사진이나 그림카드에서 화난 얼굴 건네주기/가리키기)

방법
① 웃는 얼굴의 사진을 아동 앞에 놓은 후 "와, 이 친구는 기분이 좋은가 봐. 하하하 웃고 있네."라고 말한다.

② 웃는 표정의 사진을 들어 아동에게 보여 주며 "웃고 있네, 웃는 얼굴이야."라고 말해 주고 아동에게 그 사진을 건넨다. 아동이 사진을 들고 있을 때 "웃는 얼굴 줘."라고 빨리 지시한다. 아동이 사진을 건네주면 칭찬하고 강화한다.

③ 웃는 얼굴 사진과 다른 표정의 사진을 놓은 후 아동에게 "웃는 얼굴 줘."라고 지시한다. 아동이 3초 내에 반응하지 않거나 오반응하려고 하면 재빨리 아동의 손을 막고 웃는 표정의 사진을 손가락으로 가리키거나 그 사진을 손가락으로 톡톡 친다. 아동이 웃는 표정을 건네주면 칭찬하고 강화하고, 아동이 오반응을 하면 다시 지시한 후 재빨리 아동의 손을 잡고 웃는 표정의 사진을 건네주도록 한다.

④ 우는 표정의 사진 고르기도 ①~③의 과정을 반복한다.

⑤ 화난 표정의 사진 고르기도 ①~③의 과정을 반복한다.

Tip

- 기본적인 얼굴 표정을 고르면서 그 얼굴 표정과 연관된 감정이나 느낌의 이름을 말해 준다. 웃는 얼굴은 '기뻐, 즐거워, 신나, 기분 좋아' 등의 감정을, 우는 얼굴은 '슬퍼, 속상해', 화난 얼굴은 '짜증 나, 화나' 등의 감정을 말해 준다.
- 직접적으로 "웃는 얼굴, 우는 얼굴, 화난 얼굴 골라 봐/줘."라고 지시하기보다는 "엄마한테 혼났어요, 어떤 얼굴일까요?"라고 묻거나 "엄마가 ○○가 좋아하는 ○○를 줬어요. 기분이 어떨까요?" "친구가 밀었어요, 이럴 땐 어떤 얼굴일까요?" 등으로 감정에 관련된 얼굴을 찾을 수 있도록 한다.
- 표정변별이 가능하면 다양한 웃는 표정(미소 짓는 얼굴, 크게 웃는 얼굴, 입을 다물고 웃는 얼굴 등), 우는 표정, 화난 표정을 준비해서 해당 표정을 다 고르도록 훈련한다.

CI 지시한 직업 찾기

AREA COGNITION (인지) SKILL Identification (변별)

SD
"~ (직업 이름) 줘."

정반응
지시한 직업군 카드를 건네준다.

성취기준
3회기 연속으로 80% 이상 성공하면 다음 단계로 넘어간다.

단계
CI_86 (두 장의 사진이나 그림카드 중에서 지시한 직업군 건네주기)

CI_87 (세 장의 사진이나 그림카드 중에서 지시한 직업군 건네주기)

CI_88 (네 장의 사진이나 그림카드 중에서 지시한 직업군 건네주기)

방법
① 소방관과 관련된 사진(예: 소방차, 소방관 모자, 소방서, 소방 호스, 불 끄는 사진)을 준비한다. 아동에게 소방관 사진을 보여 주며 "소방관 아저씨네. 소방관 아저씨는 불을 끄는 사람이야."라고 말하며 관련된 사진을 소방관 사진 옆에 놓는다.

② 아동에게 소방관 사진을 보여 주며 "소방관 아저씨."라고 말하면서 건네준다. 아동이 사진을 받으면 "소방관 아저씨 선생님한테 줘."라고 지시한다. 아동이 건네주면 "맞아, 소방관 아저씨야."라고 말하면서 칭찬하고 강화한다.

③ 소방관 사진과 다른 사진을 나란히 놓고 "소방관 아저씨 줘."라고 지시한다. 아동이 3초 내에 반응하지 않거나 오반응을 하려고 하면 소방관 사진을 가리키거나 손끝으로 톡톡 친다. 아동이 정반응하면 강화하고, 오반응하면 다시 지시한 후 바로 아동의 손을 잡고 소방관 사진을 건네주도록 한다.

④ 두 장 중에 변별이 가능하면 세 장, 네 장의 사진을 놓고 변별훈련을 한다.

⑤ 다른 직업군도 ①~④의 과정을 반복해서 진행한다.

Tip

- 소방관, 경찰관, 의사, 간호사, 군인, 요리사, 선생님, 버스기사, 농부, 어부, 회사원 등 아동이 생활에서 접할 수 있는 직업을 선택하여 훈련한다.
- 직접적으로 직업 이름을 말하지 않고 "아플 때 누가 진찰해?"라고 물어서 하는 일을 말하고 고르게 할 수도 있다.

CI 지시한 장소 찾기

AREA COGNITION (인지) SKILL Identification (변별)

SD

"~ (장소) 줘."

정반응

지시한 장소 카드를 건네준다.

성취기준

3회기 연속으로 80% 이상 성공하면 다음 단계로 넘어간다.

단계

CI_89 (두 장 중 지시하는 장소의 사진이나 그림카드 건네주기)

CI_90 (세 장 중 지시하는 장소의 사진이나 그림카드 건네주기)

CI_91 (네 장 중 지시하는 장소의 사진이나 그림카드 건네주기)

방법

① 마트와 관련된 사진(쇼핑 카트, 계산대, 돈, 각종 물건의 사진)을 준비한다. 아동에게 마트 사진을 보여 주며 "여긴 마트야, 마트에서 ○○가 좋아하는 과자도 사고, 돈 내고 계산을 해."라고 말하며 관련된 사진을 마트 사진 옆에 놓는다.

② 아동에게 마트 사진을 보여 주며 "마트."라고 말하면서 아동에게 건네준다. 아동이 사진을 받으면 "마트 사진 선생님한테 줘."라고 지시한다. 아동이 건네주면 "맞아, 여긴 마트야."라고 말하면서 칭찬하고 강화한다.

③ 마트 사진과 다른 사진을 나란히 놓고 "마트 줘."라고 지시한다. 아동이 3초 내에 반응하지 않거나 오반응을 하려고 하면 마트 사진을 가리키거나 손끝으로 톡톡 친다. 아동이 정반응하면 강화하고, 오반응을 하면 다시 지시한 후 바로 아동의 손을 잡고 마트 사진을 건네주도록 한다.

④ 두 장 중에 변별이 가능하면 세 장, 네 장의 사진을 놓고 변별훈련을 한다.

⑤ 다른 장소도 ①~④의 과정을 반복해서 진행한다.

Tip

- 마트, 병원, 놀이터, 지하철역, 공항, 수영장, 주유소, 소방서, 경찰서, 키즈카페, 서점 등 다양한 장소를 훈련한다.
- "아프면 어디 가?" "차에 기름 넣는 곳은 어디야?"라고 물어보고 그 장소를 찾는 것도 연습한다.
- 장소와 관련하여 무엇을 하는 곳인지 물어보는 것도 아동의 언어훈련에 도움이 된다.

CI 소리 듣고 해당하는 카드 찾기

AREA COGNITION (인지) SKILL Identification (변별)

SD
"~소리 내는 것 줘/이건 무슨 소리야?"

정반응
소리를 듣고 해당하는 그림카드를 건네준다.

성취기준
3회기 연속으로 80% 이상 성공하면 다음 단계로 넘어간다.

단계
CI_92 (소리를 듣고 해당하는 그림카드 건네주기)

CI_93 (소리를 듣고 두 장의 카드 중 해당하는 그림카드 건네주기)

CI_94 (소리를 듣고 세 장의 카드 중 해당하는 그림카드 건네주기)

CI_95 (소리를 듣고 네 장의 카드 중 해당하는 그림카드 건네주기)

방법
① 오리 그림카드를 아동에게 보여 주며 '꽥꽥' 소리를 들려준다. "오리는 꽥꽥 소리를 내."라고 말하면서 아동에게 오리 그림카드를 건네준다.

② 아동이 오리 그림카드를 들고 있을 때 "꽥꽥 소리 내는 것 줘."라고 지시한다. 아동이 오리 그림카드를 건네주면 칭찬하고 강화한다.

③ 오리와 강아지 그림카드를 아동 앞에 놓고 "꽥꽥 소리 내는 것 줘."라고 지시한 후 아동이 3초 내에 반응하지 않거나 오반응하려고 하면 오리 그림카드를 가리키거나 손끝으로 톡톡 친다. 아동이 정반응하면 강화하고, 오반응을 하면 다시 지시한 후 바로 아동의 손을 잡고 오리 그림카드를 건네주도록 한다.

④ 아동 앞에 제시하는 그림카드의 수를 세 장, 네 장으로 늘려 가며 훈련한다.

⑤ 다른 동물이나 사물도 ①~④의 과정을 반복해서 진행한다.

Tip

- 동물 울음소리, 탈것 소리, 가전제품 소리, 생활 소음(환풍기 소리, 비 오는 소리, 지하철 안내방송 등)으로 다양하게 연습한다.
- 훈련 초반에는 치료사가 소리를 내거나 의성어를 사용하여 카드를 고르게 하고, 점차로 사운드북에서 나는 소리, 실제로 나는 소리(핸드폰 이용)를 들려주며 카드를 고르도록 한다.

CI 개수 세기

AREA COGNITION (인지) SKILL Identification (변별)

SD
"세어 봐."

정반응
제시된 사물의 개수를 센다.

성취기준
3회기 연속으로 80% 이상 성공하면 다음 단계로 넘어간다.

단계
CI_96 (1부터 10까지 차례대로 세기)

CI_97 (책상 위에 놓인 물건의 개수를 차례대로 세기)

방법
① 아동과 함께 1부터 10까지 세는 연습을 한다. 아동에게 "선생님 따라 말해 볼까? 1, 2, 3, 4, 5, 6, 7, 8, 9, 10."이라고 말한 뒤 아동이 따라 세면 칭찬하고 강화한다.

② 따라 세기 수행이 완료되면 치료사와 같이 세기를 시작한다. "선생님이랑 1부터 세어 볼까?"라고 말한 뒤 검지를 들어 하나의 사인을 보내고 아동의 입을 보면서 같이 "1~." 하고 시작한다.

③ "○○야, 1부터 10까지 세어 봐."라고 말한 뒤 "시작."이라고 신호를 준다. 아동이 세기 시작하면 셀 때마다 칭찬하고, 중간에 아동이 멈추거나 어려워하면 치료사가 입모양으로 알려 주거나 첫음절만 힌트를 주어서 아동이 계속할 수 있도록 한다.

④ 아동이 스스로 1부터 10까지 셀 수 있으면 블록을 무작위로 배열하고 세어 보게 한다. 아동의 주의를 집중시킨 후 "○○야, 블록이 몇 개인지 세어 봐."라고

말한 뒤 아동이 3초 내에 반응하지 않거나 오반응을 하면 치료사가 첫 번째 블록에 손가락을 짚으면서 "1~." 하고 시작한다. 아동이 그 뒤를 이어서 세기 시작하면 칭찬하고 강화한다. 만약 아동이 세지 못하거나 블록을 가지고 장난을 치면 블록을 치우고 잠시 기다린다.

⑤ 블록을 놓고 아동에게 "블록이 몇 개인지 세어 봐."라고 지시한 후 바로 아동의 손을 잡고 검지를 펴게 한 후 블록을 하나하나 포인팅하면서 세도록 촉구한다.

Tip

- 아동이 블록이나 사물을 셀 수 있으면 다 센 다음 "몇 개야?"라고 물어보아서 몇 개인지 대답할 수 있도록 연습한다.
- 앞에 놓인 블록을 셀 때 아동이 이미 센 블록을 또 세거나 빼 먹고 셀 경우에는 손가락으로 블록을 한쪽으로 밀면서 세도록 한다.
- 아동에게 여러 가지 다양한 사물을 주고 표적자극만 세어 보도록 한다. "빨간색만 세어 봐." "동그라미만 세어 봐." "사과만 세어 봐."라고 지시하고 변별하여 세는지 확인한다.
- 동물이나 과일을 일렬로 배열한 뒤 "코끼리부터 사자까지 세어 봐."라고 지시하고 아동이 중간부터 시작하여 세는지, 혹은 처음부터 중간까지 세고 멈출 수 있는지 확인한다.

CI 지시한 개수만큼 건네주기

AREA COGNITION (인지) SKILL Identification (변별)

SD
"~개 줘."

정반응
지시한 개수만큼 건네준다.

성취기준
3회기 연속으로 80% 이상 성공하면 다음 단계로 넘어간다.

단계
CI_98 (책상 위에 놓인 사물 1개 건네주기)

CI_99 (책상 위에 놓인 사물 2개 건네주기)

CI_100 (책상 위에 놓인 사물 3개 건네주기)

CI_101 (책상 위에 놓인 사물 여러 개 건네주기)

방법
① 책상 위에 블록을 1개 놓은 뒤 "1개."라고 말하며 아동에게 건네준다.

② 아동이 블록을 손에 쥐고 있을 때 "○○야, 선생님한테 블록 1개 줘."라고 말하고 손바닥을 펴서 아동에게 내민다. 아동이 블록을 건네주면 "블록 1개 줬구나, 잘했어."라고 칭찬하고 강화한다. 만약 아동이 블록을 가지고 장난을 치거나 주지 않으면 아동의 손을 잡고 치료사에게 건네주게 한 다음 "블록 1개 줬어."라고 말한다.

③ 블록을 올려놓은 후 "블록 1개 줘."라고 지시하고 손을 내민다. 아동이 건네주면 강화하고, 3초 내에 반응하지 않거나 블록을 가지고 장난을 치면 블록을 치운 뒤 2초간 기다린다.

④ 아동에게 다시 지시한 후 아동의 손을 잡고 블록을 집어 건네주게 하고 "1개."

라고 말한다.

⑤ 블록 1개를 놓고 1개 주기 과제를 완료한 후 블록 2개를 놓고 "블록 1개 줘."라고 지시한다. 아동이 3초 내에 반응하지 않거나 블록 2개를 다 집어서 주려고 하면 빨리 아동의 손을 막은 후 1개만 건네주게 한다.

⑥ 나머지 과제도 ②~⑤의 과정을 반복한다.

Tip

- 수의 양적인 개념은 아동들이 어려워하는 과제 중 하나이다. 훈련 초기에는 아동에게 "몇 개 줘."라고 지시한 후 아동이 목표개수를 다 건네주면 치료사가 주먹을 쥐어 아동이 더 이상 건네주지 못하게 한다. 치료사가 손바닥을 펴고 있으면 치료사의 눈치를 보면서 건네주는 경우가 많기 때문에 아동에게 지시한 개수만큼 건네주고 난 뒤에는 손을 모으고 기다리게 한다. 예를 들어, "2개 줘."라고 지시한 후 아동이 2개를 건네주고 나면 손을 모아 기다리는 자세를 하게 해 아동이 정확히 개수를 인지하고 주었는지 확인한다.
- 만약 세어서 건네주기가 어렵다면 치료사가 한쪽 접시에는 블록 1개, 다른 한쪽에는 블록 2개를 놓은 뒤 아동에게 변별하여 주도록 한다.
- A4용지에 아동이 놓을 블록 개수만큼 네모를 그려 거기에 맞춰 놓도록 한다.

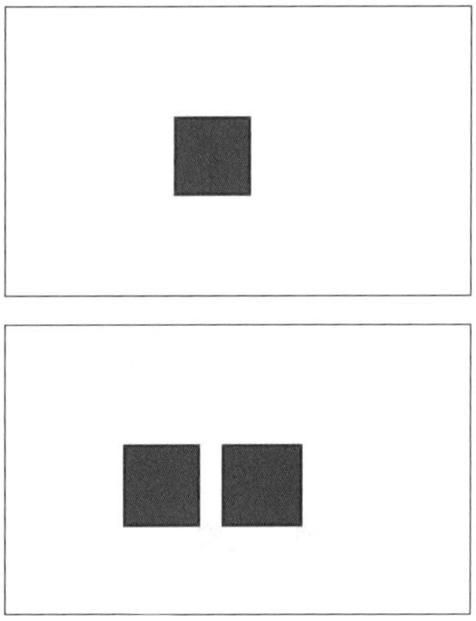

CI 1부터 10까지 세기

AREA COGNITION (인지) SKILL Identification (변별)

SD

"1부터 10까지 말해 봐."

정반응

1부터 10까지 말한다.

성취기준

3회기 연속으로 80% 이상 성공하면 다음 단계로 넘어간다.

단계

CI_102 (1부터 10까지 치료사 따라 세기)

CI_103 (1부터 10까지 스스로 세기)

방법

CI_96의 과제수행 순서와 동일하다.

Tip

숫자벽보를 보고 세거나 숫자책을 보면서 세는 것이 도움이 된다.

CI 반 나누기

AREA COGNITION (인지) SKILL Identification (변별)

SD
"반 줘."

정반응
제시된 물건을 반으로 나누어 준다.

성취기준
3회기 연속으로 80% 이상 성공하면 다음 단계로 넘어간다.

단계
CI_104 (과일 모형의 반을 나누어 주기)
CI_105 (찰흙 덩어리나 수수깡을 반으로 나누어 주기)

방법
① 반으로 나눌 수 있는 사과 모형을 칼로 자른 뒤 반을 아동에게 건네주면서 "반으로 잘랐네. ○○야, 반 먹어."라고 말한다.
② 모형을 다시 붙여서 만든 뒤 아동에게 건네주고 "반으로 잘라."라고 지시한 후 아동이 자르면 "반은 선생님 줘."라고 지시한다. 아동이 건네주면 "선생님한테 반 줬구나. 고마워, 잘했어."라고 칭찬하고 강화한다. 아동이 모형의 반을 건네주지 않으면 반쪽을 가리키며 "반 줘."라고 다시 지시한다.
③ 아동이 건네주지 않으면 "반 줘."라고 지시한 후 바로 아동의 손을 잡아 반쪽을 치료사에게 건네주도록 하고 "반 줬구나."라고 말한다.
④ 모형을 다시 아동에게 건네주고 "반으로 잘라서 선생님한테 반 줘."라고 지시한다. 아동이 3초 내에 반응하지 않거나 오반응을 하면 모형을 회수하고 2초간 기다린다.
⑤ 아동에게 다시 지시한 후 아동의 손을 잡고 반을 잘라 치료사에게 건네주도록

한다.

⑥ 여러 가지 모형을 가지고 앞의 과정을 반복한다.

⑦ 미리 잘린 모형으로 과제를 완료한 후 찰흙을 준비한다. 아동과 함께 찰흙을 밀어 길게 만들고 아동에게 반을 자르는 것을 보여 준 후 "반으로 잘랐네."라고 말한다. 아동의 손을 잡고 찰흙의 중간 부분을 자르는 연습을 4~5회 반복하여 아동이 반을 가늠할 수 있도록 도와준다.

* 여러 번 연습 후에 ②~⑤의 과정을 반복한다.

Tip

이미 잘라진 채로 표시가 되어 있는 모형의 경우는 반을 건네주기 쉽지만 표시가 없는 찰흙이나 수수깡을 반을 가늠해서 주는 것은 어려울 수 있다. 만약 아동이 이 과제에서 어려움을 보이면 동일한 길이의 찰흙을 10개 준비한 후, 5개는 미리 선을 표시해서 아동에게 제공하여 반을 자를 수 있도록 도와준다. 나머지 5개는 표시 없이 제공하여 아동이 연습한 대로 자른다면 다양한 크기로 찰흙을 준비하여 연습하도록 한다.

CV 똑같은 위치에 붙이기

AREA COGNITION (인지) SKILL Visual Perception (시지각)

SD
"같은 곳에 놔(붙여)."

정반응
제시된 샘플과 같은 위치에 놓거나 붙인다.

성취기준
3회기 연속으로 80% 이상 성공하면 다음 단계로 넘어간다.

단계
CV_01 (2개의 칸에 치료사가 놓는 위치를 보고 똑같은 위치에 놓기)
CV_02 (3개의 칸에 치료사가 놓는 위치를 보고 똑같은 위치에 놓기)
CV_03 (4개의 칸에 치료사가 놓는 위치를 보고 똑같은 위치에 놓기)
CV_04 (4개의 칸에 치료사가 놓는 위치 2개를 보고 똑같은 위치에 놓기)
CV_05 (6개의 칸에 치료사가 놓는 위치 2개를 보고 똑같은 위치에 놓기)
CV_06 (8개의 칸에 치료사가 놓는 위치 2개를 보고 똑같은 위치에 놓기)
CV_07 (9개의 칸에 치료사가 놓는 위치 3개를 보고 똑같은 위치에 놓기)

방법

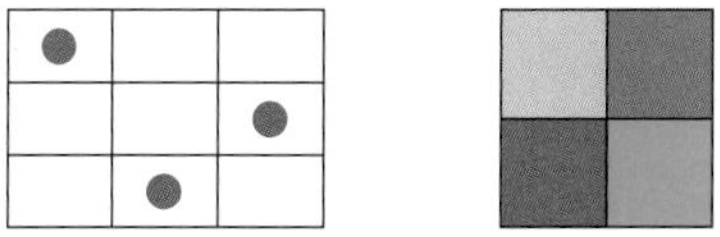

* 각기 다른 색으로 칸을 칠한다.

① 아동과 치료사 앞에 제시된 그림과 같이 2칸으로 나누어진 표를 각각 한 장씩 놓는다.
② 아동의 주의를 집중시키고 치료사가 2칸 중 하나에 블록을 놓은 후 "같은 곳에

놔."라고 지시한다.

③ 아동이 반응이 없거나 자신의 표가 아닌 치료사의 표에 블록을 놓으려고 하면 아동의 손을 막고 아동의 표를 손가락으로 가리키거나 두드린다.

④ 아동이 치료사가 가리킨 곳에 놓으면 칭찬하고 강화한다. 만약 아동이 오반응을 하면 다시 지시를 한 후, 바로 아동의 손을 잡고 같은 위치에 놓는다.

Tip

- 처음에 아동이 같은 곳에 놓는 것을 어려워하면, 표 안에 색을 채워 색을 보고 따라 놓을 수 있도록 하고, 점차로 색을 흐리게 하여 최종적으로는 색단서 없이 위치를 보고 놓을 수 있도록 한다.
- 칸수를 늘려서 시행할 때 아동이 바로 두 곳을 따라 놓지 못하는 경우에는 다시 단계를 낮추어 6칸에 블록 1개 위치 따라 놓기로 돌아가서 시행한 후 2개 놓기로 넘어간다.
- 같은 곳에 스티커 붙이기나 색칠하기 활동으로 확장할 수 있다.

CV 점선 따라 그리기

AREA COGNITION (인지) SKILL Visual Perception (시지각)

SD

"선 따라 그려."

정반응

제시된 샘플의 점선을 따라 그린다.

성취기준

3회기 연속으로 80% 이상 성공하면 다음 단계로 넘어간다.

단계

CV_08 (가로 점선 따라 긋기)

CV_09 (세로 점선 따라 긋기)

CV_10 (ㄱ자 점선 따라 긋기)

CV_11 (네모 점선 따라 긋기)

CV_12 (사선 점선 따라 긋기)

CV_13 (지그재그 점선 따라 긋기)

CV_14 (세모 점선 따라 긋기)

CV_15 (곡선 점선 따라 긋기)

방법

① 5cm 길이의 점선을 준비한 후 아동의 손을 잡고 같이 그린다. 처음에는 5cm 끝까지 손을 잡고 그리다가 점차로 길이의 2/3 지점에서 손을 놓고 아동이 스스로 점선 긋기를 마무리하도록 한다.

② 점선을 준비한 후 "선 따라 그려."라고 지시한다. 아동이 선을 따라 그렸으나 선을 벗어나 그렸을 때는 "다시 한 번 해 보자."라고 말하고 아동의 손을 잡고 점선을 따라 긋도록 도와준 뒤 "선 따라 그렸구나, 잘했어."라고 칭찬하고 강화한다.

③ 아동에게 지시한 후 아동이 점선을 벗어나 선을 그리면 손가락으로 점선을 가리키며 점선을 따라가도록 촉구한다.

Tip

- 점선 따라 긋기는 시지각 능력과 소근육 기술이 함께 필요한 과제이다. 눈과 손의 협응이 이루어져야 하며, 아동이 점선을 따라 시선을 유지하는 기술도 필요하므로 아동이 과제를 할 때 아동의 시선이 점선을 따라가는지 주의 깊게 살펴보고, 만약 아동이 보지 않고 선을 긋는다면 아동이 점선에 주의를 기울이도록 촉구한다.
- 초반에는 5cm 정도 되는 짧은 선을 따라 긋게 하고 점차로 선의 길이를 늘려간다.

CV 점선 따라 잇기

AREA COGNITION (인지) SKILL Visual Perception (시지각)

SD

"따라 그려."

정반응

제시된 샘플과 똑같이 그린다.

성취기준

3회기 연속으로 80% 이상 성공하면 다음 단계로 넘어간다.

단계

CV_16 (제시된 샘플 그림에 대고 그리기)

CV_17 (제시된 샘플 그림을 보고 그리기)

방법

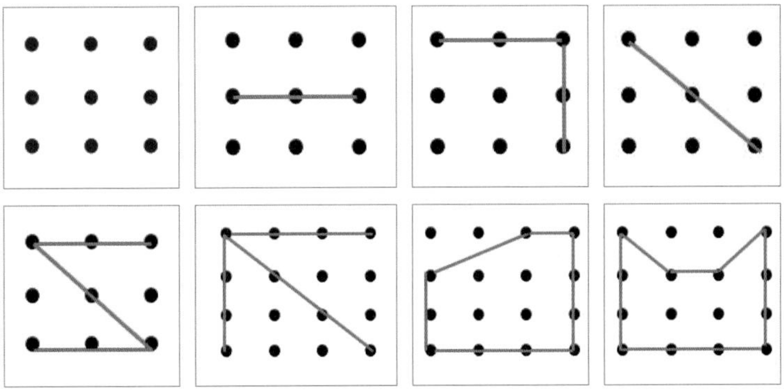

① 제시된 그림과 같이 OHP 필름이나 투명코팅지를 이용해 점을 9개 그린 후 그 위에 선을 이용한 모양을 그려서 준비한다.

② 아동에게 점 9개가 그려진 OHP 필름을 주고 샘플 위에 포개어 그리는 것을 연습시킨다.

③ 두 장의 OHP 필름을 포개 놓은 후 아동에게 "따라 그려."라고 지시한다. 아동

이 정반응하면 강화하고, 3초 내에 반응하지 않거나 오반응을 하려고 하면 아동의 손을 그림을 시작해야 하는 곳으로 밀어 준다.

④ 아동이 오반응을 하면 다시 지시를 하고, 아동의 손을 잡고 같이 그린다.

⑤ 9개의 점 따라 그리기가 완료되면 점을 16개로 늘려서 훈련한다.

⑥ 포개어 놓고 대고 따라 그리기 과제를 완료하면 그다음에는 필름을 포개지 않고 아동의 필름 왼쪽에 놓고 보고 따라 그리게 한다.

Tip

- 9개의 점 따라 그리기가 어려운 아동들은 점을 4개만 그려 놓고 시작하는 것이 좋다.
- OHP 필름은 아동이 잘못 그렸을 때 제시된 샘플에 대보고 스스로 수정할 수 있고, 마커펜을 사용해 쓰고 지우기가 간편하다.

CV 그림 따라 그리기

AREA COGNITION (인지) SKILL Visual Perception (시지각)

SD
"따라 그려."

정반응
제시된 모양이나 그림을 따라 그린다.

성취기준
3회기 연속으로 80% 이상 성공하면 다음 단계로 넘어간다.

단계
CV_18 [모양 따라 그리기(도형)]

CV_19 (사람, 버스, 집, 자동차, 나무 따라 그리기)

CV_20 (겹친 그림 따라 그리기)

방법
① 동그라미를 보여 주고 아동에게 "따라 그려."라고 지시한다. 아동이 3초 내에 반응하지 않거나 오반응하면 "동그라미 따라 그려."라고 말하면서 아동의 손을 잡고 같이 동그라미를 그린 후 "동그라미 따라 그렸구나."라고 말한다.

② 다시 동그라미를 보여 주고 따라 그리라고 지시한 후 아동이 반응하지 않거나, 색칠을 하거나, 다른 것을 그리려고 하면 "동그라미 그려."라고 언어적 촉구를 준다. 그래도 아동이 오반응을 하면 다시 지시를 하고, 아동의 손을 잡고 같이 동그라미를 그린다.

Tip

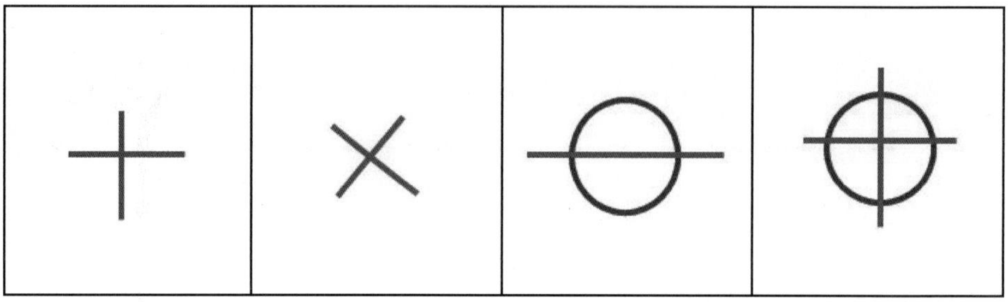

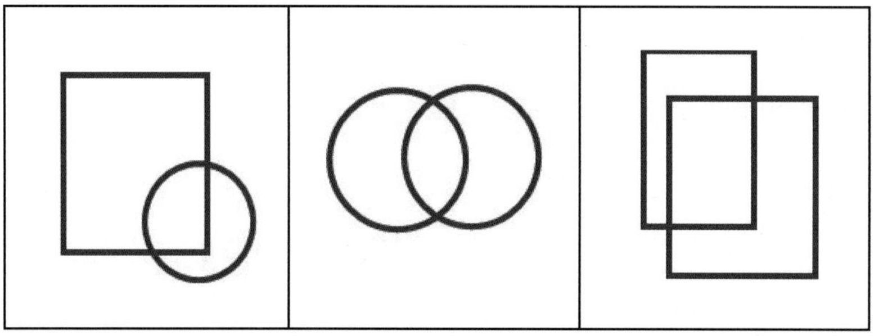

CV 블록 똑같이 놓기

AREA COGNITION (인지) SKILL Visual Perception (시지각)

SD

"똑같이 놔."

정반응

제시된 샘플과 같이 블록을 쌓는다.

성취기준

3회기 연속으로 80% 이상 성공하면 다음 단계로 넘어간다.

단계

CV_21 (2개의 블록을 한 번에 하나씩 치료사를 따라 똑같이 놓기)

CV_22 (3개의 블록을 한 번에 하나씩 치료사를 따라 똑같이 쌓기)

CV_23 (블록 2개로 만들어진 모양을 보고 똑같이 쌓기)

CV_24 (블록 3개로 만들어진 모양을 보고 똑같이 쌓기)

CV_25 (블록 4개로 만들어진 모양을 보고 똑같이 쌓기)

방법

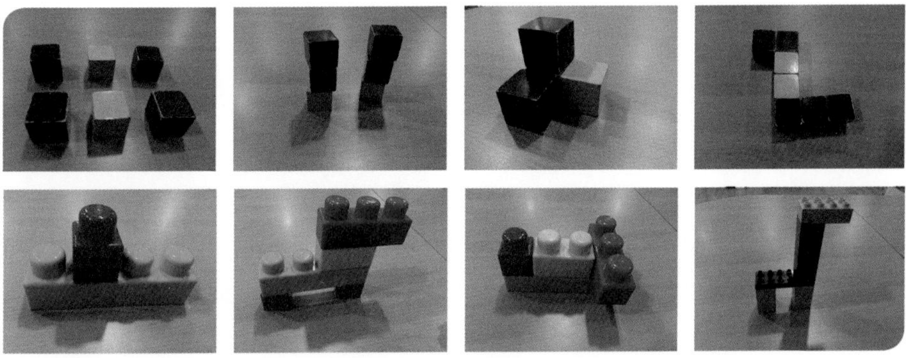

① 아동과 치료사 앞에 색이 없는 나무 블록을 하나씩 놓는다. 나무 블록 위에 하나를 올리면서 "똑같이 놔."라고 지시한다. 아동이 치료사를 따라서 자신의 블

록 위에 올리면 칭찬하고 강화한다. 그러나 아동이 3초 내에 반응하지 않거나 오반응을 하면 치료사가 손가락으로 아동의 블록을 가리키며 "여기에 올려." 라고 지시한 후 아동이 정반응하면 "잘했어, 똑같이 놨구나."라고 말한다.

② 다시 블록을 올리면서 아동에게 따라 하라고 지시한다. 아동이 따라 놓으면 강화하고, 아동이 오반응을 하면 다시 지시한 뒤 바로 아동의 손을 잡고 아동의 블록 위에 올리도록 한다.

③ 지시를 한 후 촉구 없이 기다렸다가 아동이 블록을 따라 올리면 강화하고, 아동이 오반응을 하면 블록을 치우고 2초간 기다린다.

④ 지시를 한 후 아동이 정반응을 하면 강화하고, 오반응을 하려고 하면 바로 아동의 손을 잡고 아동의 블록 위에 올리도록 한다.

Tip

- 블록 하나를 고정시켜 놓고 아동이 다른 블록을 위에 올리기만 하면 되도록 한다.
- 처음에는 색 구분 없이 같은 색으로 위로 2개 쌓거나 옆으로 2개 붙여 놓는 단순한 형태의 블록 모양을 따라 하게 한다.
- 점차로 색 블록으로 모양 따라 쌓기나 세모와 원기둥 모양으로 집 모양을 따라 쌓는 등 다양한 형태의 블록 쌓기를 모방하도록 한다.
- 따라 쌓기를 어려워하는 아동에게는 종이에 블록 모양을 그려 거기에 그대로 놓게 한 후 다시 따라 쌓기를 시도한다.
- 레고블록과 같이 끼우는 블록으로도 시도해 본다.

CV 모양 그리기

AREA COGNITION (인지) SKILL Visual Perception (시지각)

SD

"~(모양) 그려."

정반응

지시한 모양을 그린다.

성취기준

3회기 연속으로 80% 이상 성공하면 다음 단계로 넘어간다.

단계

CV_26 (한 점을 제공하여 시작과 끝이 만나도록 동그라미 그리기)

CV_27 (점 없이 동그라미 그리기)

CV_28 (4개의 점을 이어 네모 그리기)

CV_29 (점 없이 네모 그리기)

CV_30 (3개의 점을 이어 세모 그리기)

CV_31 (점 없이 세모 그리기)

방법

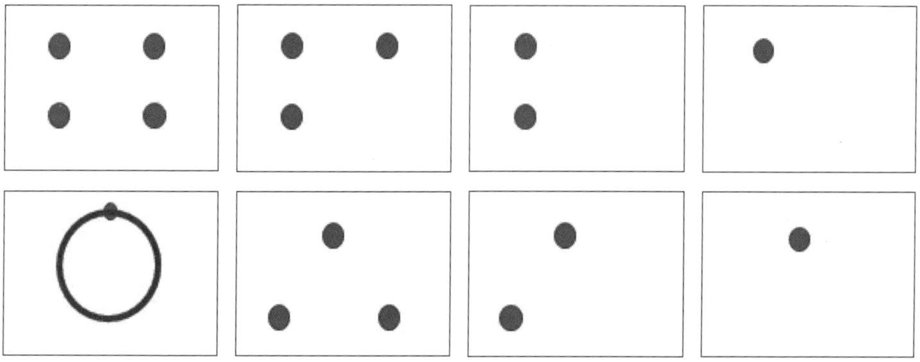

① 종이 중앙에 큰 점(지름 1cm)을 찍어 아동의 손을 잡고 그 점에서 시작하여 그 점에서 만나도록 동그라미를 그린다. 아동과 함께 동그라미 그리기를 네다섯 번 반복한다.

② "동그라미 그려."라고 지시한 후 아동이 주어진 점에서 시작하여 그 점에서 끝나는 동그라미를 그리면 강화한다. 아동이 3초 내에 반응하지 않으면 치료사가 손가락으로 점을 가리킨다. 아동이 점에서 시작하여 끝나는 동그라미를 그리면 강화한다. 아동이 오반응을 하면 손을 잡고 동그라미를 그린다.

③ 아동에게 동그라미를 그리라고 지시한 후 촉구를 제공하지 않고 기다린다. 아동이 정반응하면 강화하고, 오반응을 하려고 하면 빨리 손을 잡고 같이 동그라미를 그린다.

④ 아동이 한 점에서 시작하여 그 점에서 끝나는 동그라미 그리기 과제를 완료하면 점의 크기를 차츰 줄여서 제공하고, 마지막에는 점 없이 동그라미 그리기를 지시한다.

⑤ 네모와 세모는 각 꼭짓점에 점을 제공하여 점을 이어 그리도록 한다.

⑥ 제공하는 점의 개수를 줄여서 마지막에는 점 없이 그리도록 한다.

CV 색칠하기

AREA COGNITION (인지) SKILL Visual Perception (시지각)

SD

"똑같이 색칠해."

정반응

제시된 샘플과 같은 색으로 색칠한다.

성취기준

3회기 연속으로 80% 이상 성공하면 다음 단계로 넘어간다.

단계

CV_32 (한 가지 색 똑같이 색칠하기)

CV_33 (두 가지 색 똑같이 색칠하기)

CV_34 (세 가지 이상의 색 똑같이 색칠하기)

방법

① 빨간색 동그라미가 그려진 종이를 아동 앞에 놓고 빨간색 색연필을 주면서 "똑같이 색칠해."라고 지시한다. 아동이 빨간 색연필로 색칠을 하면 강화하고, 3초 내에 반응이 없거나 오반응을 하면 손을 잡고 같이 색칠한다.

② 아동 앞에 빨간색과 파란색 색연필을 놓는다. 빨간색 동그라미를 보여 주고 아동에게 빈 동그라미가 그려진 종이를 주며 "똑같이 색칠해."라고 지시한다. 아동이 두 색 중에 빨간색을 골라 색칠하면 강화하고, 반응이 없거나 파란색을 집으려고 하면 빨리 빨간색을 손가락으로 가리켜서 아동이 빨간색을 집도록 한다.

③ 이때 아동이 오반응을 하면 색연필과 종이를 치우고 2초간 기다렸다가 다시 지시를 한 후 아동의 손을 잡고 빨간색을 골라서 색칠한다.

Tip

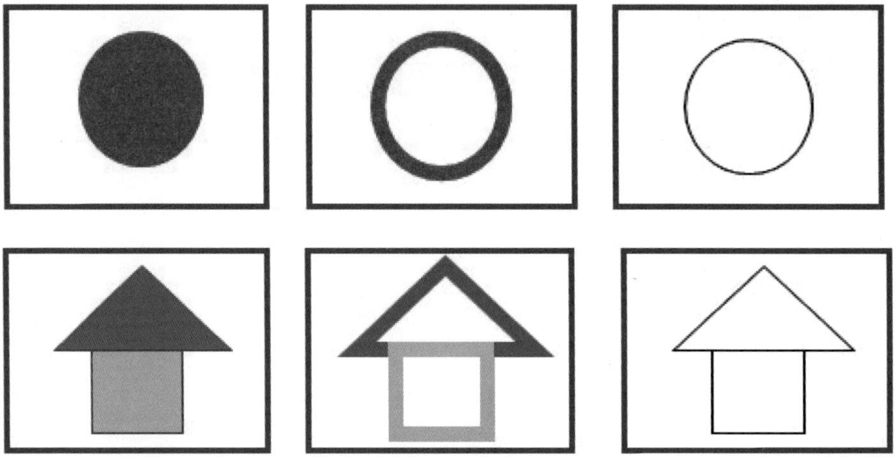

처음에 아동에게 제시할 때는 윤곽선을 두껍게 강조해서 아동이 같은 색을 변별하기 쉽도록 시각적 단서를 제공하고, 아동의 수행률이 증가하면 두꺼운 윤곽선 대신 검정색 윤곽선을 제공한다.

CV 똑같은 것끼리 선긋기

AREA COGNITION (인지) SKILL Visual Perception (시지각)

SD

"같은 것끼리 이어."

정반응

같은 그림끼리 선으로 잇는다.

성취기준

3회기 연속으로 80% 이상 성공하면 다음 단계로 넘어간다.

단계

CV_35 (똑같은 그림끼리 선 긋기)

CV_36 (똑같은 개수끼리 선 긋기)

CV_37 (반쪽 그림 찾아 선 긋기)

CV_38 (그림자 찾아 선 긋기)

CV_39 (같은 범주끼리 선 긋기)

방법

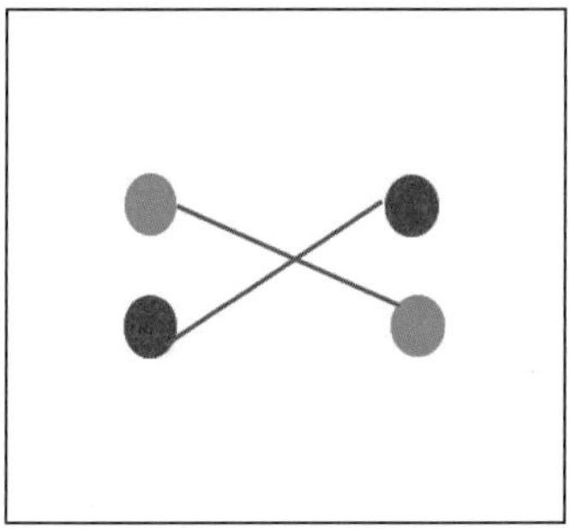

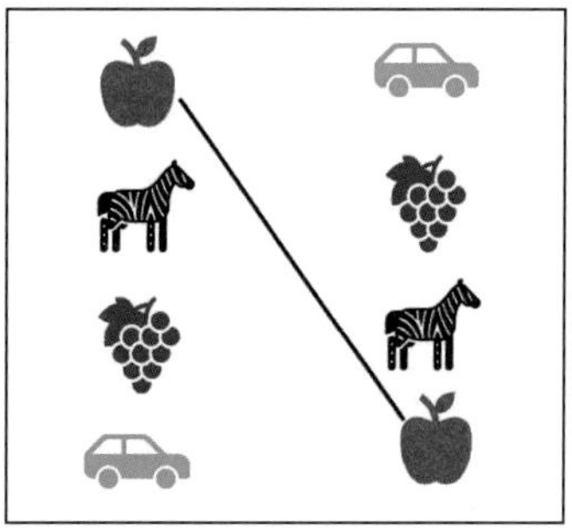

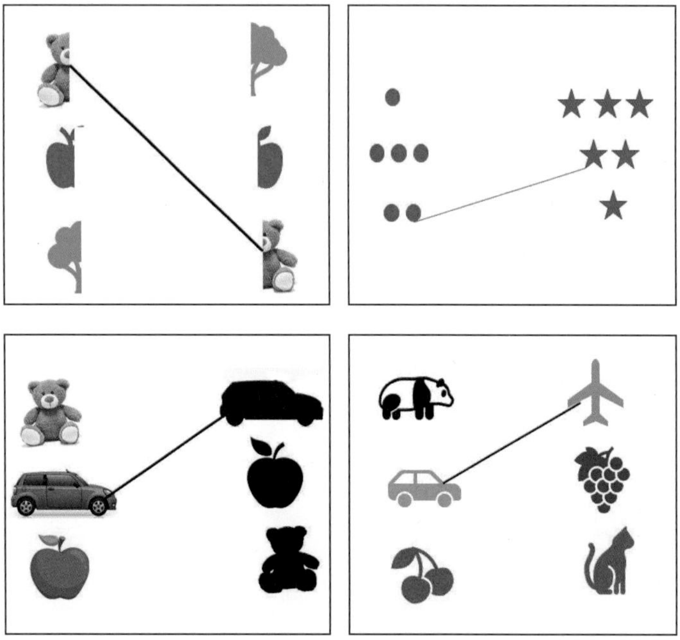

① 빨간색과 초록색 점이 그려진 종이를 놓고 "같은 것끼리 이어 보자."라고 말한 후 아동의 손을 잡고 같은 색끼리 연결하여 선을 긋는다. "빨간색-빨간색 같은 것끼리 그었네."라고 말한다. 아동과 함께 3~4회 선을 긋는다.

② 점이 그려진 종이를 아동 앞에 놓고 "같은 것끼리 이어."라고 지시한다. 아동이 같은 색 점끼리 연결하여 선을 그으면 칭찬하고 강화한다. 만약 아동이 3초 내에 반응하지 않거나 오반응을 하면 아동의 손을 잡고 같이 선을 그으면서 "같은 것끼리 잇는 거야."라고 말한다.

③ 아동에게 점이 있는 종이를 주면서 "같은 것끼리 이어."라고 지시하고 아동이 오반응하려고 하면 치료사가 손가락으로 아동이 선을 이어야 하는 것을 가리킨다. 아동이 정반응하면 강화하고, 아동이 오반응하면 아동의 손을 잡고 같이 선을 잇는다.

④ 다음 단계에서는 제공하는 자극의 수를 3~4개까지 늘린다.

⑤ 같은 것끼리 선 긋는 과제를 완료하면 같은 개수끼리 연결하는 과제로 넘어간다.

⑥ 반쪽 찾아 선 긋기, 그림자 찾아 선 긋기, 같은 범주끼리 선 긋기 등의 과제로 확장한다.

Tip

과제 초반에는 아동이 두 쌍의 그림을 잇는 것이 어려우므로 우선 같은 그림을 하나씩만 대각선 위치에 놓고 연결하는 연습을 먼저 한다. 아동이 시작점의 그림만 보고 연결해야 할 반대편의 그림을 보지 않거나 보더라도 끝까지 시선을 유지하지 못해 정확하게 연결하지 못하는 경우가 있다. 이럴 경우에는 시작점에서 아동이 선을 그어야 할 반대편 그림을 아동 자신의 손가락으로 짚게 하면 도움이 된다.

CV 같은 것 따라가기

AREA COGNITION (인지) SKILL Visual Perception (시지각)

SD
"같은 것끼리 이어."

정반응
같은 속성(색깔/모양)을 가진 것들끼리 선으로 잇는다.

성취기준
3회기 연속으로 80% 이상 성공하면 다음 단계로 넘어간다.

단계
CV_40 (한 가지 색 선으로 잇기)

CV_41 (두 가지 색을 같은 색끼리 잇기)

CV_42 (세 가지 색을 같은 색끼리 잇기)

방법

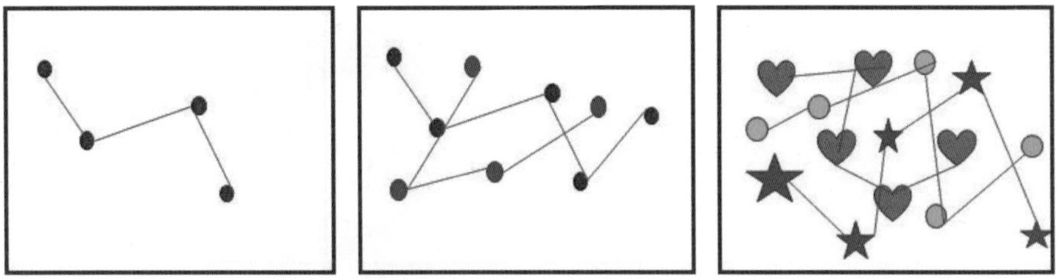

① 동그란 점이 3~4개 그려진 종이를 아동 앞에 놓는다. "같은 색끼리 이어 볼까?"라고 말하며 아동의 손을 잡고 점끼리 잇는다. 아동과 같이 같은 것 잇기를 네다섯 번 반복한다.

② 점이 그려진 종이를 아동 앞에 놓고 "같은 색끼리 이어."라고 지시한다. 아동이 바로 점끼리 연결하여 선을 그으면 칭찬하고 강화한다. 만약 아동이 3초 내에 반응하지 않거나 오반응을 하면 아동의 손을 잡고 같이 선을 그으면서

"같은 색끼리 잇는 거야."라고 말한다.

③ 다음 단계에서는 두 가지 색의 동그라미가 그려진 종이를 앞에 놓고 같은 색끼리 선으로 잇기를 수행한다.

④ 세 가지 색이나 모양이 섞인 종이를 아동에게 주고 같은 것끼리 선을 긋도록 지시한다.

Tip

- 아동이 종이에 직접 스티커를 붙인 후 그 스티커를 따라서 선을 긋도록 한다.
- 아동이 좋아하는 캐릭터가 있다면 캐릭터를 그리거나 붙여서 사용하는 것도 좋다.

CV 두 조각 그림 맞추기

AREA COGNITION (인지) SKILL Visual Perception (시지각)

SD

"나머지를 찾아서 붙여."

정반응

제시된 모양이나 그림의 나머지 반을 찾는다.

성취기준

3회기 연속으로 80% 이상 성공하면 종결한다.

단계

CV_43 (그림카드의 나머지 반을 찾아 붙이기)

방법

① 몸통과 다리가 분리된 동물카드를 준비한 다음 몸통 부분을 아동 앞에 놓고 다리 부분은 치료사가 가지고 있다가 "나머지 찾아 붙여."라고 지시한 후 다리 부분을 아동에게 건네준다.

② 아동이 몸통과 다리를 맞추어 붙이면 강화하고, 3초 내에 반응하지 않거나 오반응을 하려고 하면 치료사가 아동이 붙여야 할 곳을 손가락으로 가리키거나 톡톡 친다. 만약 아동이 오반응을 하면 조각을 치우고 2초간 기다린다.
③ 다시 아동에게 지시를 한 후 바로 아동의 손을 잡고 위아래 부분을 맞춘다.
④ 다음 단계에서는 몸통 2개를 놓고 다리 하나를 건네주고 "나머지를 찾아서 붙여."라고 지시한다. 아동이 3초 내에 반응하지 않거나 오반응을 보이면 치료사가 아동의 손을 잡고 다리 부분을 놓인 몸통 부분에 한 번씩 대보게 한다.
⑤ 다시 지시를 한 후 아동이 오반응을 하면 조각들을 치우고 2초간 기다렸다가 지시를 내리면서 아동의 손을 잡고 올바른 몸통에 다리를 맞추게 한다.
⑥ 이 과정을 반복하면서 몸통 5개와 다리 5개를 모두 찾아 붙일 수 있도록 한다.

Tip

아동이 좋아하는 장난감이나 활동 교구 등을 사진으로 찍어서 좌우로 분리하여 사용하거나 세 부분으로 분리해서 나머지 찾기를 할 수 있다.

CV 반쪽 그림 그리기

AREA COGNITION (인지) SKILL Visual Perception (시지각)

SD

"나머지 그려 봐."

정반응

제시된 모양이나 그림의 나머지 반을 그린다.

성취기준

3회기 연속으로 80% 이상 성공하면 다음 단계로 넘어간다.

단계

CV_44 (동그라미 반쪽 그리기)

CV_45 (네모 반쪽 그리기)

CV_46 (자동차 반쪽 그리기)

CV_47 (다이아몬드 형태 반쪽 그리기)

CV_48 (다양한 모양의 반쪽 그리기)

방법

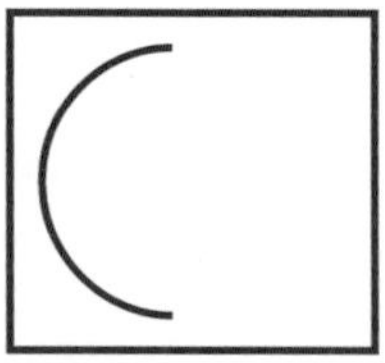

① 동그라미의 반이 그려진 종이를 준비한다. 아동에게 "나머지 반을 그려 볼까?" 라고 말하며 아동의 손을 잡고 나머지 반을 그린다. 아동과 함께 4~5회 반복해서 그린다.

② 아동에게 동그라미의 반이 그려진 종이를 주면서 "나머지 그려 봐."라고 지시한다. 아동이 정확하지는 않지만 비슷한 형태로 그리면 강화하고 그리지 못하

거나 다른 형태로 그리면 “다시 그려 보자.”라고 하면서 아동의 손을 잡고 그린다.

③ 다시 지시를 해서 아동이 반응이 없거나 오반응이면 ②번을 반복한다.

④ 오반응이 2회 이상 연속되면 ①번 과정으로 돌아간다.

⑤ 다양한 모양의 반쪽 그리기를 시도한다.

Tip

- 과제수행 초기에 아동이 어려움을 보이면 희미하게 가이드선을 그려 주고 아동이 따라 그리게 한 다음 수행이 안정적이면 가이드선을 제거한다.
- 종이를 접어서 반을 그리게 한 후 오려서 원 모양이 되는 것을 보여 주면 반과 하나의 관계를 아동들이 더 쉽게 인지할 수 있다.
- 반쪽 그리기는 아동들이 온전한 형태에 대한 이미지를 가지고 있어야 하고 대칭개념도 가지고 있어야 하므로 어려운 과제이다. 그러나 꾸준히 훈련하면 거울이미지에 대한 원리도 이해할 수 있다.

CV 미로 찾기

AREA COGNITION (인지) SKILL Visual Perception (시지각)

SD

"길을 따라 그려."

정반응

미로의 길을 따라 끝까지 선을 그린다.

성취기준

3회기 연속으로 80% 이상 성공하면 다음 단계로 넘어간다.

단계

CV_49 (단순한 형태의 길 찾아가기)

CV_50 (복잡한 형태의 길 찾아가기)

방법

① 단순하게 곡선으로만 이루어진 미로그림을 준비하여 "우리 길 따라 가 볼까?"라고 한 뒤 아동의 손을 잡고 미로를 따라 도착점까지 선을 긋는다. 아동과 함께 4~5회를 반복한다.

② 아동에게 "길 따라 그려."라고 지시한 뒤 아동이 길의 형태를 따라 선을 그어 도착점까지 가면 강화하고, 3초 내에 반응이 없거나 오반응을 하면 "길 따라 가."라고 말하면서 치료사가 손가락으로 길을 따라간다. 아동이 이것을 보고 선을 따라 그으면 강화하고, 오반응하면 손을 잡고 끝까지 그리도록 한다.

③ 다시 지시를 한 후 아동이 정반응하면 강화하고, 미로 중간에서 멈추거나 길을 벗어나면 "길 따라 가."라고 말한다. 그럼에도 아동이 오반응을 하면 종이와 색연필을 치우고 2초간 기다렸다가 다시 지시하고 바로 아동의 손을 잡고 그린다.

Tip

- 아동이 바로 길을 찾지 못하거나 끝까지 시선을 유지하지 못하는 경우에는 색연필로 그리기 전에 아동의 손가락으로 길을 따라가도록 한다. 그 후에 색연필로 그리게 한다.
- 복잡한 미로의 경우에는 장애물이나 막다른 길이 나오는 경로를 아동이 찾아서 × 표시를 미리 해 놓은 뒤 그 표시를 피해서 길을 가도록 한다. 아동이 익숙해지면 × 표시를 하지 않고 길을 찾아가도록 한다.
- 미로는 시지각, 눈손 협응능력과 더불어 공간감각과 주어진 자극을 한번에 통합해서 처리하는 문제해결능력과도 관계가 있다.

CV 전체와 부분 매칭하기

AREA COGNITION (인지) SKILL Visual Perception (시지각)

SD
"같은 것을 찾아서 봐."

정반응
제시된 부분을 통해 전체그림을 찾는다.

성취기준
3회기 연속으로 80% 이상 성공하면 다음 단계로 넘어간다.

단계
CV_51 (부분카드를 전체카드에 맞추기)

CV_52 (과일단면과 과일 맞추기)

방법

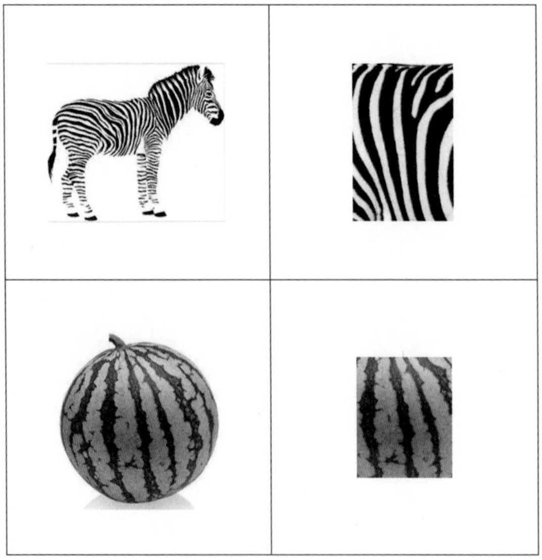

① 얼룩말카드와 얼룩말의 무늬만 확대한 카드를 준비한다. 아동 앞에 얼룩말카드를 놓은 후 얼룩말 무늬카드를 아동의 손을 잡고 같이 놓으면서 “얼룩말이랑 얼룩말 무늬랑 같네.”라고 말한다. 아동과 함께 카드 놓기를 3~4회 반복한다.
② 아동에게 주면서 “같은 것을 찾아서 놔.”라고 지시한다. 아동이 반응이 없거나 카드를 가지고 놀고 있으면 얼룩말 카드를 손으로 가리키고 아동이 정반응하면 강화한다. 만약 아동이 카드를 놓지 못하면 카드를 회수한 후 다시 지시를 하면서 아동의 손을 잡고 얼룩말카드 위에 놓게 한다.
③ 무늬카드를 주면서 “같은 것을 찾아서 놔.”라고 지시한다. 아동이 오반응을 하면 카드를 치우고 잠시 기다렸다가 다시 지시를 한 후 바로 아동의 손을 잡고 카드를 올려놓는다.
④ 한 장의 카드에 부분카드 맞추기 과제를 완료하면 카드를 두 장 놓고 선택하여 맞추도록 하고 카드를 네다섯 장 놓고 매칭하도록 한다.
⑤ 과일단면 맞추기 과제도 ①~④의 과정을 반복한다.

Tip

그림자 맞추기 과제를 함께 해도 좋다.

CV 빠진 부분 그리기

AREA COGNITION (인지) SKILL Visual Perception (시지각)

SD

"빠진 것을 그려 봐."

정반응

제시된 그림의 빠진 부분을 그린다.

성취기준

3회기 연속으로 80% 이상 성공하면 다음 단계로 넘어간다.

단계

CV_53 (그림에서 빠진 부분을 찾아 그리기)

방법

① 아동과 함께 얼굴 그리기를 연습한다. 그리기를 하면서 얼굴 각 부분의 명칭을 말해 준다. 네다섯 번 반복한 후에 아동에게 눈이 그려져 있지 않은 얼굴그림을 주면서 "뭐가 없지? 빠진 것 그려 봐."라고 지시한다. 아동이 눈을 그려 넣으면 칭찬과 강화를 제공하고, 만약 아동이 3초 내에 반응이 없거나 오반응을 하려고 하면 치료사가 손가락으로 눈을 가리키며 "눈이 없네."라고 촉구한다. 아동이 눈을 그려 넣으면 강화하고, 오반응을 하면 아동의 손을 잡고 눈을 그린다.

② 다시 아동에게 "빠진 것 그려."라고 지시한 후 아동이 오반응하면 바로 손을 잡고 눈을 그려 넣는다.

③ 눈이 없는 그림, 코가 없는 그림, 입이 없는 그림, 귀가 없는 그림 등 여러 형태로 제공한다.

④ 얼굴 이외에 바퀴 없는 자동차, 손잡이 없는 우산 등 다양한 그림을 제공한다.

Tip

그리기를 좋아하지 않거나 잘 못 그리는 아동들은 붙이기 과제로 수행해도 된다. 부직포로 얼굴 형태를 만든 다음 눈썹, 눈, 코, 입, 귀, 머리를 붙일 수 있게 벨크로를 부착해서 진행하면 아동의 흥미를 유발할 수 있다. 이 밖에 사람의 신체를 만들어 각각 빠진 곳에 붙이기나 자동차(바퀴, 창문), 우산(꼭지, 손잡이) 등 생활환경에서 볼 수 있는 사물이나 동물 등을 이용한 빠진 것 붙이기가 있다.

CV 빈칸에 올바른 그림 놓기

AREA COGNITION (인지) SKILL Visual Perception (시지각)

SD

"맞는 그림을 놓아."

정반응

빈칸에 알맞은 그림을 놓는다.

성취기준

3회기 연속으로 80% 이상 성공하면 다음 단계로 넘어간다.

단계

CV_54 [모양–색 조합하기(4칸 놓기)]

CV_55 [모양–색 조합하기(9칸 놓기)]

방법

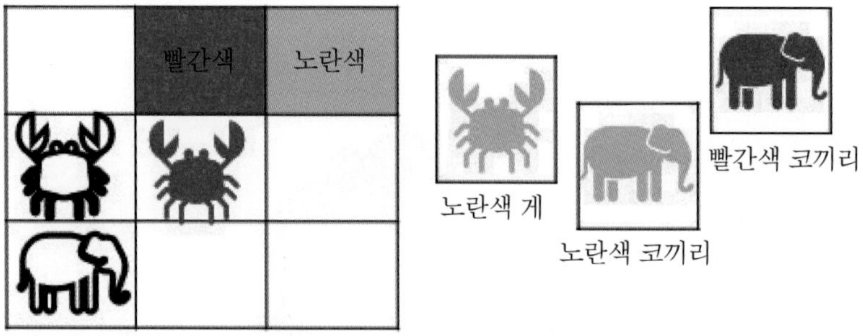

① 그림과 같이 두 가지 색과 두 가지 동물의 형태가 표 상단과 좌측에 위치한 그림판을 준비한다. 아동과 함께 해당하는 빈칸에 넣을 그림을 찾아 붙이기를 한다. "빨간색과 게가 만나면 빨간 게."라고 말하면서 아동이 색과 형태의 조합을 할 수 있도록 언어적으로 단서를 준다. 아동과 함께 붙이기를 4~5회 반복한다.

② 아동 앞에 그림판을 놓은 후 빈칸 중 하나를 가리키며 “여기에 뭐가 와야 해? 맞는 그림 놓아 봐.”라고 지시한다. 아동이 정반응하면 강화하고, 3초 내에 반응하지 않거나 오반응을 하려고 하면 노란색과 게를 가리키며 “노란색과 게가 만났네, 노란 게.”라고 말해 준다. 아동이 오반응하면 노란 게 그림을 손가락으로 톡톡 치며 “노란 게 붙여야지.”라고 말한다.

③ 아동에게 지시를 하고 촉구 없이 기다리다가 아동이 반응이 없으면 “~색과 ~가 만났네.”라고 말하고 기다린다. 아동이 정반응하면 강화하고, 오반응을 하면 아동의 손을 잡고 붙이며 “~색 (동물 이름).”이라고 말한다.

④ 점차 촉구를 줄여서 아동에게 지시한 후 아동이 반응이 없으면 손가락으로 색과 동물을 한 번씩 포인팅하여 아동에게 단서를 제공한다.

⑤ 치료사가 한 번에 한 장씩 그림카드를 주다가 아동의 수행이 안정적이면 네 장을 모두 준 뒤 아동 스스로 4칸을 완성하도록 한다.

⑥ 세 가지 색과 세 가지 동물을 배치하여 9칸을 만들어 ②~⑤의 과정을 반복한다.

Tip

과제 초반에는 아동이 그림을 놓으면 바로 치운다. 그림을 놓은 상태로 다음 그림 찾기를 하면 아동이 이미 놓은 그림을 제외한 나머지 그림에서 골라서 놓으므로 정반응 확률이 올라가서 아동이 정확하게 과제를 이해하고 있는지 파악하기 어렵기 때문이다. 그러므로 그림을 무작위로 번갈아 가며 아동에게 주고, 아동이 놓으면 바로 치우고 다음 그림을 주는 것이 좋다.

CV 이상한 그림 찾기

AREA COGNITION (인지) SKILL Visual Perception (시지각)

SD

"이상한 곳 찾아봐."

정반응

제시된 그림의 이상한 부분을 찾는다.

성취기준

3회기 연속으로 80% 이상 성공하면 종결한다.

단계

CV_56 (그림 속에서 이상한 곳 찾기)

방법

① 사물이나 동물의 모습이 일상적인 것과는 확연히 다른 그림을 준비하여 아동에게 제시한다. 아동이 이상한 것을 찾아내지 못하면 원래 사물의 그림을 보여 주고 어느 곳이 이상한지 비교하여 찾게 한다.

② 아동이 이상한 곳을 찾으면 "이상하다. 의자다리가 이상하다."라고 말하고, 아동도 그 말을 하도록 촉구한다.

Tip

많은 그림이나 샘플을 제공하여 아동이 과제를 통해 '이상하다'의 개념을 알 수 있도록 한다. 치료사가 직접 손에 양말을 끼고 기다리다가 아동이 "이상해."라고 말하면 칭찬해 준다.

CV 다른 부분 찾기

AREA COGNITION (인지) SKILL Visual Perception (시지각)

SD
"다른 곳 찾아봐."

정반응
제시된 그림의 다른 부분을 찾는다.

성취기준
3회기 연속으로 80% 이상 성공하면 다음 단계로 넘어간다.

단계
CV_57 (다른 1개 곳을 찾기)

CV_58 (다른 2개 곳을 찾기)

CV_59 (다른 3개 곳을 찾기)

방법

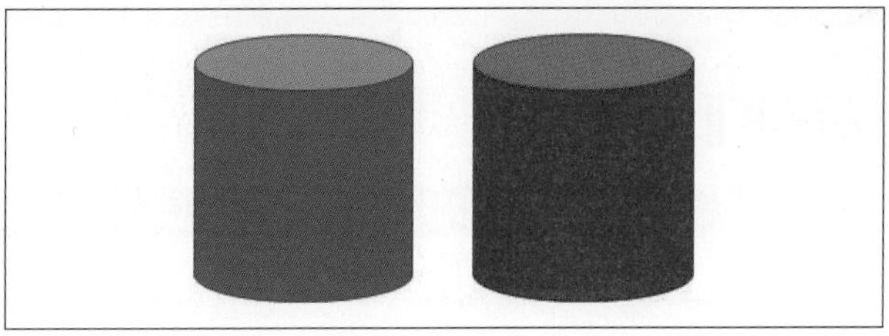

① 아동에게 바퀴가 다른 그림을 보여 주며 "와, 여기 자동차가 있네, 왼쪽 자동차와 오른쪽 자동차는 뭐가 달라?"라고 묻는다. 아동이 대답하지 못하면 치료사가 손가락으로 바퀴 부분을 가리킨다. 아동이 "여기."라고 대답하거나 "바퀴."라고 대답하면 강화하고, 아동이 찾지 못하면 치료사가 아동의 손을 잡고 두 자동차의 바퀴 부분을 짚으면서 "바퀴가 달라. 왼쪽은 동그란 바퀴, 오른쪽은 울퉁불퉁 바퀴야. 서로 달라."라고 말해 준다.

② 아동에게 다시 지시하여 아동이 "바퀴가 달라요."라고 대답하면 칭찬하고 강화하고, 대답하지 못하면 다시 바퀴 부분을 가리키면서 "바퀴가 달라."라고 말한다.

③ 원통과 악어도 앞의 과정대로 실시한다.

④ 그림의 다른 곳이 두 곳, 세 곳이 있는 것을 찾도록 한다.

Tip

- 언어기능이 좋은 아동의 경우는 같고 다른 것을 같이 표현할 수 있도록 지도해도 좋다. 예를 들어, 앞에 제시된 그림의 원통 같은 경우는 "모양은 같고 색깔이 달라요."라고 표현할 수 있도록 한다. 악어의 경우는 "하나는 크고 하나는 작아요."라고 대답할 수도 있고, "크기가 달라요."라고 말할 수도 있다.
- 다양한 표현(예: "이건 창문이 열렸고 이건 창문이 닫혔어요." "이건 물이 많이 있고 이건 물이 조금 있어요." "얘는 모자를 썼고 얘는 머리띠를 했어요.")을 사용하도록 모델링한다.

CV 규칙대로 놓기

AREA COGNITION (인지) SKILL Visual Perception (시지각)

SD

"다음에 오는 것은 뭐야?"

정반응

제시된 규칙에 따라 그림이나 사물을 배열한다.

성취기준

3회기 연속으로 80% 이상 성공하면 다음 단계로 넘어간다.

단계

CV_60 (두 가지 색이나 모양, 물건을 번갈아 놓기)

CV_61 (세 가지 색이나 모양, 물건을 번갈아 놓기)

CV_62 (범주를 규칙에 따라 놓기)

방법

우선 아동에게 규칙에 맞게 배열하는 것을 보여 준다.

아동에게 초록색을 주고 ①의 위치에 놓도록 한다.

아동에게 초록색과 빨간색을 주고 그중에 골라서 ①의 위치에 놓도록 한다.

아동이 스스로 ①과 ②의 위치에 블록을 놓는다.

아동이 스스로 ①과 ②, ③의 위치에 블록을 놓는다.

Tip

CV 해체된 모양 예측하기

AREA COGNITION (인지) SKILL Visual Perception (시지각)

SD

"왼쪽에 있는 그림 모두 찾아봐."

정반응

그림이 해체된 후의 조각을 찾는다.

성취기준

3회기 연속으로 80% 이상 성공하면 종결한다.

단계

CV_63 (제시된 그림의 구성요소 찾기)

방법

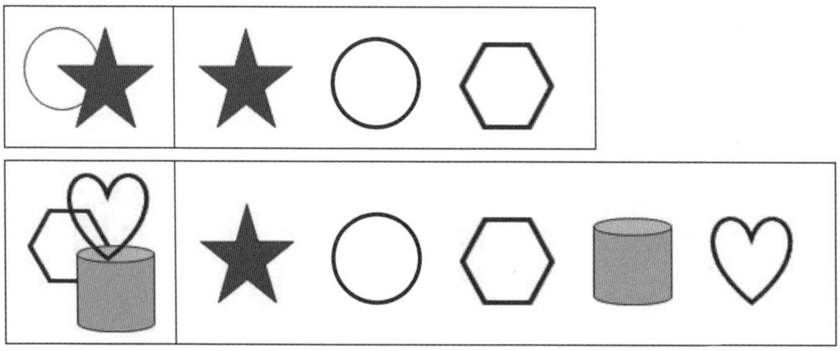

① 아동 앞에 제시된 그림을 놓은 후 치료사가 먼저 모델링을 한다. "이건 별과 동그라미가 있네."라고 말하면서 왼쪽에 있는 별을 먼저 포인팅하고 오른쪽에 있는 별을 포인팅한다. 그러고 나서 왼쪽의 동그라미를 포인팅한 후 오른쪽의 동그라미를 포인팅한다.

② 아동의 손을 잡고 "여기 별과 동그라미가 있어."라고 하면서 왼쪽의 별과 동그라미를 손가락으로 짚어 보게 한다. 그러고 나서 오른쪽에 있는 별과 동그라

미를 짚어 보게 한다.

③ 아동에게 "왼쪽(여기)에 있는 그림 모두 찾아봐."라고 지시한다. 아동이 3초 내에 반응이 없거나 오반응을 하면 ②번의 과정을 반복한다.

④ 다시 지시를 하고 아동이 오반응을 하면 치료사가 왼쪽에 있는 동그라미를 짚으면서 "이거 찾아봐."라고 한다. 아동이 찾으면 그다음에는 별을 짚으면서 "이거 찾아봐."라고 한다. 아동이 오반응을 하면 제시된 그림을 치우고 2초간 기다린다.

⑤ 아동에게 다시 지시하면서 "왼쪽(여기)에 있는 동그라미, 별을 옆에서 찾아봐."라고 말한 후 아동이 찾지 못하면 손을 잡고 같이 찾는다.

Tip

아동이 이 과제를 어려워하면 먼저 왼쪽 샘플을 하나 짚고 그다음에 오른쪽에서 같은 것을 하나 찾고, 그러고 나서 왼쪽 샘플로 돌아와서 하나 짚고, 다음에 오른쪽에서 같은 것을 하나 찾는 방법으로 일대일 대응해서 찾기를 한다. 점차로 아동이 익숙해지면 왼쪽에 있는 샘플을 보고 오른쪽에서 한번에 찾도록 한다.

CV 합친 모양 예측하기

AREA COGNITION (인지) SKILL Visual Perception (시지각)

SD
"어떤 모양이 될까?"

정반응
제시된 부분을 합쳐 완성된 모양을 그린다.

성취기준
3회기 연속으로 80% 이상 성공하면 종결한다.

단계
CV_64 (제시된 그림의 합쳐진 모양 그리기)

방법

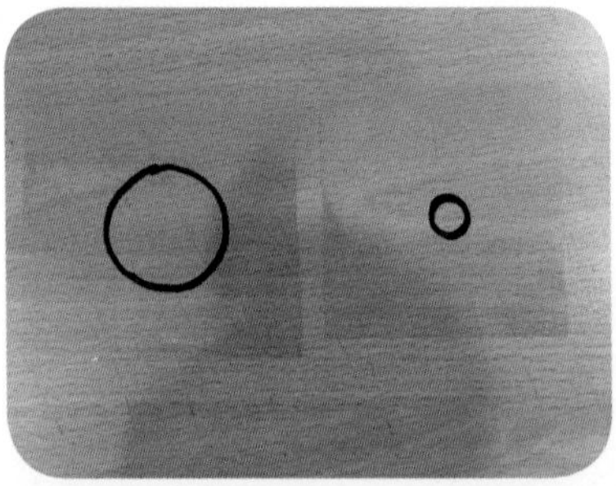

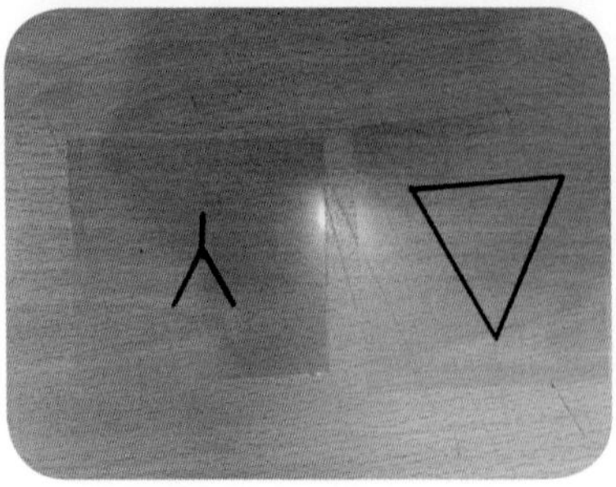

① 제시된 그림과 같이 투명 필름에 크기가 다른 동그라미를 그린 후에 아동에게 제시한다. "큰 동그라미와 작은 동그라미를 합치면(겹치면) 어떤 모양이 될까? 그려 봐."라고 지시한다.
② 아동이 정반응을 하면 강화하고, 3초 내에 반응하지 않거나 오반응을 하면 두 필름을 합쳐 완성된 모양을 보여 주고 다시 2개로 분리한다.
③ 아동이 보고 있다가 겹쳐진 모양을 그리면 강화하고, 오반응하면 아동에게 "네가 합쳐 봐."라고 한 후 아동이 두 필름을 합치면 합쳐진 채로 놔 두고 아동이 보고 그리도록 한다.

Tip

- OHP 필름을 이용해 다양한 모양을 그려서 사용한다.
- 그림이나 사물이 어떻게 변화하게 될지 예측하는 기술에 도움을 줄 수 있다.
- 두 가지 모양을 합쳐서 완성된 모양을 그리기가 성취기준에 도달하면 세 가지 모양을 합쳐서 완성된 모양 그리기를 시도해 본다.

CV 같은 패턴의 그림 찾기

AREA COGNITION (인지) SKILL Visual Perception (시지각)

SD
"같은 그림을 찾아 봐."

정반응
제시된 그림의 색 위치와 같은 위치에 같은 색이 있는 그림을 찾는다.

성취기준
3회기 연속으로 80% 이상 성공하면 종결한다.

단계
CV_65 (제시된 그림과 패턴이 일치하는 그림 찾기)

방법

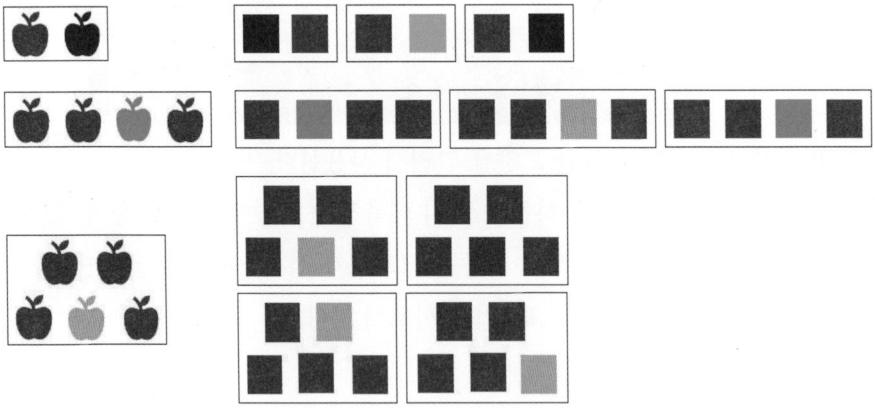

① 아동에게 왼쪽 그림을 보여 주고 "같은 그림 찾아봐."라고 지시한다. 아동이 찾으면 강화하고, 3초 내에 반응하지 않거나 오반응을 하면 치료사가 사과그림을 손가락으로 가리키며 "빨강, 파랑 순서네."라고 말한다.

② 아동이 정반응하면 강화하고, 오반응하면 아동의 손을 잡고 사과그림을 짚으

면서 "빨강, 파랑 순서네."라고 한 뒤 제시되어 있는 그림들 중 같은 순서로 되어 있는 그림으로 손을 가져가 "이것도 빨강, 파랑 순서네. 2개가 같네."라고 말한 후 그 그림을 집어서 건네주도록 한다.

③ 아동 앞에 제시되어 있는 그림들을 섞어서 위치를 바꾼 뒤 아동에게 다시 지시한다. 아동이 정반응하면 강화하고, 오반응하면 치료사가 다시 "빨강, 파랑 순서를 찾아."라고 말한다. 아동이 오반응하면 그림들을 치운 뒤 2초간 기다린다.

④ 다시 지시하고 아동이 오반응을 하면 아동의 손을 잡고 정답그림을 찾아서 치료사에게 건네주도록 한다.

⑤ 아동의 수행률이 증가하면 제시하는 자극의 수를 늘려 간다.

Tip

아동이 눈으로만 보고 수행하는 것이 어려울 경우에는 카드를 들어서 하나씩 대조해 보고 찾도록 한다.

CV 순서대로 그림 완성하기

AREA COGNITION (인지) SKILL Visual Perception (시지각)

SD
"똑같이 만들어 봐."

정반응
주어진 조각을 순서대로 배열해서 제시된 샘플과 똑같이 만든다.

성취기준
3회기 연속으로 80% 이상 성공하면 종결한다.

단계
CV_66 (제시된 그림과 똑같이 만들기)

방법

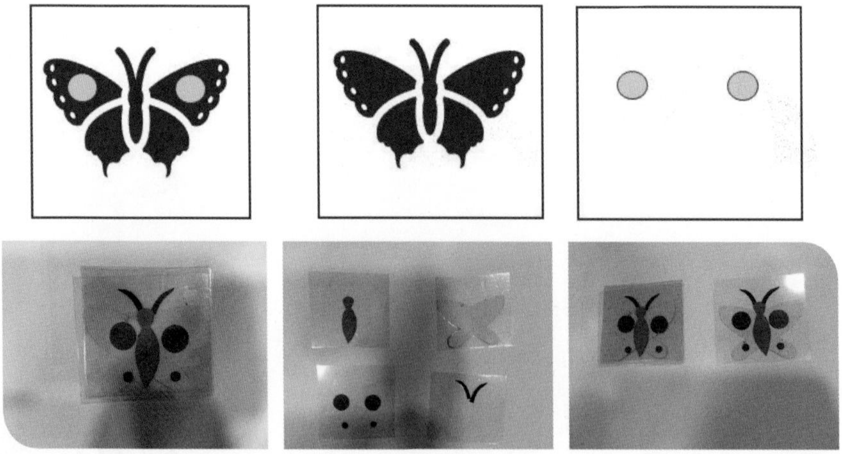

① 치료사가 두 그림을 겹쳐 완성된 나비 모양을 아동에게 보여 준다. 아동의 앞에 완성된 그림을 놓은 후 부분그림들을 주면서 "똑같이 만들어 봐."라고 지시한다.

② 아동이 올바른 순서로 나비를 만들면(나비 날개 위에 동그란 무늬를 놓으면) 강화하고, 아동이 3초 내에 반응하지 않거나 오반응을 하면 동그란 무늬그림을 손가락으로 가리키며 "날개 위에 올려."라고 말한다.

③ 아동이 올바른 순서대로 올려서 완성하면 강화하고, 아동이 날개 밑으로 동그란 모양을 넣으면 치료사가 아동의 손을 잡고 동그란 모양을 날개 위에 올려놓는다.

④ 다시 지시를 해서 아동이 오반응을 하면 치료사가 만드는 것을 모델링한 후 아동의 손을 잡고 그림을 완성한다.

⑤ 여러 개의 그림이 겹쳐져서 만들 수 있는 그림을 제시하고 아동이 순서에 맞게 맞출 때까지 ①~④의 과정을 반복한다.

Tip

순서 개념과 문제해결능력을 요하는 과제이므로 아동이 쉽게 포기하거나 짜증내지 않도록 초반에는 촉구를 많이 주고, 점차로 촉구를 줄여 가면서 아동 스스로 해결할 수 있도록 한다.

CV 없어진 것 찾기

AREA COGNITION (인지) SKILL Visual Perception (시지각)

SD

"없어진 것은 뭐야?"

정반응

제시된 카드 중 없어진 카드를 말한다.

성취기준

3회기 연속으로 80% 이상 성공하면 다음 단계로 넘어간다.

단계

CV_67 [제시되었던 2개의 카드(사물) 중에서 없어진 것 1개 찾기]

CV_68 [제시되었던 3개의 카드(사물) 중에서 없어진 것 1개 찾기]

CV_69 [제시되었던 4개의 카드(사물) 중에서 없어진 것 2개 찾기]

CV_70 [제시되었던 5개의 카드(사물) 중에서 없어진 것 2개 찾기]

방법

① 아동 앞에 컵과 포크 카드를 놓는다. "여기 컵과 포크가 있네."라고 말해 준다. 아동에게 5초 정도 보여 주고 아동이 보지 못하게 노트나 책으로 가린 후 컵 카드를 가져간다.

② "카드 한 장이 없어졌네? 없어진 건 뭐야?"라고 물어본다. 아동이 "컵."이라고 대답하면 강화하고, 대답하지 못하거나 반응이 없으면 컵카드를 다시 제자리에 놓은 후 "컵이 없어졌잖아."라고 말하면서 컵카드를 가져간다.

③ 다시 카드를 놓은 후 아동에게 보여 주고 아동이 보지 못하게 포크카드를 가져간 후 "뭐가 없어졌지?"라고 묻는다. 아동이 대답하지 못하면 "여기 컵과 뭐가 있었지?"라고 바꾸어 묻는다. 아동이 "포크."라고 대답하면 "그렇지. 포크가 있었지. 그럼 없어진 건 뭐야?"라고 다시 묻는다. 아동이 대답하면 강화하고, 대답하지 못하면 포크카드를 제자리에 놓았다가 다시 가져가면서 "포크가 없어졌네."라고 말한다.

④ 카드의 개수를 늘려 가며 연습한다.

Tip

아동이 좋아하는 선호물을 가지고 연습하면 아동의 집중수준이 올라가므로 수행에 긍정적인 영향을 줄 수 있다. 예를 들어, 장난감 자동차를 좋아하는 아동의 경우 장난감 자동차와 블록을 놓고 장난감 자동차를 치운 후 "뭐가 없어졌지?"라고 물으면 "자동차."라고 정반응할 확률이 높다.

CV 카드 기억해서 뒤집기

AREA COGNITION (인지) SKILL Visual Perception (시지각)

SD
"~ 찾아봐."

정반응
뒤집어진 카드 중에서 지시한 카드를 골라 뒤집는다.

성취기준
3회기 연속으로 80% 이상 성공하면 다음 단계로 넘어간다.

단계
CV_71 (두 장의 뒤집어진 카드 중에서 지시한 카드 한 장 뒤집기)

CV_72 (세 장의 뒤집어진 카드 중에서 지시한 카드 한 장 뒤집기)

CV_73 (네 장의 뒤집어진 카드 중에서 지시한 카드 두 장 뒤집기)

방법
① 아동 앞에 딸기카드 한 장을 놓는다. "여기 딸기카드가 있어."라고 말한 후 카드를 뒤집어 놓는다. "딸기카드 찾아볼까?"라고 말한 후 뒤집어진 카드를 다시 오픈한다. 아동에게 2~3회 보여 주고 마지막에 아동이 카드를 찾게 한다.

② 아동 앞에 딸기카드와 기차카드를 놓은 뒤 주의를 집중시키고 3초간 보여 준 후 뒤집어 놓는다. 그러고 나서 아동에게 "딸기카드 찾아봐."라고 지시한다. 아동이 정반응하면 강화하고, 3초 내에 반응이 없거나 다른 카드를 뒤집으려고 하면 치료사가 손가락으로 딸기카드 쪽을 가리킨다. 아동이 딸기카드를 뒤집으면 강화하고, 오반응하면 치료사가 딸기카드를 뒤집으면서 "여기 있네." 라고 한다.

③ 다시 카드를 뒤집어 놓고 지시한 후 아동이 다른 카드를 뒤집으려고 하면 아동의 손을 막고, "이건 딸기, 이건 기차, 딸기 찾아봐."라고 지시한다. 아동이

계속 다른 쪽 카드를 뒤집으려고 하면 아동의 손을 잡고 딸기카드를 뒤집는다.

④ 카드의 위치를 바꾸어 놓고 아동에게 3초간 보여 준 후 뒤집어 놓는다. 치료사가 딸기카드를 손가락으로 가리키며 "딸기 찾아봐."라고 지시한다. 아동이 오반응하려고 하면 아동의 손을 잡고 같이 카드를 뒤집는다.

Tip

- 아동의 오반응이 계속되면 치료사가 처음부터 찾아야 할 카드를 가리켜서 찾도록 한다.
- 카드를 놓고 아동과 함께 카드를 3회 정도 명명한다. '딸기, 포도, 기차'의 순서대로 세 번을 말하고 뒤집은 후 아동에게 순서를 말해 보게 한다. 아동이 순서를 정확하게 말하면 "잘했어, 기차 찾아봐."라고 지시하고, 만약 아동이 순서를 잘못 말하면 카드를 뒤집어 보여 주고 다시 순서를 말하게 한다.
- 제시하는 카드 중에 강화물 사진을 섞어서 강화물 찾기로 하면 아동이 흥미를 가지고 할 수 있다.

CV 상대방이 가진 것 유추하기

AREA COGNITION (인지) SKILL Visual Perception (시지각)

SD

"선생님은 뭘 보고 있을까?"

정반응

치료사가 보고 있는 카드의 이름을 말한다.

성취기준

3회기 연속으로 80% 이상 성공하면 종결한다.

단계

CV_74 (치료사가 보고 있는 카드 말하기)

방법

① 아동이 좋아하는 범주의 카드(예: 동물) 한 장과 다른 범주의 카드 한 장을 섞어 아동에게 보여 준다(예: 아동이 코끼리를 좋아하면 코끼리카드와 의자카드를 보여 준다). 아동에게 카드 두 장을 충분히 보여 준 뒤 카드 두 장의 뒷면끼리 맞대어 아동이 좋아하는 코끼리카드는 치료사 쪽으로, 의자카드는 아동 쪽으로 하여 각각 치료사와 아동이 볼 수 있도록 한다.

② 아동이 코끼리카드를 보기 위해 카드를 가져가려고 하거나 달라고 하면 아동의 이름을 불러 기다리게 한 뒤 "선생님은 뭘 보고 있을까?"라고 물어본다. 아동이 정반응하면 바로 코끼리카드를 주고, 오반응하면 카드를 돌려서 아동에게 보여 준 후 다시 질문한다.

Tip

과제 초반에는 아동이 좋아하는 사물을 이용하여 과제를 수행하도록 하고, 점차로 일반 사물로 바꾼다.

제15장

구두언어

VN 손바닥을 펴서 요구하기

AREA VERBAL (구두언어) SKILL Nonvocal Expression (비언어적 표현)

SD
상대방이 원하는 물건을 들고 있거나 "이거 줄까?"라고 물을 때

정반응
한(두) 손바닥을 위로 향하게 편다.

성취기준
3회기 연속으로 80% 이상 성공하면 다음 단계로 넘어간다.

단계
VN_01 [원하는 물건을 보면 도움을 받아 한(두) 손바닥 펴기]

VN_02 [원하는 물건을 보면 스스로 한(두) 손바닥 펴서 내밀기]

방법
① 아동이 좋아하는 장난감이나 간식을 들고 있는다.
아동이 손을 뻗어 가지고 가려고 하면 아동의 손을 잡아 한 손을 펴서 위로 향하게 한 뒤 손에 원하는 것을 올려 준다. 이때 "주세요 해야지."라고 말해 주는 것도 좋다. 만약 아동이 막무가내로 물건을 뺏어 가려고 하면 이때에는 기다

리는 훈련을 함께 병행하도록 한다.

② 처음에는 한 손바닥을 펴서 위로 향하게 잡고 그 상태를 유지하게 한 후 아동에게 건네준다. 간혹 아동들 중에 손바닥을 편 채로 유지하는 것이 힘든 경우가 있다. 그럴 때는 치료사가 아동의 손을 잡은 것을 유지한 채 '하나, 둘, 셋'을 센 후 강화로 원하는 것을 주면 된다.

Tip

비언어적으로 요구하기를 가르칠 때 꼭 두 손 펴기를 가르쳐야 하는지를 물어보는 경우가 간혹 있다. 비언어적 표현은 자신의 요구를 적절하고 사회적으로 통용되는 방법으로 가르치는 데 그 목적이 있다. 두 손을 펴야 하는 것은 어른에게 요구할 때 적절한 표현이긴 하나 또래나 자신보다 나이가 어린 아동들에게는 적절치 않다. 그러므로 아동이 편하게 두 손을 내민다면 두 손을 내미는 것을 연습해도 되지만 꼭 두 손바닥 펴기를 고집하지 않는 것이 좋다. 어른에게 한 손을 내밀었을 때 성인이 "두 손으로 해야지."라고 말하는 것을 듣고 두 손을 내밀 수 있으면 괜찮다.

VN 손을 흔들어 거부하기

AREA VERBAL (구두언어) SKILL Nonvocal Expression (비언어적 표현)

SD
상대방이 아동이 싫어하는 것을 주거나 하기 싫은 활동을 제안할 때

정반응
손을 내젓거나 고개를 좌우로 흔든다.

성취기준
3회기 연속으로 80% 이상 성공하면 다음 단계로 넘어간다.

단계
VN_03 (싫어하는 물건이나 활동을 제안할 때 도움을 받아 고개 흔들기)

VN_04 (싫어하는 물건이나 활동을 제안할 때 스스로 고개 흔들기)

VN_05 [싫어하는 물건이나 활동을 제안할 때 스스로 고개를 흔들며 "아니(싫어)."라고 표현하기]

방법
① 아동이 싫어하는 것을 제공하거나 좋아하지 않는 것을 제안할 때 아동이 울거나 물건을 던지는 행동이 나오려고 하면 미리 손을 잡아 제지시킨 후(반응차단, response blocking) 빨리 고개를 좌우로 흔들거나 손을 내젓도록 한다. 촉구에 의해 거부를 표시해도 "아… 그래 싫구나. 그럼 하지 말자."라고 말하면서 재빨리 요구했던 것을 철회하도록 한다.

② 만약 아동의 발화단계가 한음절 발성이 가능하다고 하면 "아니."를 함께 표현하도록 한다. 두음절 발화가 어려울 때는 "아(니)." 혹은 "시(러)."처럼 한음절만 표현해도 강화하도록 한다.

Tip
DTT를 위해 아동이 혐오하거나 거부하는 것을 연속적으로 제공하는 것이 윤리

적으로 문제가 될 수 있다. 그러므로 구조적으로 이런 표현을 가르치고, 싫다면 회기 내 여러 번으로 나누어서 자연스럽게 기회를 제공하거나, 여러 번 기회를 제공했을 때 스트레스가 너무 크지 않은 물건이나 활동을 선택해야 한다.

아리는 발화가 매우 제한적이고 한음절 따라 말하기가 가능한 수준이다. 아리는 편식이 무척 심해 식사지도 시 문제행동의 빈도가 높은 아동이다. 자신이 좋아하는 반찬 이외에 다른 반찬을 주면 울면서 반찬통을 던져 버리는 모습을 보인다. 편식지도를 해야 하지만 혐오적 상황이 반복되면 식사시간 자체가 혐오적 사건으로 페어링될 수 있으므로 우선적으로 자신의 거부를 적절한 형태로 표현할 수 있도록 훈련하기로 하였다. 자신이 좋아하는 음식을 먹도록 하고 중간에 싫어하는 반찬을 보여 주며 "이거 먹어 볼까?"라고 묻고, 아리가 울면서 손을 뻗어 반찬통을 잡으려고 하면 바로 손을 잡아 "아니야. 싫어."라고 모델링해 주며 손을 내젓게 하였다. "어, 그래, 싫구나. 그럼 다음에 먹자."라고 말하며 그 반찬을 치워 주었다. 식사시간에 평균 세 번 정도 이런 상황을 연출하였다. 물론 식사시간뿐만 아니라 과제시간에도 거부하기 훈련을 병행하였다. 훈련을 시작하고 9회기가 되었을 때, 싫어하는 반찬을 보여 주자 아리 스스로 "아."라고 말하면서 손을 흔들었다. 이런 변화는 자신의 의사를 문제행동 대신 적절한 행동으로 대체한 것으로 긍정적인 신호이다. 적절한 의사표현이 아리의 레퍼토리에 추가될 때까지 강화를 해 주었다. 이러한 의사표현이 완전히 레퍼토리에 들어가기 전에 편식지도를 시작하면 적절한 행동 대신 다시 문제행동이 나올 수 있으므로 아리가 어느 상황에서도 거부할 때 손을 흔들며 "아(니)."라는 표현이 일관적으로 높은 빈도로 유지될 때 편식지도를 시작하였다.

VN 상대방을 가볍게 쳐서 부르기

AREA VERBAL (구두언어) SKILL Nonvocal Expression (비언어적 표현)

SD
도움이 필요한 상황이나 상대를 불러야 할 상황

정반응
상대의 팔이나 손등 부분을 가볍게 두드린다(tapping).

성취기준
3회기 연속으로 80% 이상 성공하면 다음 단계로 넘어간다.

단계
VN_06 (치료사를 불러야 할 상황에서 도움을 받아 치료사의 팔을 두드리기)

VN_07 (치료사를 불러야 할 상황에서 스스로 치료사의 팔을 두드리기)

방법
치료사의 도움이 필요한 상황을 만든 후 아동을 쳐다보지 않고 기다린다(예: 아동이 필요한 물건이 손에 닿지 않거나 장난감 조작이 치료사의 도움이 필요할 때).

① 아동이 다가와서 치료사의 손을 잡아끌 때 아동의 손을 잡고 치료사의 팔을 가볍게 두드리도록 한다. 이때 "선생님."이라고 언어적 모델링도 해 준다. "어, 선생님 불렀구나. 뭐 해 줄까?"라고 물은 후 아동이 원하는 것을 들어준다.

② 치료사가 아동의 손을 잡고 치료사의 팔을 두드리도록 촉구한 다음에 바로 다시 한 번 아동에게 두드리도록 요구한다.

③ 아동이 와서 치료사의 손을 잡아 끌려고 하면 언어적으로 "선생님, 불러야지." 라고 말한 뒤 아동이 두드리면 아동의 요구를 들어주고, 만약 두드리지 않으면 손을 잡고 같이 두드린 후 다시 한 번 아동에게 "선생님 불러."라고 말하면서 아동의 두드림을 유도한다.

④ 아동이 와서 치료사의 손을 잡아끌면 바로 촉구를 주지 않고 기다렸다가 아동

이 5초 내에 정반응하지 않으면 치료사가 치료사의 팔 부분을 가리키거나 "선생님 불러야지."라고 촉구한다.

Tip

만약 치료실에 보조할 인력이 있다면 보조 인력의 도움을 받거나 부모상담 시간에 부모님의 도움을 받아서 두드리기 훈련을 한다. 다른 성인이 아동이 좋아하는 것을 들고 아동과 등지고 서 있거나 앉아 있게 한 후 아동을 데리고 가서 그 사람의 팔을 두드리도록 한다.

VN 원하는 것을 가리키기

AREA VERBAL (구두언어) SKILL Nonvocal Expression (비언어적 표현)

SD
"뭐 줄까?"

정반응
아동은 검지를 펴서 원하는 것을 가리킨다.

성취기준
3회기 연속으로 80% 이상 성공하면 다음 단계로 넘어간다.

단계
VN_08 (원하는 것이 한 가지 있을 때 그것을 가리키기)

VN_09 (두 가지 이상의 물건 중에서 자신이 원하는 것을 가리키기)

VN_10 (원하는 것이 멀리 있을 때 그것을 가리키기)

방법
① 아동이 원하는 것을 치료사가 가지고 있는다. 아동이 손을 뻗으면 "뭐 줄까?" 라고 물어본 뒤 아동의 손을 잡고 검지로 원하는 것을 가리키게 한다. (이때 "이거."라고 언어적으로 모델링해 준다). "아, 이거 갖고(먹고) 싶구나."라고 말하며 아동이 원하는 것을 준다.

② 아동이 손을 뻗어 원하는 것을 잡으려고 하면 "뭐 줄까? 손으로 가리켜 봐."라고 말하며 포인팅동작을 모델링한다. 아동이 가리키지 못하면 아동의 손을 잡아 가리키게 하고 다시 스스로 포인팅하게 한 후 원하는 것을 준다.

③ 아동이 손을 뻗어 원하는 것을 잡으려고 하면 아동이 잡지 못하게 치료사가 물건을 들고 아동을 쳐다보며 기다린다. 아동이 정반응하면 바로 강화하고, 반응하지 않으면 두 번 반복한다.

Tip

소근육 발달이 느린 아동들은 정확하게 검지를 펴서 가리키는 것이 어려울 수 있다. 이럴 경우에는 검지를 펴서 포인팅자세를 잡도록 도와준 후 치료사가 손을 놓았을 때 유지할 수 있도록 훈련한다. 처음에는 1초만 유지해도 강화를 하고, 점차로 '하나, 둘, 셋'을 셀 때까지 유지할 수 있게 유지시간을 늘려 가도록 한다.

VE 소리 따라 내기

AREA VERBAL (구두언어) SKILL Echoic (따라 말하기)

SD
"따라 해 봐."

정반응
아동은 치료사가 내는 소리를 따라 말한다.

성취기준
3회기 연속으로 80% 이상 성공하면 다음 단계로 넘어간다.

단계
VE_01 (입모양 따라 하기)

VE_02 (한음절 따라 말하기)

VE_03 (한음절 연속 따라 말하기)

VE_04 (두음절 따라 말하기)

방법
① 아동에게 "따라 해 봐."라고 말한 뒤 "아~."라고 말하며 입을 크게 벌린다. 아동이 소리를 내지 않아도 입을 크게 벌리면 강화한다.

② 다음 단계에서는 입을 벌리고 소리를 내도록 한다. 소리가 크지 않거나 정확히 "아~."가 아니라고 해도 강화한다.

③ 정확히 입을 벌리고 "아~."라고 하면 강화한다.

④ "아~."를 요구할 때마다 잘 따라 하면 다음에는 연속적으로 "아, 아."라고 따라 말하게 한다.

⑤ 연속적으로 따라 말하기가 되면 그다음 단계에서는 "아~가."라고 두음절을 따라 말하게 한다.

Tip

- 아동이 평소에 스스로 잘 내는 소리 중에서 선택해서 따라 말하기를 시작한다. 예를 들어, 아동이 기차를 밀면서 "치치."라고 말한다면 "치."를 선택해서 따라 말하기를 시작하거나 의미가 없더라도 아동이 평소에 고빈도로 산출하는 음이 있다면 그것을 먼저 따라 말하기로 시작하도록 한다.
- 아동이 평소 산출하는 소리가 거의 없을 경우에는 모음을 위주로 시작한다. 예를 들어, 좋아하는 강화물을 들고 아동의 입 가까이에 대면서 "아~."라고 입 벌리는 것을 모방하도록 한다.
- 강화물을 가지고 소리를 모방할 때 아동에게 강화물을 주지 않고 여러 번 모방행동을 요구하지 않는다. 과자를 들고 아동에게 "아~." 해 보라고 요구한 뒤에 반응이 없으면 다시 "아~."라고 요구하고, 아동이 "아~."라고 말하면 과자를 준다. 아동의 모방기술이 확립되지 않은 상태에서 강화물을 주지 않고 여러 번 요구하면 아동이 좌절을 느끼거나 문제행동이 생길 수 있으므로 세 번 이상 요구하지 않도록 한다.
- 행동모방이 가능한 경우에는 아동이 잘하는 행동을 세 번 정도 연속적으로 한 뒤에 발성모방을 한다. 예를 들어, "○○야, 선생님 따라 해."라고 말한 뒤 아동이 잘하는 행동(예: 손뼉 치기, 책상 두드리기, 손머리)을 빠르게 모방하게 하고 마지막으로 "아~." 하고 모델링한다.

- 아동이 잘 따라 말하는 소리가 생기면 그것을 이용하여 high-p(고확률요구연속)를 한다. 예를 들어, 아동이 "아~." 발성을 잘 모방하면 "선생님 따라 해 봐."라고 말한 뒤 "아, 아, 아, 우~."라고 하여 목표로 하는 발음을 잘하는 발음 뒤에 따라 하게 한다.
- 아동에 따라서는 한음절보다 두음절을 더 빠르게 모방하는 경우가 있다. 그러므로 반드시 한음절부터 음성모방을 시작하기보다는 아동을 관찰하여 두음절 모방이 더 잘 된다면 두음절부터 시작해도 된다.
- 음성모방은 아동이 잘하는 소리를 먼저 선택해야 하며, 모방을 원하는 단어를 선택할 때도 아동의 선호를 파악하여 시작하는 것이 좋다. 만약 아동이 자동차를 좋아한다면 "차."를 모방하도록 하는 것이 언어적 요구하기 훈련이나 사물 이름 명명하기 훈련에 유용하게 쓰일 수 있다.
- 아동이 의성어나 의태어 소리를 잘 내는 경우가 있다. 이럴 때에는 아동이 내는 소리를 치료사가 따라 한 뒤에 아동이 그 소리를 따라 하면 강화한다. 예를 들어, 아동이 차를 밀면서 "부-부."라고 소리를 내면 옆에서 그 소리를 따라 "부-부."라고 한다. 이 소리를 듣고 아동이 "부-부."라고 하면 "와, 선생님 따라 했구나."라고 말하면서 칭찬하고 강화한다.

VR 대답하기

AREA VERBAL (구두언어) SKILL Verbal response (대답하기)

SD
아동의 이름을 부른다.

정반응
자신의 이름을 부르면 3초 내에 "네."라고 대답한다.

성취기준
3회기 연속으로 80% 이상 성공하면 종결한다.

단계
VR_01 ("네."와 비슷하게 소리 내거나 하려고 시도)

VR_02 (정확히 "네."라고 대답하기)

방법
① 아동의 이름을 불렀을 때 "응, 으, 에, 메." 등의 반응을 하며 소리를 내려고 시도하면 "어, 네 라고 대답했구나. 잘했어."라고 말하며 강화한다.

② 이름을 부를 때마다 매번 소리를 내며 대답을 하면, 아동이 내는 소리를 "네." 라고 수정한 뒤 따라 하게 한다. 아동이 자신이 낸 소리와 조금이라도 다르게 내려고 시도하면 강화한다.

③ 아동이 "네." 소리와 비슷하게 낼 때 강화한다.

④ 아동이 "네."라고 정확히 대답할 때 강화한다.

Tip
호명에 대답하기를 연습할 때 반향어를 산출하는 아동들이 있다. 예를 들어, "소라야!"라고 부를 때 "소라야."라고 따라 말하거나, 혹은 "소라야, 네."라고 말한다. 이때에는 이름을 부르지 않고 "네."만 4~5회 따라 말하게 한 뒤, 다시 "소라야." 라고 부르면 "네."라고 대답할 가능성이 높아진다.

부록

부록 1 과제 체크리스트

Behavior Skills Checklist | 주의 집중 (ATTENDING)

착석 (S: Sitting)

ID	기술	1st	2nd	3rd
AS_01	지시에 따라 1초 동안 착석하기			
AS_02	지시에 따라 3초 동안 착석하기			
AS_03	지시에 따라 5초 동안 착석하기			
AS_04	과제를 수행하면서 10초 동안 착석하기			
AS_05	과제를 수행하면서 30초 동안 착석하기			
AS_06	과제를 수행하면서 1분 동안 착석하기			
AS_07	과제를 수행하면서 3분 동안 착석하기			
AS_08	과제를 수행하면서 5분 동안 착석하기			
AS_09	과제를 수행하면서 10분 동안 착석하기			
AS_10	과제를 수행하면서 15분 동안 착석하기			

눈맞춤 (E: Eye Contact)

ID	기술	1st	2nd	3rd
AE_01	요구하기 위해 1초 동안 눈 맞추기			
AE_02	요구하기 위해 2초 이상 눈 맞추기			
AE_03	호명 시 1초 동안 눈 맞추기			
AE_04	호명 시 2초 동안 눈 맞추기			
AE_05	활동이나 놀이 중에 호명하면 쳐다보기			
AE_06	1m 이상의 거리에서 호명하면 쳐다보기			

주의 집중 (A: Attention)

ID	기술	1st	2nd	3rd
AA_01	치료사가 가리키는 것 1초 동안 쳐다보기			
AA_02	치료사가 가리키는 것 2초 동안 쳐다보기			
AA_03	치료사가 가리키는 것 3초 이상 쳐다보기			
AA_04	2개의 통 중 가리키는 곳에 넣기			
AA_05	3개의 통 중 가리키는 곳에 넣기			
AA_06	4개의 통 중 가리키는 곳에 넣기			
AA_07	5개의 통 중 가리키는 곳에 넣기			
AA_08	옆에서 나는 소리에 쳐다보기			
AA_09	위에서 나는 소리에 쳐다보기			
AA_10	아래에서 나는 소리에 쳐다보기			
AA_11	뒤에서 나는 소리에 쳐다보기			

시각 추적 (V: Visual Tracking)

ID	기술	1st	2nd	3rd
AV_01	선호물을 따라 시선이 왼쪽으로 2초간 이동			
AV_02	선호물을 따라 시선이 오른쪽으로 2초간 이동			
AV_03	선호물을 따라 시선이 위쪽으로 2초간 이동			
AV_04	선호물을 따라 시선이 아래쪽으로 2초간 이동			
AV_05	선호물을 따라 시선이 원을 그리듯 5초간 이동			
AV_06	선호물이 굴러간 방향을 쳐다보기			
AV_07	2개의 컵 중 숨긴 블록 찾기			
AV_08	3개의 컵 중 숨긴 블록 찾기			
AV_09	4개의 컵 중 숨긴 블록 찾기			
AV_10	3개의 컵 중 숨긴 블록 2개 찾기			
AV_11	4개의 컵 중 숨긴 블록 2개 찾기			
AV_12	2개의 컵 중 하나를 한 번 이동시켰을 때 블록이 있는 컵 찾기			
AV_13	2개의 컵 중 하나를 두 번 이동시켰을 때 블록이 있는 컵 찾기			
AV_14	3개의 컵 중 하나를 한 번 이동시켰을 때 블록이 있는 컵 찾기			
AV_15	3개의 컵 중 하나를 두 번 이동시켰을 때 블록이 있는 컵 찾기			
AV_16	3개의 컵 중 하나를 세 번 이동시켰을 때 블록이 있는 컵 찾기			

공동주의 집중 (J: Joint Attention)

ID	기술	1st	2nd	3rd
AJ_01	치료사가 가리키는 곳을 고개를 돌려 쳐다보기	☐	☐	☐
AJ_02	치료사가 쳐다보는 곳을 쳐다보기	☐	☐	☐

청각주의 집중 (L: Listening)

ID	기술	1st	2nd	3rd
AL_01	1초 동안 기다리기	☐	☐	☐
AL_02	3초 이상 기다리기	☐	☐	☐
AL_03	1개의 지시 수행하기	☐	☐	☐
AL_04	2개의 지시 연속 수행하기	☐	☐	☐
AL_05	3개의 지시 연속 수행하기	☐	☐	☐
AL_06	5개의 지시 연속 수행하기	☐	☐	☐
AL_07	2단계 지시 따르기	☐	☐	☐
AL_08	3단계 지시 따르기	☐	☐	☐
AL_09	사물의 한 가지 특징을 듣고 건네주기	☐	☐	☐
AL_10	사물의 한 가지 기능을 듣고 건네주기	☐	☐	☐
AL_11	소리를 듣고 해당하는 카드나 물건을 건네주기	☐	☐	☐
AL_12	숫자 2개를 말하면 듣고 그대로 따라 말하기	☐	☐	☐
AL_13	숫자 3개를 말하면 듣고 그대로 따라 말하기	☐	☐	☐
AL_14	숫자 4개를 말하면 듣고 그대로 따라 말하기	☐	☐	☐
AL_15	숫자 5개를 말하면 듣고 그대로 따라 말하기	☐	☐	☐
AL_16	두 가지 특징을 가진 물건이나 물건의 그림 건네주기	☐	☐	☐
AL_17	세 가지 특징을 가진 물건이나 물건의 그림 건네주기	☐	☐	☐
AL_18	치료사가 지시하는 곳에 블록 1개 놓기	☐	☐	☐
AL_19	치료사가 지시하는 곳에 블록 2개 놓기	☐	☐	☐
AL_20	치료사가 지시하는 곳에 블록 3개 놓기	☐	☐	☐
AL_21	치료사가 지시하는 규칙에 따라 블록 배열하기	☐	☐	☐

사물을 이용한 모방 (O: Imitation with Objects)

ID	기술	1st	2nd	3rd
IO_01	치료사의 한 가지 동작을 따라 하기	☐	☐	☐
IO_02	그림이나 사진 속의 한 가지 동작을 따라 하기	☐	☐	☐
	통에 블록을 담기	☐	☐	☐
	통에서 블록 꺼내기	☐	☐	☐
	상자 위에 물건 올리기	☐	☐	☐
	나무 블록 쌓기	☐	☐	☐
	블록 끼우기	☐	☐	☐
	종 치기	☐	☐	☐
	소리 나는 물건(예: 마라카스, 탬버린 등) 흔들기	☐	☐	☐
	장난감 차 밀기	☐	☐	☐
	장난감 비행기 날리기	☐	☐	☐
	인형이나 동물에게 음식 먹이기	☐	☐	☐
	장난감 전화기 귀에 대기	☐	☐	☐
	컵으로 물 마시는 흉내 내기	☐	☐	☐
	빗으로 머리 빗기	☐	☐	☐
	장난감 북 치기	☐	☐	☐
	망치 두드리기	☐	☐	☐
	그릇에 담긴 것 젓기	☐	☐	☐
	통 뒤집기	☐	☐	☐
	손가락으로 팽이 돌리기	☐	☐	☐
	페그보드에 페그 꽂기	☐	☐	☐
	저금통에 동전 넣기	☐	☐	☐
	공이나 물건을 미끄럼틀이나 경사진 곳에서 굴리기	☐	☐	☐
	장난감 자동차를 뒤로 당겼다가 놓기	☐	☐	☐
	모형 과일을 칼로 자르기	☐	☐	☐
	장난감 기차를 레일에서 밀기	☐	☐	☐
	실로폰 채로 두드리기	☐	☐	☐
	클레이도우 밀기/찍기/주무르기/자르기	☐	☐	☐
	손으로 상자 밀기	☐	☐	☐
	손으로 상자 당기기	☐	☐	☐
	손으로 끈이 달린 물건이나 장난감 당기기	☐	☐	☐
IO_03	치료사의 동작을 두 가지 연속으로 따라 하기	☐	☐	☐
IO_04	치료사의 동작을 세 가지 연속으로 따라 하기	☐	☐	☐

① 마라카스 흔들고 종 치기
통에 블록 넣고 흔들기
통을 뒤집어 블록 올리기
통에 물건 넣고 뚜껑 닫기
장난감 야채 반으로 자르고 접시에 올리기
인형을 침대에 눕히고 이불 덮어 주기
인형 앉히고 우유 먹이기
장난감 차에 인형 태우고 밀기
장난감 비행기에 인형 태우고 날리기
플레이도우 밀고 자르기 등

② 마라카스 흔들고 종 치고 북 치기
통에 블록 넣고 뚜껑 닫고 흔들기
통을 뒤집어 블록 올리고 다시 뒤집어 넣기
장난감 야채 씻어서 반으로 자르고 접시에 담기
컵에 물 붓고 저어서 마시기 등

대근육 모방 (G: Gross Motor Imitation)

ID	기술	1st	2nd	3rd
IG_01	치료사의 동작을 한 가지 따라 하기			
IG_02	그림이나 사진 속의 동작을 한 가지 따라 하기			
	손뼉 치기			
	책상 두드리기			
	무릎 치기			
	만세하기			
	손 좌우로 흔들기			
	일어서기			
	앉기			
	반짝반짝			
	어깨 만지기			
	발 구르기			
	도리도리하기			
	고개 끄덕끄덕하기			
	허리 숙여 바닥 짚기			
	점프하기			
	제자리에서 돌기			
	노크하기			

	배 두드리기			
	머리 만지기			
	두 다리를 벌리고 서기			
	두 다리를 붙이고 서기			
	두 팔을 벌리기			
	두 팔을 양쪽으로 벌렸다 굽히기			
	두 팔을 벌린 후 위아래로 흔들기			
	제자리에서 걷기			
	한 발 들기			
	고개 숙이기			
	고개 젖히기			
	쪼그려 앉기			
	한 발 앞으로 내밀고 서기			
	한 팔로 원을 그리듯 돌리기			
	어깨 움츠리기			
	앉아서 다리 꼬기			
	손을 어깨 위로 올려서 던지기			
	기도하는 자세(양손 손바닥을 붙이고 가슴 앞에서 모으기)			
	엎드리기			
	오른손으로 왼쪽 무릎 만지기			
	왼손으로 오른쪽 무릎 만지기			
	오른손으로 왼쪽 귀 만지기			
	왼손으로 오른쪽 귀 만지기			
	박수 두 번 치기			
	박수 세 번 치기			
	박수 네 번 치기			
	책상 두 번 두드리기			
	책상 세 번 두드리기			
	책상 네 번 두드리기			
	발 두 번 구르기			
	발 두 번 구르기			
	발 네 번 구르기			
IG_03	치료사의 동작을 두 가지 연속으로 따라 하기			
IG_04	치료사의 동작을 세 가지 연속으로 따라 하기			

① 박수 치고 코 만지기
일어나서 만세하기
책상 두드리고 손 흔들기

배 두드리고 어깨 두드리기 등
② 박수 치고 코 만지고 만세하기
어깨 두드리고 책상 두드리고 일어나기 등

소근육 모방 (F: Fine Motor Imitation)

ID	기술	1st	2nd	3rd
IF_01	치료사가 보여 주는 한 가지 손동작 따라 하기			
	주먹 쥐기			
	손바닥 펴기			
	양손 손바닥을 펴서 벌리기(주세요)			
	검지 손가락만 펴기(포인팅)			
	엄지와 검지를 펴서 손가락 총 모양 만들기			
	한 손 검지로 다른 손의 손바닥을 찌르기(곤지곤지)			
	엄지 들어 올리기(최고)			
	양손 검지를 교차시켜 X 만들기			
	1에서 10까지 손가락 세기			
	종이 구기기			
	접힌 종이 펴기			
	종이 접기			
	장난감의 스위치를 켜고 끄기			
	장난감 버튼 누르기			
	양손 엄지와 검지로 동그라미 고리 만들어 걸기			
	손으로 나비 모양 만들기			
	검지로 눈, 코, 입 포인팅하기			
	피아노 치는 흉내 내기			
	작은 용기의 뚜껑을 돌려서 열기			
	작은 용기의 뚜껑을 돌려서 닫기			
	모양틀에 끼우기			
	큰 구멍(지름 1cm)에 실 꿰기			
	작은 구멍(지름 0.5cm 이하)에 실 꿰기			
	문 손잡이 돌리기			
	가위로 자르기			
	구슬 끼우기			
	집게로 딱딱한 물건 옮기기			
	집게로 말랑말랑한 물건(예: 찰흙 덩어리, 폼폼이 등) 옮기기			
	양손 검지 맞대기			
	엄지와 다른 손가락 차례로 맞대기			

구강 모방 (O: Oral Motor Imitation)

ID	기술	1st	2nd	3rd
IR_01	치료사의 입모양을 따라 하기			
	입을 크게 벌린다.			
	입을 일자로 다문다.			
	입을 오므려 'O' 모양을 만든다.			
	이를 다물고 입술을 벌린다('이' 소리 모양을 만든다).			
	혀를 내민다.			
	혀를 윗입술에 댄다.			
	혀를 입의 왼쪽으로 내민다.			
	혀를 입의 오른쪽으로 내민다.			
	혀를 윗니와 아랫니 사이에 살짝 문다.			
	입안에 공기를 넣어 뺨을 부풀린다.			
	"후" 하면서 공기를 모았다가 입 밖으로 내뿜는다.			
	혀를 내밀어 사탕을 빨아 먹는다.			
	막대 사탕을 입에 넣고 빨아 먹는다.			
	빨대로 물을 먹는다.			
	"후" 하고 불어 촛불을 끈다.			
	피리를 분다.			
	"후" 하고 불어 탁구공을 민다.			
	"후" 하고 불어 휴지를 움직인다.			
	아랫입술을 문다.			
	윗니와 아랫니를 맞대고 부딪힌다.			

Behavior Skills Checklist 인지 (COGNITION)

매칭 (M: Matching)

ID	기술	1st	2nd	3rd
CM_01	책상 위에 놓인 카드 한 장과 똑같은 카드 매칭하기			
CM_02	책상 위에 놓인 카드 두 장 중 똑같은 카드 한 장 매칭하기			
CM_03	책상 위에 놓인 카드 두 장 중 똑같은 카드 두 장 매칭하기			
CM_04	책상 위에 놓인 카드 세 장 중 똑같은 카드 한 장 매칭하기			
CM_05	책상 위에 놓인 카드 세 장 중 똑같은 카드 두 장 매칭하기			
CM_06	책상 위에 놓인 카드 세 장 중 똑같은 카드 세 장 매칭하기			
CM_07	책상 위에 놓인 카드 네 장 중 똑같은 카드 한 장 매칭하기			
CM_08	책상 위에 놓인 카드 네 장 중 똑같은 카드 두 장 매칭하기			

CM_09	책상 위에 놓인 카드 네 장 중 똑같은 카드 세 장 매칭하기	☐	☐	☐
CM_10	책상 위에 놓인 카드 네 장 중 똑같은 카드 네 장 매칭하기	☐	☐	☐
CM_11	책상 위에 놓인 카드와 비슷한 그림카드 한 장 매칭하기	☐	☐	☐
CM_12	책상 위에 놓인 카드 두 장 중 비슷한 카드 한 장 매칭하기	☐	☐	☐
CM_13	책상 위에 놓인 카드 두 장 중 비슷한 카드 두 장 매칭하기	☐	☐	☐
CM_14	책상 위에 놓인 카드 세 장 중 비슷한 카드 한 장 매칭하기	☐	☐	☐
CM_15	책상 위에 놓인 카드 세 장 중 비슷한 카드 두 장 매칭하기	☐	☐	☐
CM_16	책상 위에 놓인 카드 세 장 중 비슷한 카드 세 장 매칭하기	☐	☐	☐
CM_17	책상 위에 놓인 카드 네 장 중 비슷한 카드 한 장 매칭하기	☐	☐	☐
CM_18	책상 위에 놓인 카드 네 장 중 비슷한 카드 두 장 매칭하기	☐	☐	☐
CM_19	책상 위에 놓인 카드 네 장 중 비슷한 카드 세 장 매칭하기	☐	☐	☐
CM_20	책상 위에 놓인 카드 네 장 중 비슷한 카드 네 장 매칭하기	☐	☐	☐
CM_21	책상 위에 놓인 사물과 똑같은 사물 매칭하기	☐	☐	☐
CM_22	책상 위에 놓인 2개의 사물 중 똑같은 사물 1개 매칭하기	☐	☐	☐
CM_23	책상 위에 놓인 2개의 사물 중 똑같은 사물 2개 매칭하기	☐	☐	☐
CM_24	책상 위에 놓인 3개의 사물 중 똑같은 사물 1개 매칭하기	☐	☐	☐
CM_25	책상 위에 놓인 3개의 사물 중 똑같은 사물 2개 매칭하기	☐	☐	☐
CM_26	책상 위에 놓인 3개의 사물 중 똑같은 사물 3개 매칭하기	☐	☐	☐
CM_27	책상 위에 놓인 4개의 사물 중 똑같은 사물 1개 매칭하기	☐	☐	☐
CM_28	책상 위에 놓인 4개의 사물 중 똑같은 사물 2개 매칭하기	☐	☐	☐
CM_29	책상 위에 놓인 4개의 사물 중 똑같은 사물 3개 매칭하기	☐	☐	☐
CM_30	책상 위에 놓인 4개의 사물 중 똑같은 사물 4개 매칭하기	☐	☐	☐
CM_31	책상 위에 놓인 한 장의 사진에 똑같은 사물 매칭하기	☐	☐	☐
CM_32	책상 위에 놓인 두 장의 사진 중 한 장에 똑같은 사물 매칭하기	☐	☐	☐
CM_33	책상 위에 놓인 두 장의 사진 중 두 장에 똑같은 사물 매칭하기	☐	☐	☐
CM_34	책상 위에 놓인 세 장의 사진 중 한 장에 똑같은 사물 매칭하기	☐	☐	☐
CM_35	책상 위에 놓인 세 장의 사진 중 두 장에 똑같은 사물 매칭하기	☐	☐	☐
CM_36	책상 위에 놓인 세 장의 사진 중 세 장에 똑같은 사물 매칭하기	☐	☐	☐
CM_37	책상 위에 놓인 네 장의 사진 중 한 장에 똑같은 사물 매칭하기	☐	☐	☐
CM_38	책상 위에 놓인 네 장의 사진 중 두 장에 똑같은 사물 매칭하기	☐	☐	☐
CM_39	책상 위에 놓인 네 장의 사진 중 세 장에 똑같은 사물 매칭하기	☐	☐	☐
CM_40	책상 위에 놓인 네 장의 사진 중 네 장에 똑같은 사물 매칭하기	☐	☐	☐
CM_41	책상 위에 놓인 사물과 비슷한 사물 매칭하기	☐	☐	☐
CM_42	책상 위에 놓인 2개의 사물 중 비슷한 사물 1개 매칭하기	☐	☐	☐
CM_43	책상 위에 놓인 2개의 사물 중 비슷한 사물 2개 매칭하기	☐	☐	☐
CM_44	책상 위에 놓인 3개의 사물 중 비슷한 사물 1개 매칭하기	☐	☐	☐
CM_45	책상 위에 놓인 3개의 사물 중 비슷한 사물 2개 매칭하기	☐	☐	☐

CM_46	책상 위에 놓인 3개의 사물 중 비슷한 사물 3개 매칭하기			
CM_47	책상 위에 놓인 4개의 사물 중 비슷한 사물 1개 매칭하기			
CM_48	책상 위에 놓인 4개의 사물 중 비슷한 사물 2개 매칭하기			
CM_49	책상 위에 놓인 4개의 사물 중 비슷한 사물 3개 매칭하기			
CM_50	책상 위에 놓인 4개의 사물 중 비슷한 사물 4개 매칭하기			
CM_51	책상 위에 놓인 한 장의 그림카드에 1개 사물 매칭하기			
CM_52	책상 위에 놓인 두 장의 그림카드 중 1개 사물 매칭하기			
CM_53	책상 위에 놓인 두 장의 그림카드 중 2개 사물 매칭하기			
CM_54	책상 위에 놓인 세 장의 그림카드 중 1개 사물 매칭하기			
CM_55	책상 위에 놓인 세 장의 그림카드 중 2개 사물 매칭하기			
CM_56	책상 위에 놓인 세 장의 그림카드 중 3개 사물 매칭하기			
CM_57	책상 위에 놓인 네 장의 그림카드 중 1개 사물 매칭하기			
CM_58	책상 위에 놓인 네 장의 그림카드 중 2개 사물 매칭하기			
CM_59	책상 위에 놓인 네 장의 그림카드 중 3개 사물 매칭하기			
CM_60	책상 위에 놓인 네 장의 그림카드 중 4개 사물 매칭하기			
CM_61	책상 위에 놓인 1개의 모양에 매칭하기			
CM_62	책상 위에 놓인 2개의 모양 중 하나와 매칭하기			
CM_63	책상 위에 놓인 2개의 모양 중 2개 모양 매칭하기			
CM_64	책상 위에 놓인 3개의 모양 중 하나와 매칭하기			
CM_65	책상 위에 놓인 3개의 모양 중 2개 모양 매칭하기			
CM_66	책상 위에 놓인 3개의 모양 중 3개 모양 매칭하기			
CM_67	책상 위에 놓인 4개의 모양 중 하나와 매칭하기			
CM_68	책상 위에 놓인 4개의 모양 중 2개 모양 매칭하기			
CM_69	책상 위에 놓인 4개의 모양 중 3개 모양 매칭하기			
CM_70	책상 위에 놓인 4개의 모양 중 4개 모양 매칭하기			
CM_71	책상 위에 놓인 1개의 색깔에 매칭하기			
CM_72	책상 위에 놓인 2개의 색깔 중 하나와 매칭하기			
CM_73	책상 위에 놓인 2개의 색깔 중 2개 색깔 매칭하기			
CM_74	책상 위에 놓인 3개의 색깔 중 하나와 매칭하기			
CM_75	책상 위에 놓인 3개의 색깔 중 2개 색깔 매칭하기			
CM_76	책상 위에 놓인 3개의 색깔 중 3개 색깔 매칭하기			
CM_77	책상 위에 놓인 4개의 색깔 중 하나와 매칭하기			
CM_78	책상 위에 놓인 4개의 색깔 중 2개 색깔 매칭하기			
CM_79	책상 위에 놓인 4개의 색깔 중 3개 색깔 매칭하기			
CM_80	책상 위에 놓인 4개의 색깔 중 4개 색깔 매칭하기			
CM_81	책상 위에 놓인 한 장의 그림카드에 같은 범주 매칭하기			
CM_82	책상 위에 놓인 두 장의 그림카드 중 한 장에 같은 범주 매칭하기			
CM_83	책상 위에 놓인 두 장의 그림카드 중 두 장에 같은 범주 매칭하기			

CM_84 책상 위에 놓인 세 장의 그림카드 중 한 장에 같은 범주 매칭하기 □ □ □
CM_85 책상 위에 놓인 세 장의 그림카드 중 두 장에 같은 범주 매칭하기 □ □ □
CM_86 책상 위에 놓인 세 장의 그림카드 중 세 장에 같은 범주 매칭하기 □ □ □
CM_87 책상 위에 놓인 네 장의 그림카드 중 한 장에 같은 범주 매칭하기 □ □ □
CM_88 책상 위에 놓인 네 장의 그림카드 중 두 장에 같은 범주 매칭하기 □ □ □
CM_89 책상 위에 놓인 네 장의 그림카드 중 세 장에 같은 범주 매칭하기 □ □ □
CM_90 책상 위에 놓인 네 장의 그림카드 중 네 장에 같은 범주 매칭하기 □ □ □
CM_91 책상 위에 놓인 한 장의 그림카드에 관계있는 그림을 매칭하기 □ □ □
CM_92 책상 위에 놓인 두 장의 그림카드 중 한 장에 관계있는 그림카드 매칭하기 □ □ □
CM_93 책상 위에 놓인 두 장의 그림카드 중 두 장에 관계있는 그림카드 매칭하기 □ □ □
CM_94 책상 위에 놓인 세 장의 그림카드 중 한 장에 관계있는 그림카드 매칭하기 □ □ □
CM_95 책상 위에 놓인 세 장의 그림카드 중 두 장에 관계있는 그림카드 매칭하기 □ □ □
CM_96 책상 위에 놓인 세 장의 그림카드 중 세 장에 관계있는 그림카드 매칭하기 □ □ □
CM_97 책상 위에 놓인 네 장의 그림카드 중 한 장에 관계있는 그림카드 매칭하기 □ □ □
CM_98 책상 위에 놓인 네 장의 그림카드 중 두 장에 관계있는 그림카드 매칭하기 □ □ □
CM_99 책상 위에 놓인 네 장의 그림카드 중 세 장에 관계있는 그림카드 매칭하기 □ □ □
CM_100 책상 위에 놓인 네 장의 그림카드 중 네 장에 관계있는 그림카드 매칭하기 □ □ □
CM_101 책상 위에 놓인 한 장의 그림카드에 같은 위치를 나타내는 똑같은 그림카드 매칭하기 □ □ □
CM_102 책상 위에 놓인 두 장의 그림카드 중 같은 위치를 나타내는 똑같은 그림카드 한 장 매칭하기 □ □ □
CM_103 책상 위에 놓인 두 장의 그림카드 중 같은 위치를 나타내는 똑같은 그림카드 두 장 매칭하기 □ □ □
CM_104 같은 위치를 나타내는 그림카드끼리 매칭하기(그림이 다른 카드 이용) □ □ □
CM_105 옆을 나타내는 그림카드끼리 매칭하기 □ □ □
CM_106 책상 위에 놓인 한 명의 사람카드에 같은 성별의 사람카드 매칭하기 □ □ □
CM_107 여러 장의 사람카드에 같은 성별의 사람카드 매칭하기 □ □ □
CM_108 책상 위에 놓인 그림의 표정과 같은 표정의 사람카드 매칭하기 □ □ □
CM_109 여러 표정의 사람카드에 같은 표정 매칭하기 □ □ □
CM_110 똑같은 표정카드는 아니나 같은 정서를 나타내고 있는 카드를 찾아 매칭하기 □ □ □
CM_111 책상 위에 놓인 계절용품과 같은 계절용품 카드 매칭하기 □ □ □
CM_112 여러 장의 계절과 관련된 카드에 같은 계절카드를 찾아 매칭하기 □ □ □
CM_113 치료사가 보여 주는 사물을 보지 않고 만져서 똑같은 것 찾기 □ □ □
CM_114 치료사가 말하는 사물을 보지 않고 만져서 똑같은 것 찾기 □ □ □

CM_115	지시 없이 책상 위에 놓인 1개의 자극에 매칭하기			
CM_116	지시 없이 책상 위에 놓인 2개의 자극 중 하나와 매칭하기			
CM_117	지시 없이 책상 위에 놓인 2개의 자극 중 2개 매칭하기			
CM_118	지시 없이 책상 위에 놓인 3개의 자극 중 하나와 매칭하기			
CM_119	지시 없이 책상 위에 놓인 3개의 자극 중 2개 매칭하기			
CM_120	지시 없이 책상 위에 놓인 3개의 자극 중 3개 매칭하기			

분류 (C: Classification)

ID	기술	1st	2nd	3rd
CC_01	1개의 통에 통과 같은 색의 블록 넣기			
CC_02	2개의 통에 통과 같은 색의 블록 넣기			
CC_03	3개의 통에 통과 같은 색의 블록 넣기			
CC_04	4개의 통에 통과 같은 색의 블록 넣기			
CC_05	1개의 접시에 한 가지 모양만 담기			
CC_06	2개의 접시에 담긴 모양을 보고 같은 모양의 사물 담기			
CC_07	3개의 접시에 담긴 모양을 보고 같은 모양의 사물 담기			
CC_08	같은 범주끼리 모으기			
CC_09	같은 크기끼리 모으기			
CC_10	같은 성별끼리 모으기			
CC_11	같은 계절끼리 모으기			

변별 (I: Identification)

ID	기술	1st	2nd	3rd
CI_01	거울 보고 치료사의 신체 포인팅을 따라 하기			
CI_02	치료사의 신체를 포인팅하기			
CI_03	자신의 신체를 포인팅하기			
CI_04	그림을 보고 신체를 포인팅하기			
CI_05	사진 속의 가족 구성원 가리키기			
CI_06	지시한 색깔 한 가지 건네주기			
CI_07	두 가지 색깔 중 지시한 색깔 한 가지 건네주기			
CI_08	세 가지 색깔 중 지시한 색깔 한 가지 건네주기			
CI_09	네다섯 가지 색깔 중 지시한 색깔 한 가지 건네주기			
CI_10	지시한 모양 한 가지 건네주기			
CI_11	두 가지 모양 중 지시한 모양 한 가지 건네주기			
CI_12	세 가지 모양 중 지시한 모양 한 가지 건네주기			
CI_13	네다섯 가지 모양 중 지시한 모양 한 가지 건네주기			

CI_14	두 가지 모양 중에서 지시 듣고 선택하기			
CI_15	두 가지 모양과 두 가지 색 중에서 지시 듣고 선택하기			
CI_16	세 가지 모양과 세 가지 색 중에서 지시 듣고 선택하기			
CI_17	세 가지 모양과 세 가지 색 중에서 지시 듣고 두 가지 선택하기			
CI_18	지시한 한 장의 사물카드 건네주기			
CI_19	두 장의 카드 중 지시한 사물카드 한 장 건네주기			
CI_20	세 장의 카드 중 지시한 사물카드 한 장 건네주기			
CI_21	네다섯 장의 카드 중 지시한 사물카드 한 장 건네주기			
CI_22	지시한 한 장의 동물카드 건네주기			
CI_23	두 장의 카드 중 지시한 동물카드 한 장 건네주기			
CI_24	세 장의 카드 중 지시한 동물카드 한 장 건네주기			
CI_25	네다섯 장의 카드 중 지시한 동물카드 한 장 건네주기			
CI_26	지시한 한 장의 과일카드 건네주기			
CI_27	두 장의 카드 중 지시한 과일카드 한 장 건네주기			
CI_28	세 장의 카드 중 지시한 과일카드 한 장 건네주기			
CI_29	네다섯 장의 카드 중 지시한 과일카드 한 장 건네주기			
CI_30	지시한 한 장의 탈것카드 건네주기			
CI_31	두 장의 카드 중 지시한 탈것카드 한 장 건네주기			
CI_32	세 장의 카드 중 지시한 탈것카드 한 장 건네주기			
CI_33	네다섯 장의 카드 중 지시한 탈것카드 한 장 건네주기			
CI_34	지시한 한 장의 범주카드 건네주기			
CI_35	두 장의 카드 중 지시한 범주카드 한 장 건네주기			
CI_36	세 장의 카드 중 지시한 범주카드 한 장 건네주기			
CI_37	네다섯 장의 카드 중 지시한 범주카드 한 장 건네주기			
CI_38	두 장의 그림카드 중 아닌 것 찾기			
CI_39	세 장의 그림카드 중 아닌 것 찾기			
CI_40	여러 장의 그림카드 중 아닌 것 모두 찾기			
CI_41	세 장의 그림카드 중 다른 그림 찾기			
CI_42	세 장의 그림카드 중 다른 범주 찾기			
CI_43	가까이 있는 물체의 위/아래/옆에 놓기			
CI_44	가까이 있는 물체의 위/아래/옆에 있는 것 주기			
CI_45	가까이 있는 물체의 위/아래/옆에 있는 것 가리키기			
CI_46	가까이 있는 물체의 위/아래/옆에 있는 것 말하기			
CI_47	멀리 있는 물체의 위/아래/옆에 있는 것 말하기			
CI_48	자신의 왼손 들기			
CI_49	자신의 오른손 들기			
CI_50	아동 자신의 왼쪽에 있는 물건 주기/말하기			

CI_51	아동 자신의 오른쪽에 있는 물건 주기/말하기	☐	☐	☐
CI_52	치료사가 말하는 사물의 왼쪽에 있는 것 주기/말하기	☐	☐	☐
CI_53	치료사가 말하는 사물의 오른쪽에 있는 것 주기/말하기	☐	☐	☐
CI_54	치료사가 말하는 사물의 크기를 두 손을 이용해 표시하기	☐	☐	☐
CI_55	지시한 사물의 앞에 있는 것 주기	☐	☐	☐
CI_56	지시한 사물의 뒤에 있는 것 주기	☐	☐	☐
CI_57	지시한 사물의 앞에 놓기	☐	☐	☐
CI_58	지시한 사물의 뒤에 놓기	☐	☐	☐
CI_59	지시를 듣고 안에 있는 물건 건네주기	☐	☐	☐
CI_60	지시를 듣고 밖에 있는 물건 건네주기	☐	☐	☐
CI_61	지시를 듣고 안에 물건 놓기	☐	☐	☐
CI_62	지시를 듣고 밖에 물건 놓기	☐	☐	☐
CI_63	지시를 듣고 해당하는 물건이나 카드를 건네주기	☐	☐	☐
CI_64	지시를 듣고 2개 중 해당하는 물건이나 카드를 건네주기	☐	☐	☐
CI_65	지시를 듣고 3개 중 해당하는 물건이나 카드를 건네주기	☐	☐	☐
CI_66	지시를 듣고 2개 중 큰 것 건네주기	☐	☐	☐
CI_67	지시를 듣고 2개 중 작은 것 건네주기	☐	☐	☐
CI_68	지시를 듣고 3개 중 가장 큰 것 건네주기	☐	☐	☐
CI_69	지시를 듣고 3개 중 가장 작은 것 건네주기	☐	☐	☐
CI_70	지시를 듣고 여러 개 중 가장 큰/작은 것 건네주기	☐	☐	☐
CI_71	지시를 듣고 2개 중 긴 것 건네주기	☐	☐	☐
CI_72	지시를 듣고 2개 중 짧은 것 건네주기	☐	☐	☐
CI_73	지시를 듣고 3개 중 가장 긴 것 건네주기	☐	☐	☐
CI_74	지시를 듣고 3개 중 가장 짧은 것 건네주기	☐	☐	☐
CI_75	지시를 듣고 여러 개 중 가장 긴/짧은 것 건네주기	☐	☐	☐
CI_76	지시를 듣고 2개 중 무거운 것 건네주기	☐	☐	☐
CI_77	지시를 듣고 2개 중 가벼운 것 건네주기	☐	☐	☐
CI_78	여자와 남자 사진을 매칭하기	☐	☐	☐
CI_79	지시를 듣고 여자 사진 건네주기	☐	☐	☐
CI_80	지시를 듣고 남자 사진 건네주기	☐	☐	☐
CI_81	사진을 보고 남자/여자 말하기	☐	☐	☐
CI_82	자신과 친구, 가족의 성별 말하기	☐	☐	☐
CI_83	제시된 사진이나 그림카드에서 웃는 얼굴 건네주기/가리키기	☐	☐	☐
CI_84	제시된 사진이나 그림카드에서 우는 얼굴 건네주기/가리키기	☐	☐	☐
CI_85	제시된 사진이나 그림카드에서 화난 얼굴 건네주기/가리키기	☐	☐	☐
CI_86	두 장의 사진이나 그림카드 중에 지시한 직업군 건네주기	☐	☐	☐
CI_87	세 장의 사진이나 그림카드 중에 지시한 직업군 건네주기	☐	☐	☐

CI_88	네 장의 사진이나 그림카드 중에 지시한 직업군 건네주기			
CI_89	두 장 중 지시하는 장소의 사진이나 그림카드 건네주기			
CI_90	세 장 중 지시하는 장소의 사진이나 그림카드 건네주기			
CI_91	네 장 중 지시하는 장소의 사진이나 그림카드 건네주기			
CI_92	소리를 듣고 해당하는 그림카드 건네주기			
CI_93	소리를 듣고 두 장의 카드 중 해당하는 그림카드 건네주기			
CI_94	소리를 듣고 세 장의 카드 중 해당하는 그림카드 건네주기			
CI_95	소리를 듣고 네 장의 카드 중 해당하는 그림카드 건네주기			
CI_96	1부터 10까지 차례대로 세기			
CI_97	책상 위에 놓인 물건의 개수를 차례대로 세기			
CI_98	책상 위에 놓인 사물 1개 건네주기			
CI_99	책상 위에 놓인 사물 2개 건네주기			
CI_100	책상 위에 놓인 사물 3개 건네주기			
CI_101	책상 위에 놓인 사물 여러 개 건네주기			
CI_102	1부터 10까지 치료사 따라 세기			
CI_103	1부터 10까지 스스로 세기			
CI_104	과일 모형의 반을 나누어 주기			
CI_105	찰흙 덩어리나 수수깡을 반으로 나누어 주기			

시지각 (V: Visual Perception)

ID	기술	1st	2nd	3rd
CV_01	2개의 칸에 치료사가 놓는 위치를 보고 똑같은 위치에 놓기			
CV_02	3개의 칸에 치료사가 놓는 위치를 보고 똑같은 위치에 놓기			
CV_03	4개의 칸에 치료사가 놓는 위치를 보고 똑같은 위치에 놓기			
CV_04	4개의 칸에 치료사가 놓는 위치 2개를 보고 똑같은 위치에 놓기			
CV_05	6개의 칸에 치료사가 놓는 위치 2개를 보고 똑같은 위치에 놓기			
CV_06	8개의 칸에 치료사가 놓는 위치 2개를 보고 똑같은 위치에 놓기			
CV_07	9개의 칸에 치료사가 놓는 위치 3개를 보고 똑같은 위치에 놓기			
CV_08	가로 점선 따라 긋기			
CV_09	세로 점선 따라 긋기			
CV_10	ㄱ자 점선 따라 긋기			
CV_11	네모 점선 따라 긋기			
CV_12	사선 점선 따라 긋기			
CV_13	지그재그 점선 따라 긋기			
CV_14	세모 점선 따라 긋기			
CV_15	곡선 점선 따라 긋기			
CV_16	제시된 샘플 그림에 대고 그리기			

CV_17	제시된 샘플 그림을 보고 그리기			
CV_18	모양 따라 그리기(도형)			
CV_19	사람, 버스, 집, 자동차, 나무 따라 그리기			
CV_20	겹친 그림 따라 그리기			
CV_21	2개의 블록을 한 번에 하나씩 치료사를 따라 똑같이 놓기			
CV_22	3개의 블록을 한 번에 하나씩 치료사를 따라 똑같이 놓기			
CV_23	블록 2개로 만들어진 모양을 보고 똑같이 쌓기			
CV_24	블록 3개로 만들어진 모양을 보고 똑같이 쌓기			
CV_25	블록 4개로 만들어진 모양을 보고 똑같이 쌓기			
CV_26	한 점을 제공하여 시작과 끝이 만나도록 동그라미 그리기			
CV_27	점 없이 동그라미 그리기			
CV_28	4개의 점을 이어 네모 그리기			
CV_29	점 없이 네모 그리기			
CV_30	3개의 점을 이어 세모 그리기			
CV_31	점 없이 세모 그리기			
CV_32	한 가지 색 똑같이 색칠하기			
CV_33	두 가지 색 똑같이 색칠하기			
CV_34	세 가지 이상의 색 똑같이 색칠하기			
CV_35	똑같은 그림끼리 선 긋기			
CV_36	똑같은 개수끼리 선 긋기			
CV_37	반쪽 그림 찾아 선 긋기			
CV_38	그림자 찾아 선 긋기			
CV_39	같은 범주끼리 선 긋기			
CV_40	한 가지 색 선으로 잇기			
CV_41	두 가지 색을 같은 색끼리 잇기			
CV_42	세 가지 색을 같은 색끼리 잇기			
CV_43	그림카드의 나머지 반을 찾아 붙이기			
CV_44	동그라미 반쪽 그리기			
CV_45	네모 반쪽 그리기			
CV_46	자동차 반쪽 그리기			
CV_47	다이아몬드 형태 반쪽 그리기			
CV_48	다양한 모양의 반쪽 그리기			
CV_49	단순한 형태의 길 찾아가기			
CV_50	복잡한 형태의 길 찾아가기			
CV_51	부분카드를 전체카드에 맞추기			
CV_52	과일단면과 과일 맞추기			
CV_53	그림에서 빠진 부분을 찾아 그리기			
CV_54	모양-색 조합하기(4칸 놓기)			
CV_55	모양-색 조합하기(9칸 놓기)			

CV_56	그림 속에서 이상한 곳 찾기			
CV_57	다른 곳을 1개 찾기			
CV_58	다른 곳을 2개 찾기			
CV_59	다른 곳을 3개 찾기			
CV_60	두 가지 색이나 모양, 물건을 번갈아 놓기			
CV_61	세 가지 색이나 모양, 물건을 번갈아 놓기			
CV_62	범주를 규칙에 따라 놓기			
CV_63	제시된 그림의 구성요소 찾기			
CV_64	제시된 그림의 합쳐진 모양 그리기			
CV_65	제시된 그림과 패턴이 일치하는 그림 찾기			
CV_66	제시된 그림과 똑같이 만들기			
CV_67	제시되었던 2개의 카드(사물) 중에서 없어진 것 1개 찾기			
CV_68	제시되었던 3개의 카드(사물) 중에서 없어진 것 1개 찾기			
CV_69	제시되었던 4개의 카드(사물) 중에서 없어진 것 2개 찾기			
CV_70	제시되었던 5개의 카드(사물) 중에서 없어진 것 2개 찾기			
CV_71	두 장의 뒤집어진 카드 중에서 지시한 카드 한 장 뒤집기			
CV_72	세 장의 뒤집어진 카드 중에서 지시한 카드 한 장 뒤집기			
CV_73	네 장의 뒤집어진 카드 중에서 지시한 카드 두 장 뒤집기			
CV_74	치료사가 보고 있는 카드 말하기			

Behavior Skills Checklist — 구두언어 (VERBAL)

비언어적표현 (N: Nonvocal Expression)

ID	기술	1st	2nd	3rd
VN_01	원하는 물건을 보면 도움을 받아 한(두) 손바닥 펴기			
VN_02	원하는 물건을 보면 스스로 한(두) 손바닥 펴서 내밀기			
VN_03	싫어하는 물건이나 활동을 제안할 때 도움을 받아 고개 흔들기			
VN_04	싫어하는 물건이나 활동을 제안할 때 스스로 고개 흔들기			
VN_05	싫어하는 물건이나 활동을 제안할 때 스스로 고개를 흔들며 "아니(싫어)."라고 표현하기			
VN_06	치료사를 불러야 할 상황에서 도움을 받아 치료사의 팔을 두드리기			
VN_07	치료사를 불러야 할 상황에서 스스로 치료사의 팔을 두드리기			
VN_08	원하는 것이 한 가지 있을 때 그것을 가리키기			
VN_09	두 가지 이상의 물건 중에서 자신이 원하는 것을 가리키기			
VN_10	원하는 것이 멀리 있을 때 그것을 가리키기			

따라 말하기 (E: Echoic)

ID	기술	1st	2nd	3rd
VE_01	입모양 따라 하기			
VE_02	한음절 따라 말하기			
VE_03	한음절 연속 따라 말하기			
VE_04	두음절 따라 말하기			

대답하기 (R: Response)

ID	기술	1st	2nd	3rd
VR_01	"네."와 비슷하게 소리 내거나 하려고 시도			
VR_02	정확히 "네."라고 대답하기			

부록 2 선호도 검사지

짝 자극 제시 선택 자극선호 평가 (Paired Stimulus Preference Assessment)

아동 이름		날짜	
검사자			

Item A: 선택횟수 (　　회)	Item D: 선택횟수 (　　회)
Item B: 선택횟수 (　　회)	Item E: 선택횟수 (　　회)
Item C: 선택횟수 (　　회)	Item F: 선택횟수 (　　회)

시도 #	제공 아이템	시도 #	제공 아이템
1	A B	9	B F
2	A C	10	C D
3	A D	11	C E
4	A E	12	C F
5	A F	13	D E
6	B C	14	D F
7	B D	15	E F
8	B E		

* 선택한 아이템에 ◯ 표시하시오.

- 가장 선호하는 아이템I아이템(가장 많이 선택된 아이템):
- 중간 선호도의 아이템(1~2회 선택된 아이템):
- 낮은 선호도의 아이템(전혀 선택되지 않은 아이템):

*실시 요령

1. 상담이나 초기 면담을 통해 얻은 아동의 잠재적 선호물 리스트에서 각 아이템을 2개씩 짝짓는다(예: 장난감 기차, 젤리, 사운드북이 선정되었다면 기차–젤리, 기차–사운드북, 젤리–사운드북처럼 각 자극이 나머지 자극과 한 번씩 짝이 되도록 구성한다).
2. 아동에게 두 가지 물건을 제공하고 하나를 고르도록 한다.
3. 아동이 고른 아이템을 위의 기록표에 기록하고 다음의 짝 자극을 제시한다.
4. 아동이 고른 아이템은 제공하여 먹거나 잠시 가지고 놀도록 한다.

여러 자극 제시 선택 자극선호 평가
(Multiple Stimulus with Replacement: MSW Preference Assessment)

아동 이름		날짜	
검사자			

Item A: 선택횟수 (　　회)	Item D: 선택횟수 (　　회)
Item B: 선택횟수 (　　회)	Item E: 선택횟수 (　　회)
Item C: 선택횟수 (　　회)	Item F: 선택횟수 (　　회)

시도 #	제공 아이템	시도 #	제공 아이템	시도 #	제공 아이템
1	A B C D	9		17	
2		10		18	
3		11		19	
4		12		20	
5		13		21	
6		14		22	
7		15		23	
8		16		24	

- 가장 선호하는 아이템(가장 많이 선택된 아이템):
- 중간 선호도의 아이템(1~2회 선택된 아이템):
- 낮은 선호도의 아이템(전혀 선택되지 않은 아이템):

* 실시 요령

1. 아동과 마주 앉은 뒤 책상 위에 3~4개의 아이템을 배열한다. 치료사가 지시할 때까지 아동이 기다리지 못할 경우에는 큰 파일이나 노트로 가려서 아동의 반응을 차단한다.
2. 아동에게 "하나 골라." 또는 "뭐가 좋아?"라고 질문한다.
3. 만약 아동이 하나 이상을 고르면 "하나만 고르는 거야."라고 말하며 아동의 손을 잡는다.
4. 아동이 계속 3번과 같은 반응을 보이면 한 번에 하나의 아이템만 제공하는 방식이나 자유롭게 자신이 원하는 대로 고르는 자유선택 평가로 전환한다.
5. 아동이 고른 것을 가지고 놀거나 먹은 후 아동이 골랐던 아이템은 그대로 두고 나머지 아이템은 다른 것으로 바꿔서 배열한다. 이때 아동이 선택했던 아이템의 위치는 바꿔 준다.
6. 앞의 과정을 반복하여 순위를 정한다(모든 아이템이 적어도 두 번 이상은 제공되도록 한다).

단일 자극 제시 선택 자극선호 평가(Single Stimulus Preference Assessment)

아동 이름		날짜	
검사자			

아이템	접근(Y/N)	접촉/섭취(Y/N)	접촉 시간	회피행동/문제행동
	Yes(　　회) No	Yes(　　회) No	분　　초	없음 회피 문제
	Yes(　　회) No	Yes(　　회) No	분　　초	없음 회피 문제
	Yes(　　회) No	Yes(　　회) No	분　　초	없음 회피 문제
	Yes(　　회) No	Yes(　　회) No	분　　초	없음 회피 문제
	Yes(　　회) No	Yes(　　회) No	분　　초	없음 회피 문제
	Yes(　　회) No	Yes(　　회) No	분　　초	없음 회피 문제

* 해당 사항에 ◯ 표시하시오(아동이 Item에 가까이 다가가면 접근에 Y를 선택하고 접근한 횟수를 기록하고, 접근해서 만지고 놀거나 먹었다면 Y로 기록하고 횟수를 기록한다).

- 가장 선호하는 아이템(가장 많이 접근하고 오랫동안 접촉한 아이템):
- 중간 선호도의 아이템(접근하였으나 짧은 시간 동안 접촉한 아이템):
- 낮은 선호도의 아이템(접근하지 않거나 회피행동이나 문제행동을 일으킨 아이템):

* 실시 요령

1. 스톱워치를 준비한 후 아동과 마주 앉아(책상이나 바닥) 아이템을 아동이 손을 뻗으면 닿을 수 있는 곳에 놓아 둔다.
2. 아동에게 "이거 줄까?"라고 물은 뒤 아이템을 가지고 간단하게 조작하거나 놀이를 보여 준다(장난감의 경우).
3. 만약 아동이 아이템으로 손을 뻗거나 아이템을 가져가면 아동이 가지고 놀도록 한다. 이때 손을 뻗지만 가져가지 않으면 접근은 Y, 접촉은 N으로 기록한다.
4. 아이템을 보여 줬을 때 아동이 회피하는 반응을 하거나 문제행동(울거나 던지는 행동)을 할 때, 10초 이내에 아이템에 손을 뻗지 않을 때는 그 아이템은 제거한다.
5. 한 아이템당 네다섯 번의 기회를 제공하여 1~4번의 단계를 반복한다.

자유 선택 자극선호 평가(Free Operant Preference Assessmennt)

아동 이름		날짜	
검사자			

아이템	접촉/섭취(Y/N)	접촉 시간	문제행동
	Yes/No	분 초	
	Yes/No	분 초	
	Yes/No	분 초	
	Yes/No	분 초	
	Yes/No	분 초	
	Yes/No	분 초	

* 해당 사항에 ○ 표시하시오(문제행동이 일어났다면 문제행동의 형태를 기록하시오).

- 가장 선호하는 아이템(가장 많이 접근하고 오랫동안 접촉한 아이템):
- 중간 선호도의 아이템(접근하였으나 짧은 시간 동안 접촉한 아이템):
- 낮은 선호도의 아이템(접근하지 않거나 회피행동이나 문제행동을 일으킨 아이템):

* 실시 요령

1. 스톱워치를 준비한 후 여러 가지 아이템을 책상 위에 두고 자유롭게 가지고 놀게 하면서 관찰한다.
2. 아동이 손을 뻗거나 가져가서 만지는 아이템이 있으면 아동이 그것을 가지고 놀도록 한다. 이때 손을 뻗지만 가져가지 않으면 접근은 Y, 접촉은 N으로 기록한다.
3. 가지고 논 시간을 스톱워치로 기록한다.
4. 문제행동이 있을 경우, 문제행동도 같이 기록한다(예: 자동차를 가지고 놀다가 갑자기 던진다든지, 자동차를 물어뜯는다든지, 두드리면서 소리를 듣는다든지 등).

> * 자유 선택 자극선호 평가는 자신이 가졌던 아이템을 치료사가 가져갔을 때 문제행동을 일으키는 아동, 책상의 한쪽에서만 아이템을 고르는 아동, 상동행동과 같은 문제행동의 자료도 같이 수집해야 하는 경우에 사용한다.

5. 어떤 경우에도 아이템을 만지거나 가까이 가는 것을 방해하지 않는다.

* 유의사항

자유선택의 경우 아동이 A 아이템을 가지고 놀다가 내려놓고 B 아이템을 집어서 놀다가, 다시 A 아이템을 가지고 놀 수 있다. 이럴 때는 아동이 가지고 논 총 시간을 누적해서 측정해야 하기 때문에 이 경우에는 비디오로 촬영한 후 시간을 재는 것이 좋다.

부록 3 완료과제 기록지

완료과제 (COMPLETED TASKS)					
영역 (AREA)	하위영역 (SUB AREA)	설명 (DESCRIPTION)	시작일 (START)	완료일 (END)	유지 (MAINT)

부록 4 치료사 점검표

DTT 점검 항목	Y	N
지시 전 아동의 주의를 집중시켰다.		
명확한 문장이나 구를 사용하여 지시하였다.		
지시 외에 불필요한 동작이나 방해자극을 제공하지 않았다.		
지시나 교구의 제공은 자연스러운 흐름에 따라 제공하였다. (교수를 제시할 때 시간이 지체되었는가?)		
지시는 짧고 구체적으로 하였다.		
사용된 교구나 물건은 미리 준비한 리스트에서 사용하였다.		
시도 간 간격을 적절하게 유지하고, 속도는 아동의 흥미와 동기를 최대한으로 유지시키기에 적절하였다.		
아동의 수행을 충실히 기록하였다.		
촉구는 필요할 경우에만 사용하였다.		
촉구는 효과적으로 사용하였다.		
촉구에 사용된 시간은 적절하였다.		
아동의 수행/놀이 시 언어적인 모델링을 자주 제공하였다.		
필요하면 오류수정 절차를 사용하였다.		

비고

치료 환경 점검사항	Y	N
회기 시작 전 교구나 기타 필요 물품이 준비되고 배치되었다.		
불필요한 방해자극들을 책상에서 치워 두었다.		
강화물과 교구 등은 치료사의 손에 닿는 위치에 놓아 두었다.		
강화물과 교구 등은 아동의 손에 닿지 않도록 관리하였다.		
미리 계획된 과제 리스트(기록지)에 따라 치료를 진행하였다.		
치료사는 아동과 적절한 거리와 위치를 유지하였다.		
비고		

강화 점검	Y	N
강화는 아동의 반응 후 즉시 제공하였다.		
먹는 강화물은 청결하게 준비/제공/관리하였다.		
강화는 아동의 정확한 반응과 집중에 대해 제공하였다.		
강화는 요구되는 정확한 반응에 최대한 유사할 때 제공하였다.		
강화는 지시한 행동에 대해 제공하였다(예: “빨간색 넣어.”라는 지시에 아동이 빨간색을 넣자 아동에게 “주세요 해야지.”라고 하며 손을 벌리게 한 후 강화를 제공하였다면 N으로 표시).		
치료사의 목소리와 태도는 아동이 강화받음을 명확히 알게 하였다.		
강화물은 칭찬과 함께 제공하였다.		
강화물 리스트에서 다양한 강화물을 사용하였다.		
비고		

부록 5 치료 프로그램 기록지

아동 이름		날짜		회기	

AREA	SUB_A	Trials															%
		1	2	3	4	5	6	7	8	9	10	11	12	13	14	15	
주의 집중	착석																
		촉구형태(FPP/PPP/VP/JP)															
	눈맞춤																
		촉구형태(FPP/PPP/VP/JP)															
	주의 집중																
		촉구형태(FPP/PPP/VP/JP)															
	시각 추적																
		촉구형태(FPP/PPP/VP/JP)															
모방	사물 이용 모방																
		촉구형태(FPP/PPP/VP/JP)															
	대근육 모방																
		촉구형태(FPP/PPP/VP/JP)															
	소근육 모방																
		촉구형태(FPP/PPP/VP/JP)															
	구강 모방																
		촉구형태(FPP/PPP/VP/JP)															
인지	매칭																
		촉구형태(FPP/PPP/VP/JP)															
	변별																
		촉구형태(FPP/PPP/VP/JP)															
	시지각																
		촉구형태(FPP/PPP/VP/JP)															
	수개념																
		촉구형태(FPP/PPP/VP/JP)															
언어	소리 내기																
		촉구형태(FPP/PPP/VP/JP)															
	요구하기																
		촉구형태(FPP/PPP/VP/JP)															
	명명하기																
		촉구형태(FPP/PPP/VP/JP)															
	대답하기																
		촉구형태(FPP/PPP/VP/JP)															
소근육	선 긋기																
		촉구형태(FPP/PPP/VP/JP)															
	퍼즐																
		촉구형태(FPP/PPP/VP/JP)															
문제 행동																	
강화물	(FR_ /VR_)																
배변																	
놀이																	
비고																	

* 정반응 +/오반응 −/촉구로 성공한 경우 P+(FPP: 완전촉구/PPP: 부분촉구/VP: 언어촉구/JP: 제스처촉구)

부록6 치료 프로그램 기록지 예시

아동 이름	홍길동	날짜	2019. 5. 3. (목)	회기	6회기

AREA	SUB_A	Trials															%
		1	2	3	4	5	6	7	8	9	10	11	12	13	14	15	
주의 집중	착석	–	P_+	P_+	+	+	–	P_+	–	P_+	+	–	–	P_+	P_+	+	38%
	(예: AS_03) 10초 동안 착석	촉구형태(FPP/PPP/VP/JP)															
	눈맞춤																
		촉구형태(FPP/PPP/VP/JP)															
	주의 집중																
		촉구형태(FPP/PPP/VP/JP)															
	시각 추적																
		촉구형태(FPP/PPP/VP/JP)															
모방	사물 이용 모방																
	예: IO_02 종을 따라 친다.	촉구형태(FPP/PPP/VP/JP)															
	대근육 모방																
		촉구형태(FPP/PPP/VP/JP)															
	소근육 모방																
		촉구형태(FPP/PPP/VP/JP)															
	구강 모방																
		촉구형태(FPP/PPP/VP/JP)															
인지	매칭	P_+	P_+	–	P_+	–	–	P_+	+	–	–	P_+	–	P_+	+	+	20%
	CM_82 카드 두 장 중 하나에 매칭	촉구형태(FPP/PPP/VP/JP)															
	변별																
		촉구형태(FPP/PPP/VP/JP)															
	시지각																
		촉구형태(FPP/PPP/VP/JP)															

언어	소리 내기	
		촉구형태(FPP/PPP/VP/JP)
	요구하기	
		촉구형태(FPP/PPP/VP/JP)
	명명하기	
		촉구형태(FPP/PPP/VP/JP)
	대답하기	
		촉구형태(FPP/PPP/VP/JP)
소근육	선 긋기	
		촉구형태(FPP/PPP/VP/JP)
	퍼즐	
		촉구형태(FPP/PPP/VP/JP)
문제 행동	형태/기능/빈도/대처 방법 기록(예: 꼬집기/회피/3회/반응 가로막기, 대체행동 × 표 들기)	
강화물	강화물 종류(예: 자동차, 마이쮸, 사운드북) (FR_ 2/VR_)	
배변	배변시간 기록	
놀이	예: 블록을 손에 쥐고 치료실을 뛰어다님, 치료사와 함께 공 주고받기	
비고	예: 눈흘김이 2회 관찰됨	

* 정반응 +/오반응 −/촉구로 성공한 경우 P+(FPP: 완전신체촉구/PPP: 부분신체촉구/VP: 언어촉구/JP: 제스처촉구)

기록지 작성 가이드

1. 과제가 아동의 오반응으로 끝나지 않도록 가능한 촉구를 주어서 정반응으로 과제를 마무리할 수 있도록 한다.
2. 가능한 한 오반응이 세 번 연속 나오지 않도록 한다. 오반응이 두 번 나오면 그다음은 촉구를 제공하여 정반응할 수 있도록 한다. 여러 번 강화 없이 과제를 수행하지 않도록 한다.
3. 촉구를 제공하여 정반응한 경우 P+로 기록하고 % 계산 시 포함하지 않는다.
4. 한 회기에 하나의 과제를 오래하지 않는다. 한 과제가 길어지면 아동이 주의가 산만해지고 수행률이 감소하는 경향을 보인다. 그러므로 아동이 집중하지 못하고 오반응이 계속되면 빠른 페이스로 과제를 마무리하거나 과제를 끊었다가 다른 과제(아동이 잘하거나 좋아하는 과제)로 전환해서 수행하다가 나중에 하던 과제로 돌아와 수행하도록 한다.
5. 모든 과제 수행 시 가능하면 언어적으로 사물의 이름을 자주 말해 주는 것이 좋다. 이것은 사물

의 이름을 습득하는 데 도움이 될 수 있다.

6. 아동이 계속 오반응을 보이면, 지시한 후 촉구를 주는 시행을 무작정 반복하는 것보다는 아동의 손을 잡고 수행하는 촉구를 빠른 속도로 3회 정도 반복한 후 다시 지시를 내리는 것이 좋다. 빠른 속도로 반복한다는 것은 중간에 강화물을 제공하거나 칭찬하는 시간 없이 수행을 빠르게 반복적으로 하는 것이다. 예를 들어, 아동이 "통에 담아."라는 지시에 계속 오반응을 보일 경우, 치료사가 "통에 담아."라고 지시한 후 아동의 손을 잡고 통에 담는 수행을 빠르게 3회 반복하는 것이다.
7. 아동이 지시를 듣기도 전에 수행을 하려고 한다거나, 현재 지시에 대한 수행이 아니라 앞서 한 지시에 대한 수행을 자꾸 하려고 한다면(예: "노란색 주세요."라는 지시를 한 후 그다음에 "빨간색 주세요."라고 지시를 바꾸었는데도 계속 노란색을 주는 경우) 아동이 쉽게 할 수 있는 간단한 수행(예: 손뼉 쳐, 책상 두드려)을 하게 하여 주의를 환기시킨 후 다시 지시를 한다.
8. FPP(완전신체촉구)는 아동의 손을 잡고 함께 수행을 한 경우, PPP(부분신체촉구)는 손을 잡지 않고 살짝 손을 밀어 주거나 혹은 팔꿈치를 쳐 줄 경우에 해당한다.

아동의 수행과 기록의 예[앞의 기록지에서 인지 매칭(CM_82의 경우)]

- 시도 1: 아동 앞에 비행기와 바나나 카드를 놓은 뒤 버스카드를 아동에게 주면서 "○○야, 같은 것에 놔."라고 지시한다. 아동이 버스카드를 바나나카드에 놓으려 하자 빨리 비행기카드를 손가락으로 톡톡 두드렸다. 아동이 비행기 카드 위에 버스카드를 매칭하였다(P+). "맞아, 비행기와 버스는 모두 타는 거야. 같은 거야. 잘했어."라고 말하며 강화를 제공한다.
- 시도 2: 비행기와 바나나 카드의 위치를 바꾸어 놓은 후 아동에게 버스카드를 주면서 "같은 것에 놔."라고 지시한다. 아동이 아까 놓았던 자리에 그대로 놓으려 하자 다시 비행기카드를 손가락으로 톡톡 두드렸다. 아동이 비행기카드와 버스카드를 매칭하였다(P+). "맞아, 비행기랑 버스, 같은 타는 거야. 잘했어."라고 말하며 강화를 제공한다.
- 시도 3: 다시 카드 위치를 바꾸어 놓은 후 아동에게 버스카드를 주면서 같은 것에 놓으라고 지시한다. 아동은 두 카드를 쳐다보지 않고 바로 아까 놓았던 자리(바나나카드)에 매칭한다(−). 이때 재빨리 카드를 치우고 3초 동안 기다린다.
- 시도 4: 다시 비행기와 바나나 카드를 놓고 버스카드를 주면서 "○○야, 같은 것에 놔."라고 지시한 후 바로 아동의 손을 잡고 비행기카드 위에 놓도록 한다(P+). "그래 비행기와 버스는 모두 타는 거야. 같은 거야. 잘했어."라고 칭찬하고 강화는 제공하

지 않는다.

- 시도 5: 다시 아동에게 지시를 하고 촉구하지 않고 기다린다. 아동은 버스카드를 바나나카드 위에 놓는다(–). "아니야, 버스는 타는 것이야, 비행기랑 같아요."라고 말한다.
- 시도 6: 아동에게 재지시하고 촉구 없이 기다린다. 이때 아동이 버스카드를 바나나카드 위에 놓으면(–), "아니야."라고 말한 후 아동에게 기다리라고 지시하고 카드를 치우고 3초간 기다린다.
- 시도 7: 바나나카드와 비행기카드를 아동 앞에 놓고 버스카드를 주면서 "같은 것에 놔."라고 지시한 후 바로 아동의 손을 잡고 비행기카드 위에 놓도록 한다(P+). "잘했어, 비행기랑 버스랑 같은 거야."라고 말한다.
- 시도 8: 아동에게 지시하고 촉구 없이 기다린다. 아동이 비행기카드 위에 버스카드를 놓는다(+). "와~! 맞아, 비행기랑 버스 모두 타는 거지. 정말 잘했어, 최고!"라고 칭찬하며 강화를 제공한다.
- 시도 9: 다시 아동에게 지시를 하고 촉구하지 않고 기다린다. 아동은 버스카드를 바나나카드 위에 놓는다(–). "아니야, 버스는 타는 것이야, 비행기랑 같아요."라고 말한다.
- 시도 10: 아동에게 재지시하고 촉진 없이 기다린다. 이때 아동이 버스카드를 바나나카드 위에 놓으면(–) "아니야."라고 말한 후 아동에게 기다리라고 지시하고 카드를 치우고 3초간 기다린다.
- 시도 11: 바나나카드와 비행기카드를 아동 앞에 놓고 버스카드를 주면서 "같은 것에 놔."라고 지시한 후 바로 아동의 손을 잡고 비행기카드 위에 놓도록 한다(P+). "잘했어, 비행기랑 버스랑 같은 거야."라고 말한다(오반응 후 오류수정 절차).
- 시도 12: 다시 아동에게 지시를 하고 촉구하지 않고 기다린다. 아동은 버스카드를 바나나카드 위에 놓는다(–). "아니야, 버스는 타는 것이야, 비행기랑 같아요."라고 말한다.
- 시도 13: 비행기와 바나나 카드의 위치를 바꾸어 놓은 후 아동에게 버스카드를 주면서 "같은 것에 놔."라고 지시한다. 아동이 바나나카드 위에 놓으려 하자 아동의 손을 비행기카드 쪽으로 밀어 주었다. 아동이 비행기카드와 버스카드를 매칭하면(P+), "맞아, 비행기랑 버스, 같은 타는 거야. 잘했어."라고 말하며 강화를 제공한다.
- 시도 14: 아동에게 지시하고 촉구 없이 기다린다. 아동이 비행기카드 위에 버스카드

를 놓는다(+). "와~! 맞아, 비행기랑 버스 모두 타는 거지. 정말 잘했어, 최고!"라고 칭찬하며 강화를 제공한다.

- 시도 15: 아동에게 지시하고 촉구 없이 기다린다. 아동이 비행기카드 위에 버스카드를 놓는다(+). "맞아, 정말 잘했어, 최고!"라고 말하며 하이파이브하고 강화를 제공한다.

찾아보기

인명

내용

저자 소개

허은정(Hur, EunJung)

단국대학교 교육학 박사

BCBA-D(박사급 행동분석전문가)

전) 남서울대학교 연구교수 및 겸임교수

현) 공주대학교 및 단국대학교 외래교수

한국행동분석가협회 이사

아이들세상 ABA연구소 소장

아동발달을 위한 ABA 프로그램

ABA Program for Early Childhood Development

2020년 5월 30일 1판 1쇄 발행
2023년 6월 20일 1판 3쇄 발행

지은이 • 허 은 정
펴낸이 • 김 진 환
펴낸곳 • (주) 학지사
04031 서울특별시 마포구 양화로 15길 20 마인드월드빌딩 5층
대표전화 • 02) 330-5114 팩스 • 02) 324-2345
등록번호 • 제313-2006-000265호
홈페이지 • http://www.hakjisa.co.kr
페이스북 • https://www.facebook.com/hakjisabook

ISBN 978-89-997-2082-6 93370

정가 20,000원